ROLF SCHNEIDER

Der Rechtsanwalt, ein unabhängiges Organ der Rechtspflege

Schriften zum Öffentlichen Recht

Band 311

Der Rechtsanwalt, ein unabhängiges Organ der Rechtspflege

Von

Dr. Rolf Schneider

DUNCKER & HUMBLOT / BERLIN

CIP-Kurztitelaufnahme der Deutschen Bibliothek

Schneider, Rolf

Der Rechtsanwalt, ein unabhängiges Organ der Rechtspflege. — 1. Aufl. — Berlin: Duncker und Humblot, 1976.
(Schriften zum Öffentlichen Recht; Bd. 311)
ISBN 3-428-03734-0

Gedruckt 1976 bei Buchdruckerei Bruno Luck, Berlin 65
Printed in Germany

ISBN 3 428 03734 0

... hat Ferdinand Catholicus keinen Advokaten nach Amerika wollen transportiren lassen, damit die Leut alldort desto weniger zum Streiten gereizt werden möchten ...

Kreittmayr, Anmerkungen
über den Codicem juris Bavarici
judiciarii, 1754.

Qu'est-ce que le juge? la voix du souverain.
Qu'est-ce que l'avocat? la voix de la nation.

Carré, les lois de l'organisation
et de la compétence, 1826.

Aber das Amt des Fürsprechers hat seinen Grund in dem ewigen Rechte selbst und in der eben so ewigen Ungleichheit menschlicher Anlagen und Kräfte: daher alle Versuche, das Amt des Fürsprechers zu verdrängen und entbehrlich zu machen, entweder durch ihre Erfolglosigkeit oder durch ihre Verderblichkeit, den klügelnden Vorwitz bestrafen müssen ... Männer, welche in freier Selbständigkeit den Partheien zur Seite und dem Gerichte gegenüber stehen;

Anselm Ritter von Feuerbach,
Betrachtungen
über die Öffentlichkeit und Mündlichkeit
der Gerechtigkeitspflege I, 1821.

Vorwort

Die vorliegende Arbeit ist im Wintersemester 1975/76 vom Fachbereich Rechtswissenschaft der Bayerischen Julius-Maximilians-Universität Würzburg als Dissertation angenommen worden. Rechtsprechung und Schrifttum konnte in Einzelfällen bis April 1976 nachgetragen werden.

Besonderen Dank schulde ich Herrn Professor Dr. Dr. h. c. *Walther J. Habscheid,* der die Arbeit ermöglicht und während der Jahre ihrer Entstehung in jeder Hinsicht gefördert hat. Mein Dank gilt ebenso den Koblenzer Rechtsanwälten *Rolf Löbbermann* (†) und Dr. *Erich Klinge,* die mir mit Hinweisen aus der Praxis sehr geholfen haben. Schließlich danke ich Herrn Ministerialrat a. D. Professor Dr. *J. Broermann* für die Aufnahme dieser Arbeit in sein Verlagsprogramm.

Würzburg/Genf, im Mai 1976

Rolf Schneider

Inhaltsverzeichnis

Zweiter Abschnitt

Verfassungsmäßige Verankerung der Stellung des Rechtsanwaltes

Dritter Abschnitt

Der Rechtsanwalt, ein unabhängiges Organ der Rechtspflege

Vierter Abschnitt

Die Unabhängigkeit des Rechtsanwaltes und ihre Auswirkungen

Abkürzungsverzeichnis

ABPO	= Allgemeine Bürgerliche Prozeßordnung für das Königreich Hannover 1848
AcP	= Archiv für die civilistische Praxis
AG	= Amtsgericht
AJP	= American Journal of Philology
AnwBl.	= Anwaltsblatt, Nachrichten für die Mitglieder des Deutschen Anwaltvereins
AöR	= Archiv des öffentlichen Rechts
ArbG	= Arbeitsgericht
ArbGG	= Arbeitsgerichtsgesetz vom 3. 9. 1953 (BGBl. I S. 1267)
AT	= Allgemeiner Teil
Az.	= Aktenzeichen
BadWürtt.	= Baden-Württemberg
BAG	= Bundesarbeitsgericht
BayArchitG	= Bayerisches Architektengesetz vom 31. 7. 1970 (GVBl. S. 363)
BayBG	= Bayerisches Beamtengesetz in der Fassung vom 9. 11. 1970 (GVBl. S. 569)
BayBS	= Bereinigte Sammlung des bayerischen Landesrechts 1802 - 1956
BayGVBl.	= Bayerisches Gesetz- und Verordnungsblatt
BayKammerG	= Gesetz über die Berufsvertretungen und über die Berufsgerichtsbarkeit der Ärzte, Zahnärzte, Tierärzte und Apotheker vom 15. 7. 1957 (GVBl. S. 162)
BayJMBl.	= Bayerisches Justizministerialblatt
BayPOG	= Gesetz über die Organisation der Polizei in Bayern vom 29. 10. 1974 (GVBl. S. 746)
BayVBl.	= Bayerische Verwaltungsblätter
BayVfGH	= Bayerischer Verfassungsgerichtshof (Sammlung der Entscheidungen)
Bayer. EGH	= Bayerischer Ehrengerichtshof der Rechtsanwälte
BB	= Der Betriebs-Berater
BBG	= Bundesbeamtengesetz in der Fassung vom 17. 7. 1971 (BGBl. I S. 1181)
BDO	= Bundesdisziplinarordnung in der Fassung vom 20. 7. 1967 (BGBl. I S. 751)
BFH	= Bundesfinanzhof
BGB	= Bürgerliches Gesetzbuch vom 18. 8. 1896 (RGBl. S. 195)
BGBl.	= Bundesgesetzblatt

BGH	=	Bundesgerichtshof
BGHSt	=	Entscheidungen des Bundesgerichtshofs in Strafsachen
BGHZ	=	Entscheidungen des Bundesgerichtshofs in Zivilsachen
Bgr.	=	Schweizerisches Bundesgericht
BGE	=	Entscheidungen des Schweizerischen Bundesgerichts
BNotO	=	Bundesnotarordnung vom 24. 2. 1961 (BGBl. I S. 98)
BPO	=	Bürgerliche Prozeßordnung für das Königreich Hannover vom 8. 5. 1850
BR	=	Bundesrat
BRAO	=	Bundesrechtsanwaltsordnung vom 1. 8. 1959 (BGBl. I S. 565)
BRAGebO	=	Gebührenordnung für Rechtsanwälte vom 26. 7. 1957 (BGBl. I S. 907)
BRAK	=	Bundesrechtsanwaltskammer
BREntw	=	Bundesratsentwurf
BRRG	=	Rahmengesetz zur Vereinheitlichung des Beamtenrechts in der Fassung vom 17. 7. 1971 (BGBl. I S. 1025)
BStBl.	=	Bundessteuerblatt
BT	=	Bundestag
BTDrucks.	=	Drucksachen des Deutschen Bundestages (Wahlperiode und Nr.)
BUrkG	=	Beurkundungsgesetz vom 28. 8. 1969 (BGBl. I S. 1513)
BVerfG	=	Bundesverfassungsgericht
BVerfGE	=	Entscheidungen des Bundesverfassungsgerichts
BVerfGG	=	Gesetz über das Bundesverfassungsgericht in der Fassung vom 3. 2. 1971 (BGBl. I S. 105)
BVerwG	=	Bundesverwaltungsgericht
BVerwGE	=	Entscheidungen des Bundesverwaltungsgerichts
C	=	Codex
Cap.	=	Capitel
cass. civ.	=	Cour de Cassation civile
CPP	=	Code de procedure pénale
DAV	=	Deutscher Anwaltverein
DB	=	Der Betrieb
DJZ	=	Deutsche Juristenzeitung (1896 - 1936)
DÖV	=	Die Öffentliche Verwaltung
DR	=	Deutsches Recht (1931 - 1945)
DRiG	=	Deutsches Richtergesetz in der Fassung vom 19. 4. 1972 (BGBl. I S. 713)
DRiZ	=	Deutsche Richterzeitung
DRZ	=	Deutsche Rechts-Zeitschrift (1946 - 1950)
DSt	=	Österreichisches Gesetz vom 1. 4. 1872 (ÖRGBl. Nr. 40) betreffend die Handhabung der Disziplinargewalt über Rechtsanwälte und Rechtsanwaltsanwärter
DVBl.	=	Deutsches Verwaltungsblatt

EGBGB	=	Einführungsgesetz zum Bürgerlichen Gesetzbuch vom 18. 8. 1896 (RGBl. S. 604)
EGE	=	Ehrengerichtliche Entscheidungen
EGH	=	Ehrengerichtshof (Entscheidungen der Ehrengerichtshöfe der Rechtsanwaltschaft des Bundesgebietes und des Landes Berlin)
EheRG	=	Gesetzentwurf zur Reform des Ehe- und Familienrechts
Entw	=	Entwurf
EuGH	=	Europäischer Gerichtshof
FG	=	Freiwillige Gerichtsbarkeit
FGG	=	Gesetz über die Angelegenheiten der freiwilligen Gerichtsbarkeit in der Fassung vom 20. 5. 1898 (RGBl. S. 771)
FGO	=	Finanzgerichtsordnung vom 6. 10. 1965 (BGBl. I S. 1477)
GA	=	Goltdammer's Archiv für Strafrecht
Gaz. Pal.	=	Gazette du Palais
GG	=	Grundgesetz für die Bundesrepublik Deutschland vom 23. 5. 1949 (BGBl. S. 1)
GVG	=	Gerichtsverfassungsgesetz in der Fassung vom 12. 9. 1950 (BGBl. S. 513)
h. A.	=	herrschende Ansicht
h. L.	=	herrschende Lehre
HandwO	=	Gesetz zur Ordnung des Handwerks in der Fassung vom 28. 12. 1965 (BGBl. I 1966 S. 1)
i. S. d.	=	im Sinne des
i. V. m	=	in Verbindung mit
JA	=	Juristische Arbeitsblätter
JBl.	=	Juristische Blätter
JbOstR	=	Jahrbuch für Ostrecht
JGG	=	Jugendgerichtsgesetz in der Fassung vom 11. 12. 1974 (BGBl. I S. 3427)
JN	=	Jurisdiktionsnorm vom 1. 8. 1895 (ÖRGBl. Nr. 111)
J. C. P.	=	Juris-Classeur périodique
JR	=	Juristische Rundschau
jun	=	junior
JuS	=	Juristische Schulung
JW	=	Juristische Wochenschrift (1872 - 1939)
JZ	=	Juristenzeitung
KG	=	Kammergericht
KMR	=	Kleinknecht / Müller / Reitberger
KTS	=	Konkurs-, Treuhand- und Schiedsgerichtswesen
LAG	=	Landesarbeitsgericht
LG	=	Landgericht
LwVG	=	Gesetz über das gerichtliche Verfahren in Landwirtschaftssachen vom 21. 7. 1953 (BGBl. I S. 667)
LZ	=	Leipziger Zeitschrift für Deutsches Recht (1907 - 1933)

MDR	=	Monatsschrift für Deutsches Recht
m. w. N.	=	mit weiteren Nachweisen
NdsAGGVG	=	Niedersächsisches Ausführungsgesetz zum Gerichtsverfassungsgesetz vom 5. 4. 1963 (NdsGVBl. S. 225)
NF	=	Neue Folge
NJW	=	Neue Juristische Wochenschrift
OG	=	Bundesgesetz über die Organisation der Bundesrechtspflege vom 16. 12. 1943 (Schweiz)
OLG	=	Oberlandesgericht
OVG	=	Oberverwaltungsgericht
ÖBGBl.	=	Österreichisches Bundesgesetzblatt (Jahr und Nummer)
ÖJZ	=	Österreichische Juristenzeitung
ÖRAO	=	Österreichische Rechtsanwaltsordnung vom 6. 7. 1868 (ÖRGBl. Nr. 96)
ÖRGBl.	=	Österreichisches Reichsgesetzblatt
ÖRZ	=	Österreichische Richterzeitung
ÖStPO	=	Österreichische Strafprozeßordnung in der Fassung vom 20. 4. 1960 (ÖBGBl. Nr. 98)
ÖVfGH	=	Österreichischer Verfassungsgerichtshof
ÖZPO	=	Österreichische Zivilprozeßordnung vom 1. 8. 1895 (ÖRGBl. Nr. 113)
RAK	=	Rechtsanwaltskammer
RAO	=	Rechtsanwaltsordnung vom 1. 7. 1878 (RGBl. Nr. 23)
RdA	=	Recht der Arbeit
Rdn.	=	Randnummer
RegEntw	=	Regierungsentwurf
RG	=	Reichsgericht
RGBl.	=	Reichsgesetzblatt
RGRspr.	=	Rechtsprechung des deutschen Reichsgerichts in Strafsachen (1879 - 1888)
RGSt	=	Entscheidungen des Reichsgerichts in Strafsachen
RGZ	=	Entscheidungen des Reichsgerichts in Zivilsachen
RheinZ	=	Rheinische Zeitschrift für Zivil- und Prozeßrecht (1909 - 1925/26)
RIDA	=	Revue internationale des droits de l'antiquité
R. D. S.	=	Recueil Dalloz Sirey de doctrine, de jurisprudence et de legislation
RpflBl.	=	Rechtspflegerblatt
Rpfleger	=	Der deutsche Rechtspfleger
RPflG	=	Rechtspflegergesetz vom 5. 11. 1969 (BGBl. I S. 2065)
RRAO	=	Reichsrechtsanwaltsordnung vom 21. 2. 1936 (RGBl. I S. 107)
SGG	=	Sozialgerichtsgesetz in der Fassung vom 23. 8. 1958 (BGBl. I S. 614)
SJZ	=	Schweizerische Juristenzeitung
StenBer.	=	Stenographische Berichte

StGB	= Strafgesetzbuch in der Fassung vom 2. 1. 1975 (BGBl. I S. 1)
StPÄG	= Strafprozeßänderungsgesetz
StPO	= Strafprozeßordnung in der Fassung vom 7. 1. 1975 (BGBl. I S. 129)
StrÄG	= Strafrechtsänderungsgesetz
StRG	= Strafrechtsreformgesetz
StVRG	= Strafverfahrensreformgesetz
Tit.	= Titel
VerwArch.	= Verwaltungsarchiv
VGH	= Verwaltungsgerichtshof
Vhdlg.	= Verhandlungen
VO	= Verordnung
VöI	= Vertreter des öffentlichen Interesses
Vorbem.	= Vorbemerkung
VVDStRL	= Veröffentlichungen der Vereinigung der Deutschen Staatsrechtslehrer
VwGO	= Verwaltungsgerichtsordnung vom 21. 1. 1960 (BGBl. I S. 17)
WDO	= Wehrdisziplinarordnung in der Fassung vom 4. 9. 1972 (BGBl. I S. 665)
ZfRV	= Zeitschrift für Rechtsvergleichung (Wien)
Ziff.	= Ziffer
ZPO	= Zivilprozeßordnung in der Fassung vom 12. 9. 1950 (BGBl. S. 533)
ZRG	= Zeitschrift der Savigny Stiftung für Rechtsgeschichte — Romanistische Abteilung
ZRP	= Zeitschrift für Rechtspolitik
ZSGV	= Schweizerisches Zentralblatt für Staats- und Gemeindeverwaltung
ZSR	= Zeitschrift für Schweizerisches Recht
ZStaatsw.	= Zeitschrift für die gesamte Staatswissenschaft
ZStrW	= Zeitschrift für die gesamte Strafrechtswissenschaft
	= Zeitschrift für Zivilprozeß

Einleitung

Das Anliegen der vorliegenden Arbeit, die ihren Anstoß durch einen Aufsatz von *Habscheid* über die Unabhängigkeit des Rechtsanwalts[1] erhielt, sollte ursprünglich darin liegen, rechtsvergleichend zu untersuchen, inwieweit sich die verfassungsrechtlich verankerten Grundsätze über die Unabhängigkeit des Richters auf den Rechtsanwalt übertragen lassen.

Während der Bearbeitung gerieten die deutschen Rechtsanwälte „in das Schußfeld" der Öffentlichkeit und schließlich auch der Gesetzgebung. Gemeint waren zwar wenige, getroffen wurden jedoch alle. Die Stellung des Rechtsanwaltes als eines unabhängigen Organes der Rechtspflege wurde angegriffen. Es war daher unumgänglich, das Gewicht der Arbeit auch auf dieses Problem zu erstrecken und dabei insbesondere der Frage nachzugehen, ob der in § 1 BRAO niedergelegten Organeigenschaft des Rechtsanwaltes bei der Lösung anstehender Probleme eine grundsätzliche Ausstrahlungswirkung zukommt.

Rechtsvergleichung konnte nur — aus Gründen des Umfangs der Arbeit — bei besonders strittigen Fragen betrieben werden; insbesondere war dort ausländisches Recht heranzuziehen, wo dieses andere Wege als das deutsche Recht gegangen ist. Der Rechtsanwalt ist schließlich eine internationale Erscheinung, wenn auch allerorten eine starke — geschichtlich bedingte — nationale Prägung anzutreffen ist; er ist in jedem Staat, der sich Rechtsstaat nennt, anzutreffen, seine Betätigungsmöglichkeiten sind geradezu ein Gradmesser für die Rechtsstaatlichkeit. Es sind daher die in anderen Ländern beschrittenen Wege für uns von hohem Wert, ermöglichen sie doch oft genug im eigenen Lande noch verschlossene Türen aufzubrechen[2].

Dabei erscheint es — gesamthaft betrachtet — für das Unterfangen dieser Arbeit nicht als Nachteil, die weitgespannte Problematik auf theoretischer Grundlage anzugehen; die Position eines Außenstehenden ermöglicht häufig die notwendige Distanz.

[1] NJW 1962, 1985 ff.

[2] Zu dieser „Profitwirkung" *Dölle*, Festschrift zum hundertjährigen Bestehen des Deutschen Juristentages (1860 - 1960) II, S. 22.

Zum Bild des Rechtsanwaltes

Es ist wohl nicht zu viel gesagt, wenn man den Rechtsanwalt als die umstrittenste und schillerndste Figur innerhalb der Skala der juristischen Berufe bezeichnet. Kein anderer juristischer Beruf war in seiner Geschichte solchen Umwälzungen ausgesetzt, kein anderer auf Grund seiner Tätigkeit dem Spott seiner Zeitgenossen so ausgeliefert, keinem anderen tagtäglich so die Gefahr zu eigen, vom schmalen Grat des rechten Weges — der beim Rechtsanwalt oft zur gefährlichen Enge wird — in den Bereich strafrechtlich relevanten Tuns abzugleiten. Kein anderer Beruf besitzt so sehr die zwei Seelen des *Goetheschen Faust* — hier die Interessen der Partei, dort die Gebote der Wahrheit und Gerechtigkeit —, die zu vereinen oft nicht leicht sind.

Zwischen *Scylla* und *Charybdis* hindurchzusegeln ist nicht immer allen geglückt: aus allen Zeiten dokumentieren Zeugnisse das menschliche Schicksal solcher Rechtsanwälte, aber auch die sensationslüsterne Aufnahme solcher „Skandale" durch weite Kreise, die in dem Fall des einzelnen den ganzen Berufsstand pauschal abwerteten. Nur so wird es verständlich, daß seit dem Altertum bis auf den heutigen Tag dem Beruf des Rechtsanwaltes ein Schatten anhängt, angefangen von den „Geldhabichten" eines *Platon*[3] über die „Spitzbuben" eines *Friedrich des Großen*[4] bis hin zur Rechtsprechung unserer Tage, wo der BGH[5] in einem Fall von Kassiberschmuggel einem Rechtsanwalt als Hauptverdächtigen gegenüber Gefängnisbeamten den „Vorzug" gab, weil zwischen Rechtsanwalt und Beschuldigtem „gleichgerichtete Interessen" bestünden, und wo das BVerfG[6] offenbar Gerichte darauf hinweisen mußte, daß für die Annahme kein Raum bestehe, daß die zulässige Übermittlung durch einen Rechtsanwalt das Vorbringen eines Antragstellers „weniger glaubhaft" mache.

Diese Sätze aus Urteilen unserer höchsten Gerichte zeigen, daß die „ewige Topik der Advokatenkritik"[7] selbst vor Juristen nicht haltmacht, obwohl sie doch eher in den Bereich der Satire gehörten: „Einen Verteidiger haben die sich auch genommen — nun ja, dann weiß man ja genug —[8]."

---

[3] Zitiert nach *Berneker*, S. 107.

[4] Zitiert nach *Berneker*, S. 120; der Ausspruch ist allerdings nicht eindeutig belegbar, *Weißler*, S. 310.

[5] NJW 1972, 2140.

[6] NJW 1974, 1903.

[7] *Fritz Schulz*, S. 129.

[8] *Heinrich Spoerl*, Wenn wir alle Engel wären.

Erster Abschnitt

Geschichtlicher Überblick über die Entwicklung des Rechtsanwaltsberufes

„Verstanden wird also, was vor uns steht nur dann, wenn verstanden wird, wie es entstand[9].“

Die geschichtliche Rückbesinnung erleichtert das richtige Verständnis heutiger Institutionen und Vorgänge, sie ist in manchen Fällen unentbehrlich. Einmal hilft sie bei der Problemlösung wiederkehrender ähnlich gelagerter Konfliktskonstellationen, zum anderen zeigt sie, daß heutige Erscheinungsformen nichts anderes sind als das gegenwärtige, vorläufige Ende geschichtlicher Entwicklungsprozesse. Der Rechtswissenschaft vermag das Aufnehmen dieses geschichtlichen Fadens Impulse zu geben, ist doch jedes Rechtssystem eine geschichtlich gewachsene und wachsende Erscheinung, und ruht speziell das Rechtssystem der Bundesrepublik Deutschland auf mehreren — nur geschichtlich faßbaren — Säulen. So zeigt auch die Entwicklung des Anwaltsstandes ein zwar buntes, von Rückschlägen begleitetes, aber dennoch gewachsenes Bild.

Im geschichtlichen Teil dieser Arbeit, der nicht mehr als Grundtendenzen herausarbeiten will, soll der Schwerpunkt auf den Zivilprozeß gelegt werden. Die hier gewonnenen Ergebnisse sollen dann mit strafgeschichtlichen Erkenntnissen[10] zu einer Symbiose gebracht werden, um ein möglichst vollständiges Bild vom Rechtsanwalt früherer Zeiten zu gewinnen; denn trotz aller Spezialisierung formen alle Seiten das *eine* Bild vom Rechtsanwalt, zu dem erst in neuerer Zeit die Rechtsvertretung vor Verwaltungsbehörden und -gerichten gekommen ist, ohne daß sich dadurch die Aufgaben des Anwalts gewandelt hätten.

§ 1 Der λογογράφος und συνήγορος des attischen Rechts

A. Bedeutung des griechischen Rechts

Die Behandlung des griechischen Rechtskreises mag überraschen, ist doch seine Ausstrahlungswirkung auf die europäische Rechtsentwick-

---

[9] *Wach,* Handbuch, S. 130.

[10] Ich stütze mich hierbei insbesondere auf *Knapp,* S. 5 ff.

lung vergleichsweise gering geblieben[11]: weder fand eine Rezeption griechischer Rechtsgedanken — etwa über das römische Recht — statt, noch hat überhaupt das sonst bahnbrechende griechische Denken, das so fruchtbar bis in unsere Zeit hineinwirkt, auf dem Gebiet des Rechts sich zu einer solchen Höhe entwickelt, daß es aus einem primitiven Stadium herausgetreten wäre[12]. Die Gründe, die im griechischen Geist wurzeln, sind hinreichend dargestellt[13].

Dennoch rechtfertigt sich eine Einbeziehung des griechischen Rechts in die Geschichte der Anwaltschaft, denn die Wiege des Anwaltsberufes steht — für den europäischen Rechtsraum — im Athen des 5. und 4. vorchristlichen Jahrhunderts.

B. Besonderheiten des attischen Verfahrens

Jede Prozeßordnung hat die Rechtsanwälte, die sie verdient. Mit diesem Satz könnte man die Geschichte des Rechtsanwaltes überschreiben. In der Tat zeigt sich im Verlauf der Geschichte eine untrennbare Verknüpfung von Verfahrensrecht und Stellung des Rechtsanwaltes.

I. Gerichtsaufbau

Die radikale Demokratisierungswelle im Athen des 5. vorchristlichen Jahrhunderts machte auch vor den Gerichten nicht halt; das ganze Volk sollte Richter über die Rechte und Pflichten des einzelnen sein. Um dieser Forderung gerecht zu werden, wurden Massengerichte eingerichtet, die Richter aus den Bürgern Athens gewählt[14]. Die Folge war ein durchweg rechtsunkundiges Richtergremium, der Satz *iura novit curia* besaß demgemäß keine Gültigkeit[15].

II. Verfahrensgrundsätze

Das Verfahren[16] basierte nicht auf der Vorstellung, im kontradiktorischen Dialog der Parteien das Recht zu finden. Nach griechischer Vorstellung war die Gerichtsverhandlung ein Wortgefecht[17]: Kläger- und Beklagtenrede, in deren Verlauf jede Partei ihre Beweismittel präsentierte, wurden nacheinander vorgetragen; eine kontradiktorische Beweisaufnahme fand nicht statt[18].

---

[11] *Troje* ruft zu einer Neubesinnung auf.

[12] *Hans Julius Wolff*, Beiträge, S. 255.

[13] *Hans Julius Wolff*, Festschrift für den 45. Deutschen Juristentag (1964), S. 4 ff.

[14] *Hans Julius Wolff*, Demosthenes, S. 7; der Schuldspruch über Sokrates bspw. beruhte bei 501 Richtern auf einer Mehrheit von 30, *Platon*, Apologie, 36 A.

[15] *Paoli*, ZRG 76 (1959), 112.

[16] Straf- und Zivilverfahren waren funktionell nicht verschieden, *Hans Julius Wolff*, Lexikon, Sp. 2519.

[17] *Wieacker*, Cicero, S. 23.

[18] *Lipsius*, S. 882; es galt allerdings der Grundsatz der freien Beweiswürdigung, *Meyer-Laurin*, S. 28.

Der Urteilsfindung ging keine Beratung voraus, jeder Richter gab im Anschluß an die letzte Rede geheim seine Stimme ab[19]. Wie viele andere Rechte stand auch das attische Recht einer Prozeßvertretung grundsätzlich ablehnend gegenüber. Die Parteien mußten selbst auftreten und für sich sprechen[20].

III. Strafrecht

Die Bestrafung blieb im wesentlichen privater Eigenmacht überlassen; der Staat stellte lediglich seine Gerichte zur Verfügung. Einen Staatsanwalt kannte das attische Recht nicht[21]. Der Schutz der Rechtsordnung oblag jedem Bürger Athens, die verfahrensrechtlich demzufolge eine Art Popularklage zuließ, die aber stets private Rechtsverfolgung blieb; denn der Kläger war kein Gehilfe oder Vertreter des Staates[22]. Dem griechischen Strafrecht war ein Straftatbestand heutiger Prägung fremd. Weite und auslegungsbedürftige, örtlich sehr verschiedene Gesetze[23] ohne festen Strafrahmen beherrschten die griechische Szene.

C. Stellung und Aufgabe des Rechtsbeistandes

Diese Situation rief den λογογράφος auf den Plan; seine Tätigkeit bestand darin, gegen Entgelt Gerichtsreden für Parteien niederzuschreiben, die diese dann vor Gericht vortrugen.

Von diesem war der Sprung zum vor Gericht auftretenden συνήγορος nicht weit: ursprünglich handelte es sich bei ihm wohl nur um eine einflußreiche Persönlichkeit, die ihr Ansehen für eine Partei einsetzte. Im Laufe der Entwicklung wurde aus ihm ein berufsmäßiger Beistand, der für und neben der Partei das Wort ergreifen konnte[24].

Es war also die Prozeßrealität im alten Athen, die diesen συνήγορος schuf. Mit einem Rechtsanwalt heutiger Vorstellung darf er freilich nicht gleichgesetzt werden: vor einem Richtergremium von mehreren hundert — in der Regel — Rechtsunkundiger — in einem Fall ist die Zahl 6000 (!) belegt[25] — galt es, die eigene Sache einfach, aber wirkungsvoll vorzutragen. Wirkung übte vor einer solchen Kulisse weniger ein sachlich-nüchterner juristischer Sprachstil als vielmehr die Kunst des „schönen Wortes“. Es galt, die Mehrheit der Richter — gleich auf welche Art und Weise[26] — auf seine Seite zu bringen. Die Prozeß-

---

[19] *Hans Julius Wolff*, Festschrift für den 45. Deutschen Juristentag (1964), S. 15.

[20] *Hans Julius Wolff*, Festschrift für den 45. Deutschen Juristentag (1964), S. 10.

[21] *Paoli*, ZRG 76 (1959), 110.

[22] *Latte*, ZRG 49 (1929), 496.

[23] *Erik Wolf*, Rechtsdenken III 2, S. 167; der Grundsatz *nulla poena sine lege* galt nicht, *Gerner*, ZRG 67 (1950), 39.

[24] *Berneker*, S. 105; *Kennedy*, AJP LXXXIX, S. 419; *Latte*, Hermes, S. 47; *Lipsius*, S. 908; *Paoli*, ZRG 76 (1959), 111.

[25] *Gerner*, ZRG 67 (1950), 44.

atmosphäre wurde dadurch verunsachlicht. Es kam für die Prozeßentscheidung mehr auf die gute Überredungsgabe denn auf Rechtskenntnisse an[27]. Dieser Lage paßte sich der athenische Anwalt an: er war in erster Linie Rhetoriker, seine Rechtskenntnisse waren demgegenüber gering.

Diese kurze Skizze vom Anwalt im klassischen Athen mag genügen, zeigt sie doch die Konturen auf, die am Entwicklungsbeginn des Rechtsanwaltes stehen: in Gestalt des λογογράφος und des συνήγορος tritt — hervorgerufen durch eine spezifische Prozeßsituation — ein juristisch nur über Minimalkenntnisse verfügender, dafür rhetorisch geschulter Beistand in Erscheinung, der ohne Bindungen und Schranken *allein* die Interessen seiner Partei durchzusetzen trachtet.

§ 2 Der advocatus des römischen Rechts

A. Frühzeit und Anfänge der Republik

Als Sachwalter im eigentlichen Sinne[28] begegnen uns im römischen Recht die *patroni, oratores* und *advocati,* wobei diese Begriffe in den Jahrhunderten römischer Geschichte einem stetigen Bedeutungswandel unterlagen.

Trotz den weitgehend im Dunkeln liegenden Anfängen der römischen Geschichte kann es inzwischen als gesichert gelten, daß der Ursprung der Beistandschaft vor Gericht dem altrömischen Patronat entstammt. Besonders die im Patronat wurzelnde, dem *patronus* seinem *cliens* gegenüber obliegende *fides* war es, die den *patronus* im Sinne eines ethischen Gebots verpflichtete, für den weitgehend rechtlosen, insbesondere auch parteiunfähigen *cliens* vor Gericht aufzutreten, für ihn zu sprechen[29]. Mit dem allmählichen Absterben des altrömischen Patronats und der damit verbundenen — auch rechtlichen — Erstarkung der *clientes* wandelte sich das notwendige Patronat in ein *freiwilliges,* das vornehmlich auf pragmatischen Gesichtspunkten fußte[30]: dem *cliens* nutzte vor Gericht das hohe Ansehen des der Aristokratie angehörenden *patronus;* dieser wiederum war darum bemüht, sich eine umfangreiche Klientel zu schaffen, um eine politische Machtstellung zu errei-

---

[26] Dazu eindrucksvoll die Studie von *Hans Julius Wolff,* Demosthenes, S. 15 ff.

[27] *Erik Wolf,* Rechtsdenken III 2, S. 167.

[28] Die Stellvertretung im Prozeß, die in der Spätzeit auch berufsmäßig betrieben wurde — *Kunkel,* Herkunft, S. 330 — bleibt hier außer Betracht; sie mag mit dem Beruf des *advocatus* verschmolzen sein, ist aber im Ursprung keine Beistandsleistung.

[29] *Mommsen,* S. 82.

[30] *Neuhauser,* S. 39; *Kunkel,* Herkunft, S. 58.

chen oder zu sichern. Der *patronus* besaß gewisse Rechtskenntnisse, einmal weil die Rechtswissenschaft eine „vornehme Wissenschaft“[31] war, welche die aristokratischen Familien von der ursprünglich die Rechtswissenschaft als Privileg betreibenden Priesterschaft übernommen hatten, zum anderen, weil Rechtskenntnisse als Mittel zur Erlangung politischer Macht nützlich waren: da nämlich spätestens beim Übergang vom Legisaktionen- zum Formularverfahren[32] ein Rechtsunkundiger kaum mehr in der Lage war, die erforderlichen *formulae* zu gebrauchen oder gar zu entwerfen[33], fiel es einem rechtskundigen *patronus* leichter, sich eine Anhängerschaft zu sichern. Dennoch war es auch in diesem Stadium mehr ein ethisches als ein geschäftliches Band, das *patronus* und *cliens* verband[34]. Die *lex Cincia*[35] legt dafür Zeugnis ab: sie verbietet den Beiständen die Annahme von Geschenken oder Geld; diese erhalten lediglich einen auf sittlicher Verpflichtung beruhenden Ehrensold *(honorarium)*.

Dieser *patronus* — wie er uns in der frühen und mittleren Republik entgegentritt — übte die rechtliche Beistandsleistung nicht als Beruf aus. Er war Angehöriger der Senatsaristokratie, der regelmäßig Rechtskenntnisse besaß, aber nur in Ausnahmefällen ein Jurist, ein *iuris consultus*[36]. Die Tätigkeit dieser *iuris consulti*, die als die eigentlichen Juristen angesehen werden müssen, erschöpfte sich fast ausschließlich in dem Erstellen von rechtlichen Gutachten und in der Beratung von Gericht und Parteien. Sie waren die unparteiischen Wahrer des Rechts und hatten maßgeblichen Anteil an der Fortentwicklung des Rechts[37]. Von gerichtlichen Auftritten haben sie sich weitgehend ferngehalten[38].

Neben dem *patronus* kannte bereits die Frühzeit die Figur des *advocatus*. Ursprünglich lag seine Bedeutung darin — *advocare* = herbeirufen —, daß er sein großes persönliches Ansehen für eine Partei in die Waagschale warf[39].

---

[31] *Fritz Schulz*, S. 27.

[32] Vgl. *Kaser*, Zivilprozeßrecht, S. 109 ff.

[33] *Kaser*, Zivilprozeßrecht, S. 176; *Fritz Schulz*, S. 59.

[34] Erst in der nachklassischen Periode wurde daraus ein vertragliches Auftragsverhältnis, *Kaser*, Privatrecht II, S. 295.

[35] *Kaser*, Zivilprozeßrecht, S. 162; *Wesener*, ZRG 78 (1961), 488; anders *Knapp*, S. 7 unter Berufung auf *Zumpt*, S. 90; aber erst die spätere Auslegung der *lex Cincia* ließ nur die Annahme oder das Versprechen einer Geldleistung *vor* dem Prozeß unter dieses Gesetz fallen, vgl. *Zumpt*, S. 97.

[36] *Fritz Schulz*, S. 25.

[37] *Kaser*, Privatrecht I, S. 181; *Wieacker*, ZStaatsw. 99 (1939), 444; *Fritz Schulz*, S. 59, 65.

[38] *Kunkel*, Herkunft, S. 326.

[39] *Neuhauser*, S. 169.

B. Die hellenistische Epoche

Der im Keime vorhandene Dualismus zwischen *iuris consulti* und *patroni* vertiefte sich in der hellenistischen Periode der römischen Republik. Mit dem Eindringen griechischen Gedankengutes begann die *Rhetorik* im Rechtsleben des alten Rom ihren Siegeszug. Sie gebar die Figur des *orator* als Gerichtsredner[40], der den *patronus* alten Stils nach und nach aus dem *comitium*[41] verdrängte. Mit der Rhetorik setzte ein Zeitalter der Zurückdrängung der Rechtswissenschaft im römischen Prozeß ein: besaßen die *patroni* in der Regel Rechtskenntnisse, waren sie teilweise sogar *iuris consulti*, so hielt der neu entstehende *orator* Rechtskenntnisse für unnötig.

Neuhauser[42] sieht dieses Eindringen der Rhetorik in der während der Zeit der Bürgerkriege um 130 v. Chr. einsetzenden Politisierung der Gerichte begründet. Neben diesem gewiß tragenden Moment setzte aber auch das System des römischen Prozesses der Rhetorik keinen entscheidenden Widerstand entgegen, sondern trug eher mit zu der Überlegenheit der Rhetoren gegenüber den Juristen bei[43].

Knapp[44] hat für den Strafprozeß festgestellt, daß das Strafurteil mehr eine Bewertung der Gesamtperson und der persönlichen Integrität als speziell der abzuurteilenden Tat darstellte. Dies begünstigte ein Auftreten von Personen, die mehr die Rhetorik als die Rechtswissenschaft beherrschten. Obwohl der *orator* naturgemäß[45] den Strafprozeß suchte, blieb auch der Zivilprozeß nicht Domäne des juristisch geschulten Anwalts; das System des römischen Zivilprozesses trug dazu nicht unwesentlich bei: stellt sich der Prozeß der Frühzeit als starres, durch feste Beweisregeln gebundenes Verfahren dar, so tritt bereits im Legisaktionenverfahren eine freie Beweiswürdigung ein; bei der Ermittlung der Tatsachen wird nun — ähnlich dem Strafverfahren — weniger auf den Beweis des Vorgebrachten abgehoben als vielmehr auf die Redlichkeit und persönliche Integrität der vortragenden Partei abgestellt, aus der dann — mittelbar — die Wahrheit des Vortrages gefolgert wird[46].

Dem entspricht die besondere Bedeutung, die der Parteiaussage — besonders der durch Eid bekräftigten — als eines der wichtigsten Beweismittel zukam[47]. Jetzt wird auch verständlich, daß die Beweismittel erst nach — seltener während — der Rede des Beistandes vorgeführt wurden[48]; denn erst galt es, in der Anwaltsrede die Integrität der Partei herauszustellen.

---

[40] Eindrucksvoll die Studie von *Wieacker*, Cicero, S. 5 ff.

[41] Gerichtsstelle auf dem *Forum Romanum*.

[42] S. 179.

[43] *Steinwenter*, ZRG 65 (1947), 110.

[44] S. 7.

[45] Strafprozesse haben — zu allen Zeiten — mehr Aufsehen erregt und den Bekanntheitsgrad des *orator* gesteigert.

[46] *Kaser*, Zivilprozeßrecht, S. 86.

[47] *Kaser*, Zivilprozeßrecht, S. 87.

[48] *Kaser*, Zivilprozeßrecht, S. 276.

Auch die Besetzung der Richterbank bedarf in diesem Zusammenhang einer kurzen Betrachtung: Legisaktionen- und Formularverfahren besaßen die charakteristische Aufteilung in ein Verfahren vor dem Praetor *(in iure)* und vor dem Gericht *(apud iudicem)*[49]. Der oder die Richter, bei deren Auswahl die Parteien mitwirkten, waren regelmäßig rechtsunkundig[50], infolgedessen gegenüber rhetorischen Ausführungen anfälliger — ein Moment, das bei jedem mit Laien besetzten Gericht zu beobachten ist. Darauf hatten sich Partei und Beistand einzustellen. Weniger eine gute Rechtskenntnis als eine rhetorische Schulung führte zum Prozeßgewinn, im Kampf um die Vormacht war der *orator* dem Juristen überlegen. Die *iuris consulti* zogen sich daher noch mehr von der Gerichtsrede zurück und überließen das öffentliche Auftreten den *oratores*. Dieser Dualismus beherrschte rund drei Jahrhunderte die römische Szene.

C. Prinzipat und Kaiserzeit

Auch während des Prinzipats blieb dieser Gegensatz erhalten; allmählich verdrängte jedoch das staatliche mit Juristen besetzte Gericht den *iudex privatus*[51] alten Stils. Der Hellenismus verlor seine Ausstrahlungskraft, der Einfluß der Rhetorik ging zurück.

Der Kognitionsprozeß, der die klassische Zweiteilung seiner Vorgänger verwarf, entwickelte sich zu *dem* Verfahren der letzten Periode der römischen Epoche[52]. Sein Einfluß hatte sich bereits unter dem Prinzipat auf das Formularverfahren ausgewirkt: „nicht mehr die Vertrauenswürdigkeit der Person soll bewiesen werden, sondern die Wahrheit ihrer Behauptungen"[53]. Die Suche nach der Wahrheit trat in den Vordergrund, der Urkundenbeweis verdrängte die Parteiaussage[54]. Die Dispositionsmaxime fiel der Inquisitionsmaxime zum Opfer[55]; die freie Beweiswürdigung des Richters wurde zugunsten einer gebundenen Beweislehre aufgegeben. In einem totalen Regelungsbedürfnis liefen Straf- und Zivilprozeß der römischen Spätzeit parallel, auch im Strafprozeß gewann die Inquisitionsmaxime die Oberhand[56].

Diese Entwicklung rief nach einem neuen Typus von Sachwaltern[57]: in Gestalt des *advocatus* tritt in den letzten Jahrhunderten römischer Geschichte ein juristisch ausgebildeter Beistand auf, der Berater und Redner in einer Person ist. Der reine Rhetoriker hatte die letzte Schlacht verloren. Dieser *advocatus* weist neue, für den Zeitgeist typische Züge auf: er ist in eine Art Staatsdienst gedrängt; es wird nur eine begrenzte Anzahl zugelassen und — in einer Kammer zusammengefaßt — der Gerichtsbarkeit und Disziplinargewalt der zulassenden

---

[49] *Kunkel*, Rechtsgeschichte, S. 82.

[50] *Fritz Schulz*, S. 63; *Sturm*, RIDA 9 (1962), 375; *Steinwenter*, ZRG 65 (1947), 85.

[51] *Volkmann*, S. 201.

[52] *Kaser*, Zivilprozeßrecht, S. 339.

[53] *Kaser*, Zivilprozeßrecht, S. 278.

[54] *Simon*, S. 223, 243, 253.

[55] *Wenger*, Atti, S. 217.

[56] *Knapp*, S. 8.

[57] *Steinwenter*, ZRG 65 (1947), 119.

staatlichen Stelle unterstellt. Auch besteht eine strenge Residenzpflicht[58]. Mit diesem Bild eines in seiner Freizügigkeit und Berufsfreiheit beschränkten Anwalts zieht sich die römische Rechtswissenschaft für fast ein Jahrtausend aus unserem Blickfeld zurück.

§ 3 Der „Vorsprecher" des germanischen und mittelalterlichen deutschen Rechts

Die seit dem 8. Jahrhundert[59] in Erscheinung tretende Figur des *Vorsprechers* verdankt ihre Entstehung und Bedeutung charakteristischen Wesenszügen des germanisch-fränkischen Rechtskreises, der — jedenfalls im Bereich des Verfahrens[60] — seine Grundzüge lange unverändert erhalten hat und erst im Spätmittelalter tiefgreifenden Wandlungen Tribut zollen mußte.

Grundlegend für ein richtiges Verständnis vom Prozeß ist die germanische Anschauung vom Verfahren als Finden, nicht Durchsetzen des Rechts[61]. Zu dieser Rechtsfindung aufgerufen war grundsätzlich die Versammlung der Volksgesamtheit, praktisch wurden zu Urteilern aber wohl nur die angesehensten und erfahrensten Männer berufen[62]. Am längsten gehalten hat sich die strikte Trennung von Richter und Urteiler (Schöffe)[63]; Der Richter — in der Frühzeit einer der Versammelten, später der Lehensherr oder sein Vertreter — leitete die Verhandlung, ohne jedoch an der Urteilsfindung mitzuwirken[64]. Die Schöffen dagegen „fanden" das Recht.

Getreu der germanischen Grundanschauung vom Finden des Rechts rollte der Prozeß in einem formenstrengen Frageverfahren ab, das ausschließlich in den Händen der Parteien lag; die Verhandlungsmaxime galt in ihrer reinsten Form. Dieses formelmäßige Erfragen

---

[58] *Kaser*, Zivilprozeßrecht, S. 455; *Fritz Schulz*, S. 345.

[59] *Berneker*, S. 112.

[60] Zwischen Straf- und Zivilprozeß wurde nicht getrennt; diese — bei allen Rechten anzutreffende — Erscheinung beruht auf der fehlenden Staatsgewalt, die verletzt werden könnte; hinzukommt die dem germanischen Recht eigene starke Betonung der Person/Sippe: so gab es auf „strafrechtlicher" Seite — von wenigen Ausnahmen abgesehen — keine Verletzung der Allgemeinheit, sondern nur der Person/Sippe; auf „zivilrechtlicher" Seite war dem germanischen Recht römisches Aktionendenken fremd; jedes Unrecht war in seinem Kern Verletzung der Person; vgl. *von Bethmann-Hollweg*, S. 24.

[61] *Mitteis / Lieberich*, S. 34.

[62] So für die Einsetzung eines Lehensgerichts das *Freisinger Rechtsbuch* (ca. 1328), 196.

[63] Noch das Reichskammergericht kannte diese Scheidung in der Reichskammergerichtsordnung von 1495 und hielt bis zu seiner Auflösung an ihr fest, *Endemann*, ZZP XVIII (1893), 165 ff.; *Smend*, S. 244.

[64] *Coing*, Epochen, S. 27.

des Rechts bestand darin, daß jede Partei ihre Rechtsansicht, zu der sie nach eigener Prüfung des ihr bekannten Sachverhalts gelangt war, in genau vorgeschriebener Frageform vortrug[65]. Dem Gericht wurde also kein Sachverhalt unterbreitet, sondern eine Rechtsansicht. Es liegt auf der Hand, daß die rechtsunkundige Partei mit dieser ihr obliegenden rechtlichen Subsumtion regelmäßig überfordert war, besonders wenn man bedenkt, daß der Prozeß sich oft in rasch wechselnder Rede und Gegenrede abspielte, solche Subsumtionen daher „aus dem Stegreif“ erforderlich waren. Diese Prozeßsituation wirkte sich auch auf das Beweisverfahren aus: da die Partei nicht Tatsachen, sondern bereits die aus ihnen gefolgerte Rechtsansicht vortrug — *da mihi facta, dabo tibi ius* galt demzufolge nicht — waren die Tatsachen auch nicht zu beweisen. Es ging vielmehr darum, die von einer Partei in formelhafte Frageform gekleidete Rechtsfindung zu bestätigen: dies geschah durch die Erfüllung rechtlich vorgeschriebener Formalien[66]. Da bereits der kleinste Fehler in Form oder Fragestellung unweigerlich zum Prozeßverlust führte[67], wog die Überforderung der rechtssuchenden Partei um so schwerer.

Anders als die in der klassischen Antike beobachtete Verdrängung des Rechts durch die Rhetorik im Verfahren waren im germanischen und mittelalterlichen Verfahren Rechtskenntnisse wichtig, oft unentbehrlich, Rhetorik dagegen fehl am Platze, oft gefährlich[68]. Es kann daher nicht überraschen, wenn es allgemein üblich war, sich eines *rechtskundigen Helfers* — des Vorsprechers — zu bedienen[69].

Es überzeugt nicht, die Entstehung des Vorsprecheramtes in der praktischen Notwendigkeit zu sehen, die Formenstrenge zu unterlaufen[70]. Auch das Institut der „Holung“[71] trägt diese Begründung nicht. Der tiefere Grund des Vorsprecherwesens liegt doch gerade im Bestreben, die vorgeschriebenen Formen einzuhalten, um einem Prozeßverlust zu entgehen. Deshalb bediente sich die Partei eines dieser Formeln Kundigen. Das Institut der „Holung“ scheint eher die Konsequenz des verfahrensrechtlich notwendigen persönlichen Auftretens der Partei zu sein[72]. Um dieser Forderung zu genügen — das Wort des

[65] *Planck*, Gerichtsverfahren I, S. 224.

[66] *Planck*, Gerichtsverfahren II, S. 5.

[67] *Weißler*, S. 38 f., bietet ein anschauliches Beispiel.

[68] Vgl. die bei *Weißler*, S. 78, mit Quellen und Literatur belegten Fälle.

[69] *Planck*, Gerichtsverfahren I, S. 94; vgl. Art. 5 Stadtrecht München (ca. 1347); *Zwickauer Rechtsbuch* (ca. 1357) III, Buch I, 14.

[70] *Knapp*, S. 14 unter Berufung auf *Planck*, Gerichtsverfahren I, S. 194, 217, 238.

[71] Danach wird die Partei an die Worte ihres Vorsprechers nur gebunden, wenn sie diese genehmigt. *Schwabenspiegel*, Landrecht, 93.

[72] Für den germanisch-fränkischen Prozeß, *von Schwerin*, *S.* 459.

Vorsprechers soll als eigenes gelten — mußte die Partei es genehmigen. Daß infolgedessen die Partei die Genehmigung verweigern konnte und somit an Fehler des Vorsprechers nicht gebunden war, scheint mehr eine Folge und Nebenwirkung denn der eigentliche Grund des Vorsprecheramtes gewesen zu sein[73].

Die Funktion dieses Vorsprechers mutet — aus heutiger Sicht — eigenartig an. Sie ist wohl nur aus der Geschichte heraus zu begreifen. *Weißler*[74] hat überzeugend nachgewiesen, daß die Figur des Vorsprechers auf die Rechtsweiser der Frühzeit *(asega)* zurückgeht, deren Aufgabe darin bestand, Parteien und Gericht, die beide rechtsunkundig waren, das Recht zu weisen. Diese ursprüngliche Funktion hat der Vorsprecher bis zum Niedergang seines Amtes im ausklingenden Mittelalter im Grunde immer behalten: der Vorsprecher ist in der Tat nur *Vor*-Sprecher, nicht *Für*-Sprecher; er ist nicht Vertreter von Parteiinteressen, sondern des Rechts[75]. Er übt ein Ehrenamt aus[76] und wird der Partei auf Anfrage vom Richter bestellt[77]. Der Partei dient er nur insofern, als er für sie die richtige Formel spricht, dem rechtsunkundigen Gericht, indem er seine Rechtsfindung vorträgt. Die Bedeutung des Vorsprechers, insbesondere für die Rechtsfindung, kommt darin zum Ausdruck, daß er in einem Verfahren für beide Parteien vorsprechen[78] oder gleichzeitig Vorsprecher und Urteiler sein konnte[79], ihm als Rechtskundigem innerhalb der Urteilsbank sogar eine gehobene Stellung zukam.

Das Bild des Vorsprechers wandelt sich langsam aber stetig zum Parteivertreter hin. Im 14. Jahrhundert wird das Vorsprecheramt bereits beruflich ausgeübt[80] und der Vorsprecher von der Partei bezahlt[81]. In Stadtrechten des 14. Jahrhunderts[82] wird die Unvereinbarkeit von Schöffen und Vorsprecheramt festgestellt. Die Nähe zur und die Bezahlung durch die Partei bringen den Vorsprecher in eine starke

---

[73] Im Ergebnis ebenfalls *Weißler*, S. 49.

[74] S. 26.

[75] *Schwabenspiegel*, Landrecht, 87: „unde alles daz an den rihtern sol sin' daz sol ouch an den fursprechen sin."

[76] Der Vorsprecher konnte daher nur in Ausnahmefällen das Amt ablehnen, *Sachsenspiegel*, Prologus — Der Herren Geburt, 25: „mut wol ordel vinden unde ordeles volgen unde vorspreke sin"; vgl. auch *Freisinger Rechtsbuch*, 253; *Weißler*, S. 54.

[77] *Sachsenspiegel*, Landrecht I, 60 § 2.

[78] *Weißler*, S. 46, für den Fall einer Vertagung; allerdings galt dies wohl nur in Ausnahmefällen; denn der *Sachsenspiegel* spricht von dem Erstwahlrecht des Klägers bei der Bestellung des Vorsprechers (Landrecht I, 60 § 2).

[79] *Schneidt*, II Abschnitt, 4. Heft, XXVI Stück XV.

[80] *Weißler*, S. 58.

[81] *Weißler*, S. 56; es gab eine Art Armenrecht, *Freisinger Rechtsbuch*, 255.

[82] *Zwickauer Rechtsbuch* III, Buch I, 155.

Abhängigkeit von der Partei, die in der Wirklichkeit den Vorsprecher vom objektiven Rechtsfinder zum subjektiven Vertreter der Parteiinteressen werden ließ.

§ 4 Procurator und Advocatus des Gemeinen Rechts

A. Hintergründe und Bedeutung der Rezeption

Stadt- und Landrechte des 15. und 16. Jahrhunderts[83] sowie die Reichskammergerichtsordnung des Jahres 1495[84] künden von einer neuen Entwicklung. Als Kodifikationen stehen sie am Ende einer Umwälzung, die im 14. Jahrhundert allmählich einsetzte und zu einem Umbruch — nicht nur im Rechtsdenken — führte: die Rezeption römisch-rechtlichen Gedankengutes hatte sich langsam, aber stetig und auf Grund der Rechtszersplitterung Deutschlands im einzelnen recht unterschiedlich vollzogen.

Umstände und Hintergründe sind untersucht[85], der Weg über den italienisch-canonischen Prozeß bewiesen worden[86]. Neben den in Deutschland liegenden Gründen ist sicherlich der Überlegenheit des canonischen Prozesses[87] und dem „Expansionswillen“[88] der katholischen Kirche ein entscheidender Impuls zuzuschreiben.

B. Vom canonischen zum gemeinen Verfahren

Den canonischen Prozeß — ausgerichtet auf „*la justice dans la vérité*“[89] — bildet im Kern das justinianische Verfahren, wobei der vorhandene Formalismus durch kirchliches Billigkeits- und Gerechtigkeitsdenken gemildert wurde; der Grundsatz *Deum prae oculis habere* durchzog das gesamte Prozeßrecht[90]. An charakteristischen Besonderheiten gegenüber dem mittelalter-

[83] Zusammenstellung bei *Beyerle / Kunkel / Thieme.*

[84] *Endemann,* ZZP XVIII (1893), 165 ff.; *Smend,* S. 1 ff.

[85] *Mitteis / Lieberich,* S. 232; insbesondere sind zu nennen:

a) Reichsideologie: Heiliges Römisches Reich Deutscher Nation;
b) Rechtszersplitterung und fehlende Aufzeichnung heimischen Rechts — eben darum kam es nicht zu einer Totalrezeption in Frankreich und widerstand Sachsen dem fremden Gedankengut;
c) Rückständigkeit des Verfahrens gegenüber wirtschaftlichen Umwälzungen;
d) Ausbildung deutscher Rechtsgelehrter in Oberitalien (Bologna).

[86] Vgl. die Spezialuntersuchung für die Stadt Frankfurt/Main von *Coing,* Rezeption, S. 104 ff.

[87] Zu den Nachteilen des germanisch-mittelalterlichen Verfahrens, *Maurer,* § 192 ff.

[88] *Jullien,* S. 9: „le dévéloppement de la justice ecclésiastique fut pour l'Eglise un moyen d'exercer son action spirituelle civilisatrice dans la societé médiévale“.

[89] *Jullien,* S. 241.

lichen deutschen Prozeß fallen seine Schriftlichkeit[91], fehlende Unmittelbarkeit, die Entscheidung durch Rechtskundige und die verstärkte richterliche Aktivität auf[92].

Da das römische Recht über die Gelehrten in das deutsche Rechtsleben eindrang, kam es zu einer Evolution von oben nach unten[93]; besonders im Bereich *der* Städte und Länder, die auf eine festverwurzelte kodifizierte Rechtstradition bauen konnten, traf das fremde Recht auf Widerstand. Überwog noch in der Reichskammergerichtsordnung von 1495 das römisch-canonische Element[94], so kann man in dem, einem Zusammentreffen von sächsischem und fremdem Recht entsprungenem Gemeinen Prozeß von einer Gleichgewichtigkeit[95] beider Rechtssysteme sprechen. Der jüngste Reichsabschied von 1654[96] — der nach 1495 eine wirkliche Reform brachte[97] — legte dafür die Grundlage. Dieser Gemeine Prozeß[98] läßt sich — *grosso modo* — als schriftliches, mittelbares[99] und mit verstärkten richterlichen Befugnissen ausgestattetes Verfahren[100] kennzeichnen, das an einer Reihe gesetzlicher Beweisregeln festhält:

— Die *Mittelbarkeit* findet ihren deutlichen Ausdruck im Institut der Aktenversendung[101]; zum Zwecke der Urteilsfindung wurden die Akten an ein nicht mit der Sache befaßtes, der Beweisaufnahme nicht beiwohnendes Richtergremium versandt, das in geheimer Sitzung ein durch den Verhandlungsrichter nicht mehr abänderbares Urteil fällte.

— Die *Begrenzung einer freien Beweiswürdigung* machen die fortwährenden Versuche deutlich, dem Richter verbindliche Maßstäbe für die Bewertung von Zeugenaussagen oder das Zusammentreffen zweier Beweismittel an die Hand zu geben[102].

---

[90] *Jullien*, S. 227.

[91] *Nörr*, ZZP 85 (1972), 168.

[92] *Coing*, Epochen, S. 54; die Entwicklung im canonischen Strafprozeß war ähnlich verlaufen: sie führte zu einem durch kirchliches Gerechtigkeitsdenken gemilderten Inquisitionsprozeß, von den Ketzerprozessen einmal abgesehen, *Knapp*, S. 11.

[93] Daraus erklären sich die Versuche, das fremde Recht dem Volke nahezubringen: *Sebastian Brants* Klagspiegel, 1425 von einem Unbekannten verfaßt und 1516 herausgegeben, und *Ulrich Tenglers* Laienspiegel (1509).

[94] *Coing*, Epochen, S. 55.

[95] *Tiegelkamp*, S. 21, spricht von einem „Sieg des sächsischen Rechtsgedankens".

[96] „Abschied der Roem. Kayserl. Majest. und gemeiner Staende, welcher auf dem Reichs-Tag zu Regenspurg, im Jahre Christi 1654 aufgerichtet ist."

[97] Eine Reform schien überfällig: § 34 des jüngsten Reichsabschieds lastet insbesondere den Procuratoren an, daß sie „... die Proceß gleichsam unsterblich gemacht"; über die Gründe, *Weißler*, S. 202; *Smend*, S. 345.

[98] Er galt in den einzelnen Ländern subsidiär, *Renaud*, S. 17.

[99] *Dahlmanns*, I, S. 13: hinzutreten noch die Eventualmaxime und das Beweisinterlokut.

[100] *Bayer*, S. 118; im Grundsatz gilt aber die Verhandlungsmaxime.

[101] *Bayer*, S. 455; der eigentliche Grund für diese Maßnahme war die Sorge um die Unparteilichkeit der Justiz.

[102] *Bayer*, S. 455; vgl. noch § 119 über verdächtige Zeugen in dem Entwurf einer Allgemeinen bürgerlichen Proceßordnung für das Königreich Hannover (1847); *Dahlmanns*, I, S. 57 ff.

Die entscheidende Auswirkung der Rezeption des römisch-italienisch-canonischen Verfahrens liegt in der *veränderten Prozeßauffassung*[103]: die Suche nach der Wahrheit rückt in den Vordergrund und zerreißt die hinderlichen formalen Bande. Aus dem mittelalterlichen mündlichen Formelprozeß wird ein schriftliches Verfahren, die Urteilerbank wird mit Rechtskundigen besetzt[104], dem Richter mehr Einfluß übertragen. Das Verfahren nimmt inquisitionsartige Züge an:

— Im nunmehr vom Zivilverfahren deutlich gesonderten Strafprozeß krönte diese Entwicklung die *Constitutio Criminalis Carolina*[105] Karls V. (1532).

— Das *Zivilverfahren* widerstand schon seiner Natur nach eher dem Eindringen inquisitionsartiger Momente. Dennoch leitete auch hier die Rezeption eine Zurückdrängung der im mittelalterlichen Verfahren radikal durchgeführten Verhandlungsmaxime ein, die ihren Höhepunkt im Inquisitions-Zivilprozeß Preußens von 1781 fand[106].

C. Einwirkungen der Rezeption auf die Stellung des „Vorsprechers"

Das in seinen Grundzügen dem mittelalterlichen deutschen Prozeß entgegengesetzte italienisch-canonische Verfahren, das trotz des sächsischen Elementes im Gemeinen Prozeß mit eben diesen Merkmalen sich durchsetzte, ließ dem Vorsprecher alter Prägung keinen Raum mehr. Ein schriftliches Verfahren mit eingeschränkter Verhandlungsmaxime vor einem rechtskundigen Gericht — wie es bereits die Reichskammergerichtsordnung von 1495 festlegte[107] — mußte dem Vorsprecher den Todesstoß versetzen. Mit der Rezeption hielt im deutschen Rechtskreis die dem canonischen Prozeß dieser Zeit eigene Zweiteilung des Sachwalterstandes in *procuratores* und *advocati* ihren Einzug und fand in der Reichskammergerichtsordnung von 1495 ihre höchstgerichtliche Niederlegung[108]:

— der *procurator* war der vor Gericht auftretende Beistand;

— der *advocatus* erstellte nur Schriftsätze, ohne vor Gericht in Erscheinung zu treten; es fand also eine Trennung in eine redende und schreibende Sachwalterschaft statt[109].

---

[103] *Jullien*, S. 241: „le juge étudie à fond le fait controverse lui-même, recherchant la vérité objective telle qu'elle est établie par les preuves."

[104] Beim Reichskammergericht mußten nach § 1 der Reichskammergerichtsordnung die Hälfte der Urteiler rechtskundig sein.

[105] Ihr Vorbild war die 1507 von *Johann Freiherr zu Schwarzenberg und Hohenlandsberg* geschaffene *Constitutio Criminalis Bambergensis*.

[106] *Corpus juris Fridericianum*, 1. Buch.

[107] *Endemann*, ZZP XVIII (1893), 166.

[108] *Sellert*, S. 112; *Smend*, S. 341.

[109] *Ostler*, Rechtsanwälte, S. 5; vgl. Baierische Landesordnung (1553) II Buch, VII Titel, Articul 4: „wo aber ain Redner in ainer Sachen nit allain Procurator und Redner, sondern dazu Advocat, das ist Ratgeb und Vergreifer der Sach ...", *Kunkel / Schmelzeisen / Thieme*, II 1.

Als im Gefolge der Rezeption diese Zweiteilung in Deutschland Fuß faßte, stieß sie auf eine spezifisch deutsch-rechtliche Entwicklung: das mittelalterliche deutsche Recht hatte sich von dem germanischen Grundsatz des persönlichen Auftretens vor Gericht zu lösen begonnen und in Gestalt des *anwalds* eine prozessuale Stellvertretung allmählich anerkannt[110]. Es konnten daher vor Gericht für eine Partei ihr prozessualer Stellvertreter — *anwald* — und ihr Beistand — Fürsprecher — auftreten. Aber auch diese Trennung wurde nicht konsequent durchgehalten. Bereits im 14. Jahrhundert konnte der Fürsprecher gleichzeitig *anwald* sein[111]; im weiteren Verlauf verwischte sich der Unterschied immer mehr[112].

Im Zuge des Eindringens des fremden Rechts erfolgte nun eine Anpassung der tatsächlichen Gegebenheiten an die neuen Begriffe. Da dem vor Gericht auftretenden Procurator der deutsch-rechtliche Vorsprecher entsprach, sog der Procurator die Figur des Vorsprechers und im weiteren Verlauf auch die des *anwalds* in sich auf[113], zumal die deutsch-rechtliche Entwicklung mit ihrer zunehmenden Verschmelzung von *anwald* und Vorsprecher dem keine entscheidenden Hindernisse in den Weg legte[114]. Der Advokatur entsprach dagegen kein deutschrechtliches Vorbild; dies ist wohl der tiefere Grund, weswegen die Zweiteilung des Sachwalterberufes in Deutschland nie in voller Schärfe durchgeführt wurde[115] und letztlich als Fremdkörper im deutschen Recht zum Untergang verurteilt war[116].

---

[110] *Berneker*, S. 114; Zeugnis für das Vordringen der Stellvertretung geben auch die Kodifikationen: Reformacion des bayrischen Landrecht (1518), V. Tittl „Von Anwälden und Gewalthabern", erste Artikl „das ain jeder on sunder Ursach ainen Anwald zum Rechten setzen mag"; Württembergisches Landrecht (1555) I 1 19; Solmser Landrecht (1571) I 11, *Beyerle / Kunkel / Thieme I 2; Ulrich Zasius*, Neue Stadtrechte und Statuten der Stadt Freiburg/Breisgau (1520), VI Titel des ersten Tractats.

[111] *Weißler*, S. 108; damit war das Schicksal des alten Vorsprechers besiegelt; denn dieser war gerade kein Parteivertreter, konnte es auf Grund seiner Funktion auch nicht sein. Eine kurzfristige Auferstehung findet der Vorsprecher — von seiner Idee her — im *Corpus juris Fridericianum* von 1781; konsequenterweise taucht dort auch die Trennung von Sachwalter und Stellvertreter auf.

[112] *Döhring*, S. 121; *Huffmann*, S. 28.

[113] *Döhring*, S. 121.

[114] Vgl. noch die begriffliche Trennung von Procurator und *anwald;* Bayerische Landrechtsreformation (1518), V. und VI. Titl; Freiburger Stadtrecht (1520), VI. und VII. Titel des ersten Tractats; Württembergisches Landrecht (1554), I 1, 19 und I 1, 22; Solmser Landrecht (1571), I 11, 12, *Beyerle / Kunkel / Thieme*, I 1, 2. Dagegen sind im jüngsten Reichsabschied (1654), § 101, die Procuratoren auch Stellvertreter.

[115] Nicht am Reichskammergericht, *Endemann*, ZZP XVIII (1893), 178; *Smend*, S. 342; nicht am Reichshofrat, *Sellert*, S. 113; schon gar nicht an den Untergerichten, *Weißler*, S. 172.

[116] Nach *Kreittmayr*, Anmerckungen über den *Codicem juris Bavarici judiciarii* (1753) 2. Kapitel, § 5, bestand in Bayern zwischen Procurator und

D. Zur Situation in Frankreich

Interessant dagegen ist die Tatsache, daß sich eine Zweiteilung des Sachwalterstandes in Frankreich durchgesetzt und erhalten hat und erst durch Gesetz vom 31. 12. 1971[117] grundsätzlich beseitigt worden ist, besonders, wenn man bedenkt, daß auch dem mittelalterlichen französischen Recht diese Trennung unbekannt war, andererseits eine Rezeption dort weit weniger stark erfolgte[118]. Es macht nur einen begrifflichen Unterschied, daß in Frankreich die Begriffe wechselten, dort der advocatus der auftretende war, wohingegen der *procureur* — seit der Verfassung von 1791 *avoué* genannt[119] — sich auf die schriftlichen Arbeiten beschränkte. Dieser begriffliche Unterschied kann nicht der Grund für diese anders verlaufene Entwicklung sein.

Die wahre Ursache liegt — wie mir scheint — darin, daß sich die im Mittelalter beobachtete deutsch-rechtliche Vereinigung von Vorsprecher und *anwald* in Frankreich nicht vollzogen hat. Mit dem Einzug der Rezeption übernahm der advocatus die Rolle des *avantparlier*, ohne Parteivertreter zu werden; die Parteivertretung zogen die *procureurs* an sich[120]. Die französische Zweiteilung entpuppt sich also ihrem Ursprung nach weniger als eine Aufspaltung eines Sachwalterberufes, sondern vielmehr als Folge der bei allen alten Rechten anzutreffenden und nur langsam schwindenden Trennung von Beistand und Vertretung. Diese geschichtliche Erkenntnis, daß der französische *avocat* alter Prägung nie Parteivertreter war, in ihm vielmehr noch die Vorstellung vom Vorsprecher als Rechtsfinder schlummert[121], ist wesentlich für das Verständnis dieses Sachwalterberufes.

E. Neuordnung in Preußen

Doch zurück zur Situation in Deutschland: die Advokatur war frei, die Procuratur geschlossen und monopolisiert[122]. Dort, wo eine Tren-

---

Advocatus kein Unterschied mehr. In Preußen wurde die Zweiteilung formell 1738 beseitigt, im Königreich Hannover erst 1850; die hannoversche Prozeßordnung von 1847 kannte noch eine begriffliche Trennung: in den Motiven zu § 29 ist allerdings zu lesen: „... Mittelsperson eines Procurators als überflüssig zu betrachten", *Dahlmanns*, I, S. 95.

[117] Loi du 31. 12. 1971 portant réforme de certaines professions judiciaires et juridiques.

[118] *Mitteis / Lieberich*, S. 231.

[119] *Blanc*, S. 9.

[120] *L. Stein*, S. 392.

[121] Der französische *avocat* wird gegebenenfalls sogar als *juge suppléant* herangezogen, *Joly*, Rdn. 89.

[122] *Weißler*, S. 187; Ende des 17. Jahrhunderts wurden infolge drohender Überfüllung auch für die Advokatur Höchstzahlen festgesetzt, *Döhring*, S. 126; vgl. auch die Fürstliche sächsische Landesordnung (1666), II. Teil, I. Cap., Tit. VIII, *Kunkel / Schmelzeisen / Thieme* II 1.

nung überhaupt erfolgt war, begann eine allmähliche Verschmelzung beider Stände[123]. Im 17. Jahrhundert machte sich ein allgemeiner Achtungsverlust des Sachwalterstandes bemerkbar[124]. Die „ewige Topik der Advokatenkritik"[125] wurde in verstärktem Maße wach und traf — da die Trennung von Procuratur und Advokatur im Schwinden war — beide Sachwalter[126]. Diese Situation führte in Preußen[127] zu einem „schwarzen"[128] 18. Jahrhundert für die Sachwalter. Bereits zwei Monate nach seiner Thronbesteigung hielt *Friedrich Wilhelm I.* „fürchterliche Musterung"[129] und setzte ungefähr $^2/_3$ aller Procuratoren und Advocaten ab. Dies war der Auftakt zu einem Jahrhundert grundlegender Reformen, beseelt vom Geist der Aufklärung. Im Mittelpunkt stand eine Verbesserung der Qualität der Justizorgane und die Beschleunigung der Prozesse; untrennbar bleiben diese Reformen verbunden mit den Namen *Cocceji*[130] und *Carmer*[131].

Aus diesem Reformeifer ging auch der *Corpus juris Fridericianum*, Erstes Buch, 1781, hervor. Der in ihm geschaffene Zivilprozeß trug neue Züge. Die Inquisitionsmaxime herrschte im Verfahren, in deren Erfüllung sich Sachwalter und Richter teilten[132]. Die Aufgabe des Sachwalters bestand darin, die Wahrheit zu suchen, gleich wem sie nütze oder schade[133]. Der Sachwalter wurde damit zum Gehilfen des Richters; folgerichtig löste man die bisherige Advokatur auf und benannte beamtete *„Assistenzräte"* zu Sachwaltern[134]. Die bisherigen Advokaten wurden beamtenähnliche[135] Justizkommissare, denen die außergerichtliche Beratung der Parteien oblag.

---

[123] *Smend*, S. 351.

[124] *Döhring*, S. 130 ff.; *Weißler*, S. 236 ff.

[125] *Fritz Schulz*, S. 129.

[126] In Frankreich blieben die *avocats* in hohem Ansehen, *Döhring*, S. 115 Anm. 12; dort traf der Achtungsverlust allein die *procureurs:* „... procureurs, qui n'ont pas laissé un bon souvenir dans la mémoire séculaire des justiciables", *Blanc*, S. 9.

[127] Die preußischen Reformen waren am weitgehendsten; zu den Reformen in den übrigen Ländern, *Tiegelkamp*, S. 26 ff.

[128] Nicht nur wegen der als Schande empfundenen Pflicht, einen schwarzen Mantel zu tragen (Mantelerlaß 1713).

[129] *Weißler*, S. 296; dort auch — S. 302 — die Zahlen im einzelnen.

[130] *Samuel von Cocceji;* seit 1737 Justizminister in Preußen: er schuf den Bagatellprozeß, ein mündliches, formloses Inquisitionsverfahren ohne Anwälte und Kosten, beseitigte das Sportelwesen und schuf ein Dienstrecht für Richter, *Weißler*, S. 325 ff.

[131] *Johann Wilhelm Carmer;* im Zuge des wegen des Müller-Arnold-Verfahrens entstandenen Konflikts zwischen *Friedrich dem Großen* und der Justiz preußischer Justizminister. Auf ihn geht die Abschaffung der Advokatur zurück.

[132] Mit uneingeschränkter Geltung der Verhandlungsmaxime die im gleichen Jahr erlassene Österreichische Allgemeine Gerichtsordnung.

[133] *Weißler*, S. 352.

[134] *Döhring*, S. 144.

Dieser *inquisitionsartige Zivilprozeß* war der Höhepunkt der preußischen Reformen, eine Antwort auf den desolaten Zustand der Justiz — und auch der Advokatur. *Er ist ein Beweis für die häufig anzutreffende Erscheinung, daß eine Reform — unter dem Eindruck bestehender Mißstände — über das Ziel hinausschießt, indem sie ins andere Extrem fällt* — die „goldene Mitte“ war verlorengegangen. Knapp 40 Jahre nach dieser Reform konnte *Anselm von Feuerbach* feststellen[136]:

„Die Gewalt der Natur behauptete ihr Recht über alle menschliche Weisheit; die Rechtsfürsprecher nahmen nach wenig Jahren nur unter anderer Benennung wieder ihre alte Stelle ein; und das mühsam errichtete Gebäude steht jetzt ... längst verlassen, und von eben denen in Mitbesitz genommen, wider welches es als unbesiegbare Veste dienen sollte ...“

Was war geschehen?

Die Parteien hatten die Assistenzräte nicht „angenommen“. Sie sahen sich im Prozeß faktisch nur Richtern gegenüber, fühlten sich ohnmächtig der Staatsgewalt ausgeliefert. Die Gesetzgebung mußte dies anerkennen: Bereits 1793 waren die ehemaligen Advokaten — nunmehr als Justizkommissare — uneingeschränkt wieder als Sachwalter vor Gericht zugelassen[137]; „die advokatenlose, die herrliche Zeit war vorüber“[138].

F. Auf dem Wege zur Reichszivilprozeßordnung und zur Rechtsanwaltsordnung

Mit den liberalen Ideen des 19. Jahrhunderts erscholl der Ruf nach Unmittelbarkeit, Öffentlichkeit und Mündlichkeit des Verfahrens und fand seinen Niederschlag in den Prozeßordnungen einiger Länder — allen voran Baden —, die den Zivilprozeß als schriftliches Verfahren mit mündlicher Schlußverhandlung konzipierten[139] — eine Parallele zu der heutigen Forderung nach einer „Hauptverhandlung“ in Zivilsachen. Der deutsche Reichszivilprozeß ist aber nicht lediglich eine organische Weiterentwicklung dieser Verfahren. Vielmehr kommt es, bedingt durch eine Strategie der „Vorwärtsverteidigung“[140] seitens der Rheinlande — nach dem zweiten Pariser Frieden 1815 zu Bayern, Hessen und Preußen geschlagen —, die den *Code de procédure civile* der napoleo-

---

[135] Sie wurden vom Justizminister ernannt, unterstanden strenger Disziplinaraufsicht und erhielten Gebühren, kein Gehalt wie die Assistenzräte.

[136] S. 390 f.

[137] § 14 des Dritten Titels der Allgemeinen Gerichtsordnung für die Preußischen Staaten (1793).

[138] *Weißler*, S. 358.

[139] Einzelheiten bei *Tiegelkamp*, S. 33 ff.

[140] *Dahlmanns*, I, S. 27; *Adolf Klein*, Festschrift zum 150jährigen Bestehen des OLG Köln (1969), S. 171 ff.

nischen Ära beibehalten hatten, und beseelt von liberalen Ideen (Märzereignisse 1848)[141], zu einem Eindringen französischer Elemente, die nun den Verfahrensordnungen ihr Gepräge geben. Ein treffliches Beispiel bieten die nur drei Jahre auseinanderliegenden Entwürfe von Zivilprozeßordnungen für das Königreich Hannover (1847/1850)[142].

Als nun noch 1867 kein geringerer als *Rudolf Gneist* seine Stimme erhob[143] und nachdrücklich für die Freiheit der Advokatur eintrat, war der Weg zum Reichszivilprozeß und zur Rechtsanwaltsordnung endgültig vorgezeichnet.

§ 5 Der Rechtsanwalt im Kaiserreich und der Weimarer Republik

Die *Rechtsanwaltsordnung*, am 1. Juli 1878 verkündet und am 1. Oktober 1879 in Kraft getreten — ursprünglich als Titel IX a bzw. XI des GVG vorgesehen[144] — formte ein auch heute noch gültiges Bild vom Rechtsanwalt. *Ihre grundsätzliche Bedeutung liegt in der gesetzlichen Bestätigung der Freiheit der Advokatur*, verstanden als Freiheit vom Staat, als Freiheit der Zulassung und Freiheit von richterlicher Disziplinaraufsicht. Weitere wesentliche Punkte bildeten der bereits in der ZPO vom 30. Januar 1877 ausgesprochene Anwaltszwang, der als Konsequenz eines weitgehend mündlichen Verfahrens angesehen wurde und die heiß umkämpfte Frage der Lokalisierung. Die RAO ging vom Grundsatz der Singularzulassung aus — §§ 8, 9 RAO —, der für den Bereich Amtsgericht-Landgericht erst 1927[145] fallen gelassen wurde. Grundlegende Wandlungen sind in den Jahren des Kaiserreiches und der Weimarer Republik nicht eingetreten; es lassen sich allerdings gewisse Strömungen aufzeichnen, deren Hauptrichtung — unter dem Eindruck einer erheblichen zahlenmäßigen Zunahme der Anwälte — die Zulassungsfreiheit bekämpfte[146]. Die Freiheit der Advokatur sollte jedoch — teilweise unter Ausnutzung dieser Argumente[147] — auf Grund ganz anderer Strömungen fallen.

---

[141] Über die Beteiligung von Advokaten ausführlich *Weißler*, S. 458 ff.

[142] Abgedruckt bei *Dahlmanns*, I S. 57 ff. und 305 ff.; vgl. dort die §§ 87, 92 BPO (1850) und § 99 ABPO (1847).

[143] Freiheit der Advokatur. Die erste Forderung aller Justizreform in Preußen, Berlin 1867.

[144] Zu den Gründen, die zur Streichung aus dem GVG führten, *Ostler*, Rechtsanwälte, S. 14.

[145] Gesetz über die Änderung der Rechtsanwaltsordnung vom 7. März 1927, RGBl. I, S. 71 — Art. 1 § 2 —.

[146] *Ostler*, Rechtsanwälte, S. 59 ff.

[147] Vgl. die Präambel des Zweiten Gesetzes zur Änderung der Rechtsanwaltsordnung vom 13. Dezember 1935, RGBl. I, S. 1470 sowie die Präambel der Reichsrechtsanwaltsordnung vom 21. Februar 1936, RGBl. I, S. 107: „Die Reichsregierung ... sieht in dem jedes Bedürfnis übersteigenden Zustrom

§ 6 Der Rechtsanwalt unter der nationalsozialistischen Herrschaft

A. Einstellung des Nationalsozialismus zum Recht

Die Zeit des Nationalsozialismus hat *Weinkauff*[148] als eine Ära der „Rechtsbarbarei, Rechtsunsicherheit, Rechtlosigkeit, Unrecht und schließlich Verbrechen" gekennzeichnet, getarnt durch den Deckmantel eines gesetzten Rechts. Wenn auch kaum von einem nationalsozialistischen Rechtssystem gesprochen werden kann, so ist einerseits als Grundtendenz ein weitgehender Abbau individueller Rechte festzustellen, andererseits der Versuch, mit Hilfe des Rechts die nationalsozialistische Herrschaft zu untermauern[149]. Diese — unverhohlene — Einstellung zum Recht zeigte sich bereits vor der „Machtergreifung" im Fall „Potempa" und dann 1934 beim Vorgehen im „Röhm-Putsch"[150]. Um die an das Recht gestellten Anforderungen in der Praxis durchzusetzen, erfolgte bald nach der „Machtergreifung" die „Säuberung" und „Gleichschaltung" der Justiz. Die Unabhängigkeit der Rechtspflege wurde beseitigt, die Grundsätze von der sachlichen und persönlichen Unabhängigkeit des Richters verloren ihre Gültigkeit[151].

B. Umgestaltung des Zivilprozesses

Auch der Zivilprozeß — wenn auch weniger auffällig als der Strafprozeß[152] — wurde auf eine neue Grundlage gestellt: nicht mehr der Rechtsschutz des einzelnen, sondern die „Sicherung der Lebensordnung des deutschen Volkes" war Ziel und Zweck des Zivilverfahrens[153]. Die mit dieser Wandlung der Grundanschauung zusammenhängende, neben der verstärkten richterlichen Aktivität bedeutendste Neuerung stellte die Einschaltung der Staatsanwaltschaft in den Zivilprozeß dar[154]. Kannte man bis dato nur in Ehe-, Familien- und Entmündigungssachen ein Mitwirkungsrecht des Staatsanwalts[155], so konnte sich die Staatsanwaltschaft nunmehr praktisch in

---

zur Anwaltschaft eine schwere Gefahr für den Berufsstand und darüber hinaus für die gesamte Rechtspflege."

[148] S. 19.

[149] *Weinkauff*, S. 39.

[150] *Weinkauff*, S. 42 ff.

[151] *Picker*, S. 245: „Er (der Führer) ... werde jeden Richter, der laufend dem Volkswohl und einer nationalen Haltung widersprechende Urteile fälle, rücksichtslos aus der deutschen Richterschaft ausstoßen"; vgl. auch die bei *Weinkauff*, S. 114 ff., aufgeführten Vorfälle.

[152] Zur strafprozessualen Entwicklung, *Knapp*, S. 54 ff.

[153] *de Boor*, Reform, S. 7.

[154] Gesetz über die Mitwirkung des Staatsanwalts in bürgerlichen Rechtssachen vom 15. Juli 1941, RGBl. I, S. 383.

[155] §§ 607, 632, 634, 640, 646, 652 ZPO; heute wird die Mitwirkungsbefugnis des Staatsanwalts in Zivilsachen in der Bundesrepublik Deutschland weiter eingeschränkt: so ist die Mitwirkung des Staatsanwalts in Ehelichkeitsanfechtungssachen — damals § 640 ZPO — beseitigt; § 607 ZPO soll gestrichen werden: Gesetz zur Reform des Ehe- und Familienrechts (1. EheRG), BTDrucks. 7/650.

Zum Mitwirkungsrecht des Staatsanwalts in der DDR, der Schweiz und als — geistigem Ursprungsland — Frankreich, *Habscheid*, Αναμνήστικος τόμος Μιχελάκη (1972), S. 395 ff.; *Habscheid*, Le Rôle du Ministère Public, S. 176 ff.

allen bürgerlichen Rechtsstreitigkeiten beteiligen. Aufgabe der Staatsanwaltschaft war es dabei, „die vom Standpunkt der Volksgemeinschaft im Verfahren und bei der Entscheidung zu berücksichtigenden Umstände geltend zu machen“[156]. Im Verfahren konnte der Staatsanwalt Ermittlungen durchführen, Beweismittel beibringen, gegen einen übereinstimmenden Parteienvortrag Stellung beziehen und — der Oberreichsanwalt — innerhalb eines Jahres nach Rechtskraft eine Wiederaufnahme des Verfahrens beantragen.

Damit war in Wirklichkeit der Grundsatz der Verhandlungsmaxime für den gesamten Bereich des Zivilprozesses weitgehend aufgegeben[157], es herrschte eine neue Art der Inquisitionsmaxime, neu deswegen, weil gegenüber der Verfahrensregelung des *Corpus juris Fridericianum*, in dem der grundsätzlich unabhängige Richter die Untersuchung leitete, der dem Reichsjustizministerium weisungsunterworfene Staatsanwalt die Untersuchung in bestimmte Bahnen lenken konnte: im Zivilprozeß war damit einer staatlichen Einflußnahme Tür und Tor geöffnet.

C. Zur Stellung des Rechtsanwalts

Dieser Umgestaltungsprozeß der gesamten Rechtspflege mußte auch die Rechtsanwaltschaft erfassen. *Die Freiheit der Advokatur wurde teils ausdrücklich*[158]*, teils faktisch beseitigt:*

— Das Zweite Gesetz zur Änderung der Rechtsanwaltsordnung vom 13. Dezember 1935[159] — Grundlage für die RRAO vom 21. Februar 1936[160] — beseitigte den freien Zugang zur Rechtsanwaltschaft[161], nachdem bereits das Gesetz über die Zulassung zur Rechtsanwaltschaft vom 7. April 1933[162] die Nichtzulassung bzw. Zulassungsrücknahme bei „Nicht-Ariern“ und Kommunisten ermöglicht hatte[163]. Über die Zulassung entschied nunmehr der Reichsminister der Justiz im Einvernehmen mit dem Reichsführer des Bundes Nationalsozialistischer Deutscher Juristen (§ 16 RRAO); gegen eine Versagung der Zulassung, die nicht begründet werden brauchte, gab es keinen Rechtsbehelf[164].

— An die Stelle der bisher auf dem Prinzip der Selbstverwaltung basierenden Rechtsanwaltskammern traten nunmehr — § 46 RRAO —

---

[156] § 1 des Gesetzes über die Mitwirkung des Staatsanwalts in bürgerlichen Rechtssachen vom 15. Juli 1941, RGBl. I, S. 383.

[157] *de Boor*, Reform, S. 8: „Der Verhandlungsgrundsatz muß fallen.“

[158] Nach der damals h. A. umfaßte der Begriff Freiheit der Advokatur nicht die Zulassungsfreiheit, so daß Zulassungsregeln die Freiheit der Advokatur theoretisch unberührt ließen, *Noack*, RRAO § 15 Rdn. 15; *Seydel*, JW 1936, 1818.

[159] RGBl. I, S. 1470.

[160] RGBl. I, S. 107.

[161] § 15 II; *Noack*, RRAO Vorbem. IV 1 bezeichnet diese Regelung als „nationalsozialistischen Auslesegrundsatz“.

[162] RGBl. I, S. 188.

[163] §§ 1, 3.

[164] *Noack*, RRAO § 15 Rdn. 17.

gleichnamige Rechtsanwaltskammern als Organe der Reichsrechtsanwaltskammer, deren Präsidium seinerseits vom Reichsminister der Justiz ernannt wurde.

— *Disziplinarisch* trat 1943 eine völlige Gleichschaltung mit den Beamten ein[165]. Nachdem der nationalsozialistische Gesetzgeber so weit in der Beseitigung der Freiheit der Advokatur gegangen war, erweckt auf den ersten Blick Verwunderung, daß er den letzten Freiheitsraum, die Freiheit vom Staat, nicht ebenfalls *expressis verbis* aufgehoben, die Rechtsanwälte nicht verbeamtet hat. Eine solche Maßnahme, deren grundsätzliche Folgerichtigkeit anerkannt wurde, erschien jedoch als „untunlich“[166], bestand doch keine Notwendigkeit zu einem solchen Vorgehen: der — den nationalsozialistischen Machthabern sehr wohl bewußte[167] — Fehlschlag in Preußen sollte sich nicht wiederholen.

Man hielt daher formell an der Unabhängigkeit des Rechtsanwaltes fest — der Vorspruch zur RRAO lautete: „Der Rechtsanwalt ist der berufene unabhängige Vertreter und Berater in allen Rechtsangelegenheiten. Sein Beruf ist kein Gewerbe, sondern Dienst am Recht“[168] —, schränkte diese aber durch eine auf nationalsozialistischer Denkweise beruhende neue Begriffsorientierung und — wo dies sich als unzureichend erwies — durch Terror und Gewaltmaßnahmen gegenüber Rechtsanwälten ein[169].

Die Gemeinschaftswerte der völkischen Lebensordnung hatten unbedingten Vorrang vor individuellen Rechtsansprüchen[170]: „Gemeinnutz ging vor Eigennutz.“ Die wissenschaftliche Theorie erkannte subjektive Rechte des einzelnen nur wegen damit verbundener Pflichten innerhalb der Gemeinschaft an[171].

Damit war der Weg bereitet: der Rechtsanwalt handelte, wenn er in Anspruch genommen wurde, nicht für die Interessen des einzelnen, sondern der Gemeinschaft[172]. Der Rechtsanwalt wurde „vom Parteivertreter zum Wegbereiter des neuen Rechts“[173]. Eine Verteidigung *gegen* Staat und Richter konnte es nicht mehr geben[174]. Nicht die

---

[165] *Ostler,* Rechtsanwälte, S. 296.

[166] *Hanssen,* DR 1944, 355.

[167] In der Literatur wurde immer wieder darauf verwiesen: *Noack,* RRAO Vorspruch Nr. 3; *de Boor,* Rechtsstreit, S. 66.

[168] RGBl. I, S. 107 (1936).

[169] *Weinkauff,* S. 114 ff.; *Ostler,* Rechtsanwälte, S. 277 ff.; *Bader,* JZ 1972, 6 ff.

[170] *Weinkauff,* S. 83.

[171] *Larenz,* Recht und Staat (109), S. 40 f.

[172] *Noack,* RRAO § 1 Anm. 2.

[173] *Herbert Schneider,* DR 1936, 376.

[174] *Seydel,* JW 1936, 1819.

Parteivertretung, sondern der „Dienst am Recht“ war zur Aufgabe des Rechtsanwaltes geworden; aus dem Parteibeistand war das Organ einer — nationalsozialistisch verstandenen — Rechtspflege geworden[175]. Man sah in dieser Organstellung die allein gültige Aussage über den Rechtsanwalt: Er erfülle — so hieß es — eine *staatliche* Aufgabe und stehe daher in dem gleichen Treueverhältnis zum Staat wie der Beamte[176].

Bestand somit schon kaum eine sachliche Unabhängigkeit des Anwalts mehr, so ließ die totale Erfassung des Menschen durch den NS-Staat auch für eine persönliche Unabhängigkeit keinen Raum. Kennzeichen der Unabhängigkeit ist — in letzter Hinsicht — die alleinige Bindung an das Gewissen. Aber selbst das Gewissen konnte nur Ausfluß nationalsozialistischer Weltanschauung sein. So schreibt ein maßgeblicher Autor jener Zeit:

> „Es kann ... freier Anwalt nur der sein, dem durch seine Blutzugehörigkeit zum deutschen Volk die nationalsozialistische Weltanschauung Gewissen geworden ist[177].“

§ 7 Ausblick

Die lange Geschichte der Advokatur hat deutlich gemacht, daß die Stellung des Rechtsanwaltes im Rechtsleben wesentlich durch die jeweilige Prozeßordnung abgesteckt wird. Gilt im Strafprozeß die Inquisitionsmaxime, gilt der Rechtsanwalt nicht viel, wohingegen im Akkusationsprozeß die Verteidigung einen wesentlichen Bestandteil bildet[178]. Im Zivilprozeß hängt das Tätigkeitsfeld des Rechtsanwaltes von der Freiheit ab, die den Parteien selbst gewährt ist; die Verfahrensaxiome prägen hier das Bild des Rechtsanwaltes entscheidend.

Die Geschichte hat aber auch gezeigt, daß die jeweilige Verfahrensordnung — vornehmlich nach „Reformen“ — oft die Folge von Mißständen in der Anwaltschaft ist. Es besteht daher kein einseitiges Abhängigkeitsverhältnis, sondern ein dauerndes Wechselspiel zwischen Verfahrensordnung und Bild des Rechtsanwaltes.

Die Geschichte hat weiter deutlich gemacht, daß *hinter diesen Problemen letztlich die Frage nach den Zielen des Verfahrens und damit die Staatsauffassung steht.* Darin liegt der „ewige Konflikt“ des Rechtsanwaltes: sowohl Parteien als auch der Staat versuchen, den Rechtsanwalt „für sich“ einzuspannen: auf der einen Seite soll er

---

175 *Herbert Schneider*, DR 1936, 375.

176 *Hanssen*, DR 1944, 355 f.

177 *Noack*, RRAO § 1 Anm. 2 c.

178 *Knapp*, S. 30.

Parteiinteressen dienen, auf der anderen Seite Verfahrenszielen wie Bewahrung der Rechtsordnung[179], Gesamtnutzen[180], Erziehung zum Sozialismus[181], Wahrheit und Gerechtigkeit[182].

Die Geschichte lehrt endlich, daß dieser Konflikt trotz aller Versuche, beide Seiten zur Deckung zu bringen, immanent erhalten bleibt und je nach Fallgestaltung aufbricht oder verdeckt ist. Alle Möglichkeiten, diesen Konflikt zu entschärfen, hat die Geschichte der Anwaltschaft durchgespielt: vom objektiven Rechtsfinder über den Gehilfen des Richters bis hin zum reinen — rechtsunkundigen — Parteibeistand.

Das Berufsbild des Rechtsanwalts in der Bundesrepublik Deutschland hat sich auf die Mitte hin eingependelt, mit der Folge, daß in seiner Person der Dualismus besonders stark aufbricht. Letztlich ist die Persönlichkeit des einzelnen Rechtsanwaltes aufgerufen, diesen Konflikt zu bezwingen. Damit sie dazu in der Lage ist, muß jedoch der Konflikt gesehen, müssen seine Ursachen erkannt und muß schließlich die Stellung der Rechtsordnung zum Anwalt klar erfaßt werden. Hierzu sollen die folgenden Überlegungen einen Beitrag liefern.

---

179 *Pohle*, in: Stein / Jonas, Einl. C 4.

180 *de Boor*, Reform, S. 7.

181 *Nathan* I, S. 4.

182 *Kietz / Mühlmann*, S. 66, einer —, *Eberhard Schmidt*, StPO I Rdn. 470, andererseits.

Zweiter Abschnitt

Verfassungsmäßige Verankerung der Stellung des Rechtsanwaltes

Der Streit um die Bedeutung des § 1 BRAO ist wieder neu entflammt. Unlängst hat *Knapp*[1] dem § 1 BRAO jegliche Aussagekraft abgesprochen, gleichzeitig jedoch auf Gefahren aufmerksam gemacht, die — seiner Ansicht nach — in dem Begriff „Organ der Rechtspflege" stekken. Eine Aussage über den Wert oder Unwert des Begriffes „Organ der Rechtspflege" erfordert aber, daß Stellung und Aufgabe des Rechtsanwaltes klar erfaßt sind; denn nur wenn dies der Fall ist, kann ein Urteil darüber abgegeben werden, ob die Bezeichnung des Rechtsanwaltes als eines „unabhängigen Organs der Rechtspflege" (so § 1 BRAO) dem Status des Rechtsanwaltes in der Bundesrepublik Deutschland entspricht, ob darin also eine gültige Aussage über die Stellung des Rechtsanwaltes im Rechtsleben liegt oder ob § 1 BRAO lediglich standesideologischen Hintergrund ohne jeden rechtlichen[2] oder gar einen gefährlichen, die Freiheit der Advokatur einschränkenden Inhalt hat[3].

Zweifellos prägt die BRAO das Bild des Rechtsanwaltes, auch zeigen einzelne Normen der verschiedenen Verfahrensordnungen Rechte und Pflichten des Rechtsanwaltes auf. Es fragt sich aber, ob nicht das GG — das den Rechtsanwalt *expressis verbis* nicht nennt[4] — bereits grundlegende Aussagen über Aufgabe und Stellung des Rechtsanwaltes trifft, in deren Licht BRAO und die einzelnen Verfahrensnormen zu sehen sind, oder ob der Rechtsanwaltsberuf gegenüber dem in der Verfassung verankerten Richterberuf von minderer, weil nicht verfassungsrechtlich belegbarer Qualität ist[5].

---

[1] S. 140.

[2] *Herzog*, in: Maunz / Dürig / Herzog, Art. 92 Rdn. 98; *Hamann*, NJW 1958, 813 Anm. 24, spricht von „soziologischer Bestandsaufnahme".

[3] *Knapp*, S. 141; vgl. *Blanke*, AnwBl. 1954, 142; *Heins*, NJW 1958, 203 f.; *Lukanow*, S. 24.

[4] Sieht man von Art. 74 Ziff. 1 GG ab; die Rechtsanwälte gehören nicht zur recht*sprechenden* Gewalt i. S. d. Art. 20 II GG — wie aus Art. 92 GG folgt.

[5] *Habscheid*, NJW 1962, 1987, wirft diese Frage auf, spricht sich aber letztlich für eine Gleichordnung von Gericht und Anwalt aus.

§ 8 Das rechtliche Gehör — Art. 103 I GG —

A. Wesen und Sinn

Der Anspruch auf rechtliches Gehör stellt eine Ausprägung des Rechtsstaatsprinzips dar[6]. Sinn und Zweck dieses Grundrechts[7] ist es, den Menschen nicht zum bloßen Objekt staatlichen Handelns erniedrigen zu lassen. Gerade die Zeit des Nationalsozialismus, die den Vätern des Grundgesetzes lebhaft vor Augen stand, führte zu der Aufnahme des „eigentlich selbstverständlichen Anspruchs auf rechtliches Gehör"[8] in das Grundgesetz. Der Mensch, um dessen Rechte letztlich vor Gericht gerungen wird, darf nicht bloßes Verfahrensobjekt, sondern muß das zentrale Subjekt sein[9]. Diese Verfahrensstellung will Art. 103 I GG verfassungsrechtlich absichern. Das Verfahren soll nicht passiv erduldet werden, der einzelne soll vielmehr aktiv an ihm teilnehmen und — da es ja um seine Interessen geht — auf die Entscheidung Einfluß nehmen können, um Unrecht durch eigene Handlung von sich abwenden zu können[10].

B. Inhalt

Hält man sich diese Bedeutung des Art. 103 I GG vor Augen, so *erscheint eine Beschränkung des Gehörs auf bloßes Tatsachenvorbringen undenkbar*[11]. Neben den Bedenken, die auf ein Leerlaufen des Art. 103 I GG hinweisen[12], steht vor allem der Rückgriff auf die dem rechtlichen

[6] Diese Herleitung ist die herrschende: BVerfGE 1, 332 (347); 7, 53 (57) 7, 275 (278); 9, 89 (95); BayVfGH 4, 21 (28); *Baur*, AcP 153 (1954), 401; *Hamann*, AnwBl. 1958, 141; *Jagusch*, NJW 1959, 265; *Adolf Arndt*, NJW 1959, 1298; *Dahs* jun., Gehör, S. 2 ff.; *Dürig*, in: Maunz / Dürig / Herzog, Art. 103 Abs. I Rdn. 4; differenzierend *Kenneweg*, S. 22 ff. Daneben wird zu Recht die Würde des Menschen herangezogen: *Dürig*, in: Maunz / Dürig / Herzog, Art. 103 Abs. I Rdn. 5; *Pohle*, in: Stein / Jonas, vor § 128 IX 1; *Rosenberg / Schwab*, § 85 I; *Dürig*, AöR 81 (1956), 128; *Wintrich*, BayVBl. 1957, 139; *Habscheid*, Rpfleger 1957, 171; *ders.*, FG § 20 II 2; *Adolf Arndt*, NJW 1959, 1298; *Zeuner*, Festschrift für Nipperdey (1965) I, S. 1015; seit 1964 auch das Schweizerische BG., ZSGV 65 (1964), 216; ablehnend *Ule*, DVBl. 1959, 541; *Arwed Blomeyer*, § 16 I 2.

[7] Der Grundrechtscharakter wird durchweg anerkannt: BVerfGE 7, 275 (278); 9, 89 (95); BayVfGH, BayVBl. 1975, 139; *Dürig*, in: Maunz / Dürig / Herzog, Art. 103 Abs. I Rdn. 8; *Jagusch*, NJW 1959, 265; *Adolf Arndt*, NJW 1959, 1298; *Hans J. Wolff*, Gedächtnisschrift für Walter Jellinek (1955), S. 41, spricht von einem besonderen Rechtsgrundsatz und legt diesem Rechtsquellencharakter zu.

[8] Verfassungskonvent-Bericht, S. 94.

[9] *Zeuner*, Rechtliches Gehör, S. 13.

[10] *Baur*, AcP 153 (1954), 402, sieht den geschichtlichen Ursprung des Grundsatzes vom rechtlichen Gehör in einer Unrechtsabwehrtendenz; ähnlich *Kenneweg*, S. 22; *Manfred Wolf*, JZ 1971, 406.

[11] So aber *Eyermann / Fröhler*, § 108 Rdn. 12; *Röhl*, NJW 1953, 1533; *ders.*, NJW 1959, 285; *ders.*, dann abweichend, NJW 1964, 277.

[12] Vgl. *Dürig*, in: Maunz / Dürig / Herzog, Art. 103 Abs. I Rdn. 34 - 36.

Gehör zugrundeliegenden Wertungen einer solchen Auffassung entgegen:

Der Grundsatz des rechtlichen Gehörs stellt eine Ausformung des Rechtsstaatsprinzips dar und dient damit auch dem Schutz des Rechtsstaates. In einem Rechtsstaat soll der Richterspruch die Wahrheit und Gerechtigkeit verwirklichen[13]. Ein — anzustrebendes — Höchstmaß an Wahrheit und Gerechtigkeit erfordert eine Mitwirkung der Beteiligten bezüglich dieser Ziele: Wahrheit (Tatsachen) und Gerechtigkeit (Rechtsanwendung)[14].

Art. 103 I GG gewährt daher auch ein Äußerungsrecht in *rechtlicher* Hinsicht[15].

C. Rechtliches Gehör und Rechtsanwalt

I. Wahlrecht des Rechtssuchenden

Erfaßt somit Art. 103 I GG auch Rechtsausführungen, so liefe er leer, wäre er ein *nudum ius,* gestattete er dem in der Regel rechtsunkundigen Rechtssuchenden nicht, sich eines Rechtskundigen zu bedienen[16]. Somit läßt sich aus dem Grundgesetz eine erste Aussage über Rechtsanwälte — im weitesten Sinne als rechtskundige Beistände vor Gericht zu verstehen — herleiten: *Es muß sie im Interesse des Rechtssuchenden geben.* Art. 103 I GG bietet daher die Gewähr, daß sich jede Partei des Beistandes eines Rechtsanwaltes bedienen kann[17].

Art. 103 I GG läßt noch eine weitere Aussage zu: Da der Rechtsanwalt das rechtliche Gehör für und neben dem Rechtssuchenden ausübt[18], muß — da es sich um ein *Grundrecht* des Rechtssuchenden handelt — die Übertragung zur Ausübung, also die Wahl des Rechtsanwaltes durch den Rechtssuchenden selbst erfolgen.

---

[13] *Eberhard Schmidt,* StPO I Rdn. 20; *Habscheid,* ZZP 79 (1966), 454.

[14] *Adolf Arndt,* NJW 1959, 1301; *ders.,* NJW 1967, 1331; *ders.,* NJW 1967, 1585.

[15] BayVfGH 11, 190; OLG Karlsruhe, NJW 1968, 1438; BFH, BStBl. 1973 II, 59; *Dürig,* in: Maunz / Dürig / Herzog, Art. 103 Abs. I Rdn. 35; *Pohle,* in: Stein / Jonas, vor § 128 IX 2 c; *Hamann / Lenz,* Art. 103 B 1 b; *Habscheid,* ZZP 67 (1954), 197; *Adolf Arndt,* NJW 1959, 6; *ders.,* NJW 1959, 1298; *Ule,* DVBl. 1959, 542; *von Winterfeld,* NJW 1961, 851; *Jagusch,* NJW 1962, 1647 f.; *Zeuner,* Festschrift für Nipperdey (1965) I, S. 1025; *Pentz,* DRiZ 1966, 401; *Rosenberg / Schwab,* § 85 III 2; *Grunsky,* Entscheidungsbegründung, S. 79 f.; *Tinner,* ZSR 83 (1964) II, 343. Vgl. §§ 139 ZPO, 265 StPO, 104 VwGO, die auch den *rechtlichen* Gesichtspunkt erfassen.

[16] OLG Karlsruhe, AnwBl. 1968, 289; OVG Hamburg, NJW 1976, 206.

[17] *Dürig,* in: Maunz / Dürig / Herzog, Art. 103 Abs. I Rdn. 78; *Ule,* DVBl. 1959, 544; *Adolf Arndt,* NJW 1964, 2147; *Lerche,* ZZP 78 (1965), 18; *Zeuner,* Festschrift für Nipperdey (1965) I, S. 1034; *Pentz,* DRiZ 1966, 401.

[18] *Dahs* jun., Gehör, S. 55, nennt ihn Vertreter; *Kenneweg,* S. 115, spricht von Ersetzung.

Art. 103 I GG garantiert daher auch die Möglichkeit der freien Wahl eines Rechtsanwaltes[19].

Damit wird zugleich deutlich, daß das Auftreten eines Rechtsanwaltes grundsätzlich dadurch bedingt ist, daß dem Rechtssuchenden rechtliches Gehör zu gewähren ist und dieser es ausüben will. *Insoweit dem Rechtssuchenden rechtliches Gehör zu gewähren ist, besteht daher die Möglichkeit der Inanspruchnahme eines Rechtsanwaltes.* Wird letzteres verwehrt, liegt darin ein Verstoß gegen Art. 103 I GG[20].

II. Rechtliches Gehör und § 11 I Satz 2 ArbGG

Aus diesem Grund bestehen verfassungsrechtliche Bedenken gegen § 11 I Satz 2 ArbGG[21]. Denn dort wird die durch Art. 103 I GG gewährleistete Ausübung des rechtlichen Gehörs durch Zuziehung eines Rechtsanwaltes — wenn auch nur in Bagatellsachen unter 300,— DM Streitwert — beschränkt[22]. Weder die geringe praktische Bedeutung noch die Gründe, die zu dieser Gestaltung des § 11 I Satz 2 ArbGG führten, können eine solche Beschränkung des Art. 103 I GG rechtfertigen, zumal sie unter den heutigen Verhältnissen kaum mehr stichhaltig sind[23].

Auch die in § 11 I Satz 1 ArbGG vorgesehene Möglichkeit, das rechtliche Gehör durch Verbandsvertreter wahrnehmen zu lassen, kann diese Bedenken nicht beseitigen: denn einmal steht ein solcher Weg — aus welchen Gründen auch immer — nicht allen offen; zum anderen zeigt § 11 II Satz 1 ArbGG, daß der Gesetzgeber selbst den Rechtsanwalt für berufen hält — zu Recht, geht es doch oft um schwierige prozessuale Fragen. Schließlich ist es eine Mißachtung der gleichbe-

---

[19] *Adolf Arndt*, NJW 1959, 8.

[20] *Anselm von Feuerbach*, S. 371, hat dies treffend mit den Worten formuliert: „Bin ich nicht selbst stark genug meinem Rechte, bedarf ich fremder Hülfe; und wer mir diese wehrt, hindert mich an jenem Rechte."

[21] § 11 I Satz 2 ArbGG ist historisch aus § 29 bzw. § 31 Gewerbegerichtsgesetz vom 29. 7. 1890 hervorgegangen. Die Verfassungsmäßigkeit war bereits zur Zeit des Arbeitsgerichtsgesetzes 1926 umstritten; vgl. LAG Dresden, JW 1929, 1328 einerseits und ArbG Berlin, JW 1929, 1709 andererseits. Unter der Geltung des Grundgesetzes Bedenken bei *Lenz*, BB 1953, 387 mit kaum durchschlagender Begründung — er zieht Art. 3 GG heran —; vgl. auch *Boldt*, NJW 1953, 565; *Dietz / Nikisch*, § 11 c Rdn. 4; *Rohlfing / Rewolle*, § 11 9 e; *Ule*, DVBl. 1959, 544, hält § 11 I Satz 2 ArbGG für verfassungsgemäß, ebenso BVerfGE 31, 297.

[22] Eine gleichgelagerte — unter heutigen Gesichtspunkten verfassungsrechtlich bedenkliche — Bestimmung enthielt Art. IV § 3 des Gesetzes zur Änderung von Vorschriften des Strafrechts und des Strafverfahrens vom 24. April 1934 — RGBl. I, S. 341 — (Errichtung des Volksgerichtshofes): „Die Wahl des Verteidigers bedarf der Genehmigung durch den Vorsitzenden des Gerichts."

[23] *Ewers*, AnwBl. 1954, 23: Verteuerung, Verzögerung, fehlende Spezialisierung der Anwälte.

rechtigten Organstellung des Rechtsanwalts, wenn man ihn — den zur Wahrnehmung des rechtlichen Gehörs in erster Linie berufenen — vom Verfahren „aussperrt“.

III. Rechtsprechung des Bundesverfassungsgerichts

Das BVerfG lehnt ein Recht auf einen Rechtsanwalt aus Art. 103 I GG ausdrücklich ab. Es kommt jedoch zum gleichen Ergebnis, weil es ein solches Recht aus Art. 2 I GG i. V. m. dem Rechtsstaatsprinzip folgert[24].

Die erstere Auffassung des BVerfG vermag nicht zu überzeugen; vor allem bietet sie geradezu ein Lehrstück, welche Gefahren in einer zwar wörtlichen, aber verallgemeinernden Übernahme einzelner Urteilssätze in Urteilsbegründungen anderer Entscheidungen lauern.

Das BVerfG hat in seinem Beschluß vom 22. 1. 1959 zum Ausdruck gebracht, Art. 103 I GG gewähre nicht „rechtliches Gehör gerade durch die Vermittlung eines Anwalts“[25]. Dabei ist zu beachten, daß das BVerfG die Frage zu entscheiden hatte, ob Art. 103 I GG einen *Anspruch* auf Beiordnung eines Anwaltes im Verfahren der Sozialgerichtsbarkeit gewährleiste; es hat diese Frage im Ergebnis zu Recht verneint[26]. In den folgenden Entscheidungen[27] hat es dann mit obigem Satz ein *Recht* einer Partei aus Art. 103 I GG auf die Wahl eines Anwaltes abgelehnt. Dagegen spricht:

— *Die Methode der begründungslosen Übernahme obigen Satzes ist bedenklich,* weil verschieden gelagerte Fälle vorlagen. Verneinte das BVerfG im ersten Beschluß aus Art. 103 I GG eine Pflicht zu einer Anwaltsbeiordnung — also einen Anspruch gegen den staatlichen Gesetzgeber —, so verneinte es in den folgenden Urteilen mit denselben Worten das Recht einer Partei *auf freie Wahl* eines Rechtsanwaltes. Ein- und derselbe Satz erhält durch die andere Fallgestaltung eine ganz andere Aussage, ohne daß das BVerfG dies einer Begründung für wert erachtet hätte[28].

— Abgesehen von dieser bedenklichen Methode *kann auch inhaltlich dem BVerfG nicht beigepflichtet werden:* Das BVerfG geht davon aus,

---

[24] BVerfGE 38, 105 (115 f.); BVerfG, NJW 1975, 1014; NJW 1975, 1016.

[25] BVerfGE 9, 124 (132).

[26] Das BVerfG hat nachgewiesen, daß auch die mittellose Partei Möglichkeiten hat, sich einen Rechtskundigen zu wählen.

[27] BVerfGE 31, 297; 31, 306; 38, 105; BVerfG, NJW 1975, 1015.

[28] Sollte das BVerfG dies bereits im ersten Beschluß zum Ausdruck gebracht haben wollen, so ist erstaunlich, daß es in einem Satz erstmals gegen die h. A. Stellung bezieht, ohne seine Auffassung zu begründen und die h. A. zu erwähnen.

daß nur in einem Verfahren, das dem Anwaltszwang unterliegt, Art. 103 I GG durch ein fehlendes Armenrecht verletzt sein könnte[29]; dies ist evident, weil die mittellose Partei sonst mundtot wäre[30]. Aber auch in Verfahren, in denen kein Anwaltszwang herrscht, kann das Fehlen eines Armenanwaltes Art. 103 I GG verletzen[31]. Das Armenrecht ist Ausfluß des Justizgewähranspruches[32]. Gleich aus welchem Postulat man diesen ableitet[33], allen ist gemeinsam, daß sie auch die Effektivität des Rechtsschutzes „auf ihr Schild geschrieben haben". Effektiv ist aber ein Rechtsschutz nicht, der in Verfahren — auch ohne Anwaltszwang — der armen Partei, die zwar rechtlich, aber nicht faktisch die Möglichkeit hat, sich eines Rechtskundigen zu bedienen, nicht zu einer solchen Möglichkeit verhilft[34]. Auch hier wären Rechtsschutz und rechtliches Gehör ein *nudum ius*, es klänge wie Hohn, wollte man in diesen Fällen der mittellosen Partei vorhalten, sie hätte doch die rechtliche Möglichkeit zur Ausübung ihres rechtlichen Gehörs, mehr schütze Art. 103 I GG nicht.

Hinter der Auffassung des BVerfG scheint mir folgender tieferer Kern zu stecken: Das BVerfG geht offenbar davon aus, Art. 103 I GG erstrecke sich nur auf tatsächliches Vorbringen; denn anders ist die hier gekennzeichnete Rechtsprechung nicht zu verstehen, wenn das BVerfG dies auch *expressis verbis* noch nicht ausgesprochen hat. Das BVerfG verkennt überdies die Bedeutung der Aufgabe des Rechtsanwaltes; denn wenn es ausführt[35]:

„Die streng durchgeführte Offizial- und Untersuchungsmaxime läßt schon an sich die Bedeutung der Vertretung durch einen Anwalt zurücktreten",

so verfällt es damit in eine bereits zur Zeit der Aufklärung überwundene mittelalterliche Verfahrensauffassung[36]. Die Funktion des Rechtsanwaltes liegt doch darin, daß durch die Auseinandersetzung — gerade auch im rechtlichen Bereich — das notwendig subjektive Erkennen des Richters möglichst nahe an die objektive Wahrheit und Gerechtigkeit geführt wird. Es ist doch gerade der Leitgedanke des Art. 103 I GG, daß der Richter im „inquisitorisch-obrigkeitlichen Alleingang"[37] nicht

---

[29] BVerfGE 9, 124 (131).

[30] BVerfGE 2, 336 (340).

[31] *Pohle*, in: Stein / Jonas, vor § 128 IX 2 c; BGE 95 I, 411; 96 I, 21.

[32] *Baur*, JZ 1972, 75.

[33] Vgl. *Rosenberg / Schwab*, § 3 I.

[34] Dies ist auch eine Aufgabe des Rechtsanwaltes als Organ der Rechtspflege.

[35] BVerfGE 9, 124 (134); vgl. aber BVerfGE 7, 53 (57).

[36] Zu dem psychologischen Irrtum dieser Auffassung *Eberhard Schmidt*, ZStrW 85 (1973), 864.

[37] *Adolf Arndt*, NJW 1959, 1300.

den für einen Rechtsstaat erforderlichen Grad der Wahrheit und Gerechtigkeit erzielen kann.

Letztlich bleibt zu bedauern, daß das BVerfG seinen eigenen Schatten nicht zu überspringen vermochte und ein Recht auf einen Rechtsbeistand zwar aus Art. 2 I GG i. V. m. dem Rechtsstaatsprinzip anerkennt, ein solches Recht aus Art. 103 I GG aber weiterhin ablehnt. Denn sieht man sich die Gründe näher an, so fällt auf, daß das BVerfG die Bedeutung des Art. 2 I GG i. V. m. dem Rechtsstaatsprinzip genau mit den Worten umreißt, mit denen es sonst die Geltung des Art. 103 I GG herausgestrichen hat, nämlich *einerseits:*

„Der einzelne soll nicht nur Objekt der richterlichen Entscheidung sein, sondern er soll vor einer Entscheidung, die seine Rechte betrifft, zu Wort kommen“[38];

andererseits:

„Das Recht auf ein faires Verfahren, das den Zeugen davor bewahrt, ... als bloßes Objekt eines rechtsstaatlich geordneten Verfahrens behandelt zu werden, gewährleistet jedoch dem Zeugen im Rahmen der besonderen Ausgestaltung des durch Art. 2 I GG verkörperten Rechts ... nicht schlechthin ein allgemeines Recht auf Rechtsbeistand“[39].

Entgegen der Aussage des BVerfG räumt also bereits Art. 103 I GG der Partei das Recht auf Zuziehung eines Rechtsanwaltes ein[40].

IV. Begrenzung der Zahl der Wahlverteidiger — § 137 I Satz 2 StPO —

Erstmals, überraschend[41] und — soweit ersichtlich — einmalig[42] hat der deutsche Gesetzgeber die Zahl der Wahlverteidiger für einen Beschuldigten auf drei begrenzt. Zur Begründung dieser Regelung hat der Rechtsausschuß des Deutschen Bundestages auf die Gefahr der Prozeßverschleppung oder gar -vereitelung hingewiesen und apodiktisch erklärt, auch in Monstreprozessen seien in keinem Fall mehr als drei Wahlverteidiger notwendig[43].

Diese Regelung tangiert nach der hier vertretenen Auffassung Art. 103 I GG, nach der Ansicht des BVerfG Art. 2 I GG i. V. m. dem Rechtsstaatsprinzip. Der methodische Unterschied beider Auffassungen wird hier deutlich: Zwar wurzelt das Recht des Beschuldigten auf einen

---

[38] BVerfGE 9, 89 (95).

[39] BVerfGE 38, 105 (115).

[40] Für die Schweiz BGE 95 I, 411; 96 I, 21; für Österreich *Bertel*, S. 55.

[41] Weder der RegEntw noch der BREntw sahen eine solche Vorschrift vor: BTDrucks. 7/2526, 2536.

[42] Weder Österreich (§ 40 II ÖStPO) noch die Schweiz (*Brühlmeier*, § 56 Anm. 3) kennen eine solche Beschränkung.

[43] BTDrucks. 7/2989.

Rechtsanwalt nach beiden Auffassungen letztlich im Rechtsstaatsprinzip, jedoch steht Art. 2 I GG unter dem ausdrücklichen Vorbehalt einer formellen und materiellen Verfassungsmäßigkeit[44]: das BVerfG hatte daher zu prüfen, ob § 137 I Satz 2 StPO formell und materiell mit der Verfassung in Einklang steht[45].

Die Herleitung des Rechts auf einen Rechtsanwalt aus Art. 103 I GG zwingt zu der grundsätzlichen Prüfung, ob bei diesem Grundrecht eine derartige Beschränkung möglich ist. Aus dieser Sicht ist die Verfassungsmäßigkeit nicht so eindeutig zu bejahen: Regelmäßig wird das rechtliche Gehör durch die Wahl dreier Anwälte effektiv ausgeübt werden können. Es sind jedoch Prozesse denkbar, in denen wegen ihres besonderen Umfanges, insbesondere unter dem Gesichtspunkt der „Waffengleichheit" gegenüber der Staatsanwaltschaft, auch drei Verteidiger überfordert sind[46].

V. Institutionalisierung des Rechtsanwaltes

Adolf Arndt hat in Art. 103 I GG die „institutionelle Garantie der unabhängigen Rechtsanwaltschaft" gesehen[47].

Die bisherige Erörterung hat gezeigt, daß der Rechtsanwalt aus Art. 103 I GG verfassungsrechtliche Kraft schöpft: Er ist die Folge und zugleich die Sicherung dieses Grundrechts, denn eine effektive Realisierung dieses Grundrechts ist durch die Einrichtung einer Rechtsanwaltschaft mitbedingt. Es fragt sich, ob eine funktionelle Verbindung zwischen Grundrecht und Einrichtung genügt, um den Rechtsanwalt zu einer verfassungsrechtlich garantierten Einrichtung emporsteigen zu lassen.

1. Die Lehre von den Institutionen

Die Lehre von den Institutionen, deren Ausformung im deutschen Rechtsleben mehr dem politischen Zeitgeist als einer rechtlichen Problematik entsprang[48], geht im Ansatz auf *Martin Wolff*[49] zurück. Insbesondere *Carl*

---

[44] BVerfGE 6, 32.

[45] Bejahend BVerfG, NJW 1975, 1013.

[46] *Schmidt-Leichner*, NJW 1975, 419.

[47] NJW 1959, 8; ihm folgend, wenn auch weniger deutlich: *Dahs* jun., Gehör, S. 52: „Garantiebestimmung der freien Verteidigung"; *Müller / Sax* (KMR), Einl. 3 III a: „institutionell gewährleistet"; *Dürig*, in: Maunz / Dürig / Herzog, Art. 103 Abs. I Rdn. 78 Fn. 5, hält diese Auffassung für „zu weitgehend"; ebenso *Zeuner*, Festschrift für Nipperdey (1965) I, S. 1034 Anm. 66.

[48] *Martin Wolff*, Festgabe für Kahl (1923), S. 6: „gegenüber linksradikalen Ideen"; vgl. *Franz Schneider*, S. 134, der die Einrichtungsgarantie der Presse deswegen für notwendig erachtet, weil diese in Krisenzeiten in besonderem Maße Angriffen auf ihre Freiheit ausgesetzt sei. Gleichfalls auf politischer Grundlage beruht die Forderung *Menzels*, AöR 67 (1937), 32 ff., nach Beseitigung der Institutionen.

Schmitt[50] und *Gustav Boehmer*[51] haben diese Ansätze zu einem System ausgebaut, das *von Mangoldt / Klein* für das Grundgesetz fruchtbar gemacht haben[52]. Heute kann diese Lehre als gesichert gelten[53]. Die rechtliche[54] Bedeutung einer Institutsgarantie liegt darin, daß sie als „bindende Richtschnur"[55] für die Gesetzgebung eine Aufhebung oder Denaturierung der Institution verhindert, der Institution damit verfassungsrechtlicher Bestandschutz zukommt. Ihr verfassungsrechtliches Anliegen besteht in dem Verhindern eines „Grundrechtsvernichtungswerkes"[56].

2. Der Rechtsanwalt als Institution

Es würde den Rahmen dieser Arbeit sprengen, eine umfassende Darstellung über Entstehung, Sinn und Bedeutung der Einrichtungsgarantien zu geben[57]. Die Frage nach einer Institutionalisierung des Rechtsanwaltes wirft drei Grundsatzprobleme auf, die einer näheren Erörterung bedürfen:

a) Steht es einer Anerkennung der Institution „Rechtsanwalt" im Wege, daß er sich aus dem Grundrecht des Art. 103 I GG ableitet

   oder allgemein:

   gibt es ein Nebeneinander von subjektivem Recht und Einrichtung in einer Norm?

b) Steht es einer Anerkennung der Institution „Rechtsanwalt" im Wege, daß der Rechtsanwalt begrifflich im Grundgesetz keine Erwähnung findet

   oder allgemein:

   erfordert eine Einrichtungsgarantie eine ausdrückliche Gewährleistungsformel?

c) Steht es einer Anerkennung der Institution „Rechtsanwalt" im Wege, daß den Grundrechtsträger — die Partei — die Institution „Rechtsanwalt" nicht unmittelbar schützt, weil er in der Regel nicht Rechtsanwalt ist

---

[49] Festgabe für Kahl (1923), S. 3 ff.

[50] Freiheitsrechte und institutionelle Garantien, S. 4 ff.; Verfassungslehre, S. 170 ff.

[51] In Nipperdey, Die Grundrechte III, S. 250.

[52] Vorbem. A VI 3 a.

[53] Vgl. nur *Herzog*, in: Maunz / Dürig / Herzog, Art. 5 Rdn. 12.

[54] Zur soziologischen Bedeutung vgl. *Gehlen*, S. 69 ff.; *Luhmann*, Grundrechte als Institution, Berlin, 1965.

[55] *Boehmer*, in: Nipperdey, Die Grundrechte III, S. 254.

[56] *Dürig*, in: Maunz / Dürig / Herzog, Art. 1 Absatz III Rdn. 98; ob die Institutionenlehre angesichts der in der Verfassungslehre der Weimarer Republik anerkannten Verfassungsdurchbrechung damals dazu geeignet war, erscheint fraglich, vgl. *Ehmke*, AöR 79 (1954), 385.

[57] Vgl. dazu *Abel; Böckenförde*, NJW 1974, 1532 ff.

oder allgemein:

erfordert eine Einrichtungsgarantie, daß der Träger des subjektiven Rechts — potentielles — Mitglied der Institution ist?

Die heutige Bedeutung der Instituts- oder Einrichtungsgarantien[58] tritt nach der Rechtsprechung des BVerfG hinter die der Grundsatznorm zurück; die Einrichtungsgarantie gewährleistet nur die *Bewahrung* eines Normenkernes, die Grundsatznorm trifft darüber hinaus eine *gestaltende* Wertentscheidung für ihren gesamten Bereich[59].

Zu a) Einrichtungsgarantie und subjektives Recht

Über das Verhältnis von Einrichtungsgarantie und subjektiv-öffentlichem Recht besteht bis heute keine Einigkeit[60]. Terminologischer Ausgangspunkt der Lehre waren die Gewährleistungsformeln der Verfassung des Deutschen Reiches vom 11. August 1919 (Weimarer Verfassung)[61]. Geht man auf den Ausgangspunkt der Lehre bei *Martin Wolff* zurück, so zeigt sich deutlich, daß Sinn und Zweck der Institution ursprünglich in der Absicherung eines subjektiven Rechts — in *concreto* des auf Eigentums — lag. Denn was nützt ein Grundrecht auf Eigentum, wenn es Eigentum nicht mehr oder nur noch auf dem Papier gibt. Dies führte zu der Erkenntnis, daß ein verfassungsrechtlicher Schutz des subjektiven Rechts allein nicht ausreicht[62].

Aber bereits *Carl Schmitt* hat die andere Entwicklung eingeleitet[63]; danach sind subjektive Rechte nicht neben den Garantien gewährleistet, sondern als Folge der Garantien nur soweit geschützt wie die Einrichtung selbst. Dennoch erkennt auch diese Lehre — jedenfalls für den Bereich der Institutsgarantien — eine Verbindung von Einrichtung und Grundrecht an[64].

---

[58] Die Terminologie ist uneinheitlich: Einrichtungsgarantie erscheint als der Oberbegriff — *Dürig,* in: Maunz / Dürig / Herzog, Art. 1 Abs. III Rdn. 97 —, der öffentlich-rechtliche Gewährleistungen institutioneller Art — *Carl Schmitt,* Freiheitsrechte, S. 4 — und privatrechtliche Institutsgarantien — *Carl Schmitt,* Freiheitsrechte, S. 88, von *Scheuner,* Recht — Staat — Wirtschaft IV, S. 93 „Gewährleistungen grundlegender Ordnungen des Gemeinschaftslebens" genannt —, umfaßt. Gegen diese Unterscheidung *von Mangoldt / Klein,* Vorbem. A VI 3 b; vgl. auch *Quaritsch,* in: Evangelisches Staatslexikon, Sp. 802.

[59] BVerfGE 6, 55 (72); 6, 309 (355); 7, 198 (205); 10, 59 (66); 10, 118 (121); 12, 205 (259).

[60] *Carl Schmitt,* Freiheitsrechte, S. 10, mit der Betonung der Institution; dagegen *Friedrich Klein,* Institutionelle Garantien, S. 220 ff.; vgl. auch die konträren Positionen von *Dürig,* in: Maunz / Dürig / Herzog, Art. 1 III Rdn. 98 und *von Mangoldt / Klein,* Vorbem. A VI 3 a, 3 d.

[61] Gewährleistungsformeln: Art. 125, 129, 130, 137, 153, 154, 159. Unverletzlichkeitsformeln: Art. 114, 115, 117, 129.

[62] *Dürig,* in: Maunz / Dürig / Herzog, Art. 1 III Rdn. 98; *Scheuner,* VVDStRL 22 (1965), 56.

[63] Verfassungslehre, S. 170; vgl. *Gerhard Anschütz,* Verfassung, S. 520.

Es spricht daher nicht gegen eine institutionelle Anerkennung des Rechtsanwaltes, daß subjektives Recht und Institution in einer Norm vereinigt sind.

Zu b) Einrichtung und gesetzliche Normierung

Die Regel ist die ausdrückliche Institutsnennung in der Verfassung selbst. Notwendig ist dies aber nicht, wenn man sich den Sinn der Institutsgarantie vor Augen führt. „Die Grundrechtsfestlegung ohne die Institutsgarantie wäre sinn- und wertlos[65].“ Diese Feststellung läßt sich auf das Verhältnis „Art. 103 I GG und Rechtsanwalt“ übertragen; denn was sollte die grundrechtlich verbürgte Ausübung des rechtlichen Gehörs für einen Sinn haben, wenn nicht gleichzeitig garantiert wird, daß es einen rechtskundigen Beistand gibt, der für den Rechtsunkundigen in Rechtsfragen dieses Gehör ausübt?

Wenn eine denknotwendige Zuordnung zwischen Institut und Grundrecht besteht, kann die ausdrückliche Erwähnung in der Verfassung nicht wesensnotwendig für eine Garantie sein. Es gibt daher Einrichtungsgarantien, die als der Verfassung inhaerent anzusehen sind[66].

Zu c) Einrichtung und Schutzwirkung

Auch bezüglich dieser Frage weicht das Institut „Rechtsanwalt“ vom Normalbild einer Einrichtung ab. Ein Beispiel mag dies verdeutlichen: während der Garantieschutz der Einrichtung „Eigentum“ dem Grundrechtsträger des Art. 14 GG deswegen unmittelbar zugute kommt, weil er eben Eigentümer sein kann, ist dies bei Art. 103 I GG grundsätzlich nicht der Fall; denn dort besteht im Regelfall eine personelle Verschiedenheit zwischen Grundrechtsträger und Institutsmitglied. Dieser Unterschied zum „Normalfall“ spricht aber nicht gegen eine Einrichtungsgarantie „Rechtsanwalt“; denn sie ist in der Eigenart des Art. 103 I GG begründet, der zu seiner Sicherung einen speziell ausgebildeten und damit vom Grundrechtsträger verschiedenen Personenkreis erfordert[67].

Zu d) Kriterien einer Einrichtungsgarantie

Sucht man in der Literatur nach Kriterien, wann denn nun aus einem subjektiven Recht als Quelle[68] eine Einrichtung hervorsprudelt oder wann denn nun neben dem subjektiven Recht eine Einrichtung entsteht, so findet man kaum klare Aussagen[69].

---

[64] *Carl Schmitt*, Freiheitsrechte, S. 27 ff.; *Abel*, S. 41 und 73.

[65] *Abel*, S. 73.

[66] *Eichenberger*, S. 276.

[67] Auch die aus der Meinungsfreiheit entstandene Pressefreiheit — und damit die Garantie der Presse — geht historisch aus einer solchen Verschiedenheit hervor.

[68] So das Bild von *Dürig*, in: Maunz / Dürig / Herzog, Art. 1 III Rdn. 98.

Geht man zum Ansatzpunkt der Lehre von den Institutionen zurück, so zeigt sich deutlich, daß sie auf einer Wechselwirkung zwischen Grundrecht und Institution beruht. Um des Grundrechtes willen muß auch die Einrichtung geschützt werden, die ihrerseits das Grundrecht erst wirkungsvoll macht. Diese Wechselwirkung liegt auch zwischen Art. 103 I GG und dem Institut „Rechtsanwalt" vor. Das Institut „Rechtsanwalt" ist Folge und zugleich Sicherung des „speisenden" Grundrechts[70]. Wollte man dem „Sicherungsmittel" Rechtsanwalt den verfassungsrechtlichen Bestandschutz versagen, hieße dies das Grundrecht unsicher und gefährdet zu machen. Das Institut „Rechtsanwalt" sichert Art. 103 I GG vor der Auszehrung auf rein tatsächliches Vorbringen und damit den tieferen Sinn des rechtlichen Gehörs, nämlich die Möglichkeit der Einflußnahme auf die Entscheidung des Gerichts. Ein gesetzliches Verbot jeglicher rechtlicher Beistandschaft im gerichtlichen Verfahren wäre ein Angriff auf das Grundgesetz selbst.

Im Grundsatz findet die *Arndt*'sche These daher Zustimmung: *das Grundgesetz gewährleistet die Einrichtung eines rechtskundigen Beistandes.*

Zu weit geht *Arndt* jedoch im folgenden: Eine Aussage über die Unabhängigkeit oder Freiheit des Rechtsanwaltes enthält Art. 103 I GG nicht. Art. 103 I GG gewährleistet nur, daß jeder Rechtssuchende vor Gericht sich eines gewählten rechtskundigen Helfers bedienen darf. Eine Garantie der Unabhängigkeit läßt sich aus ihm nicht entnehmen weder in Richtung auf den Rechtssuchenden noch in Richtung auf den Staat. *Art. 103 I GG stellt lediglich klar, daß der Rechtsanwalt verfassungsrechtlich der gewählte Helfer des Rechtssuchenden ist.*

§ 9 Der Gleichheitssatz — Art. 3 GG —

Für den Bereich der Dritten Gewalt hat *Bötticher*[71] dem Art. 3 GG das Prinzip der *„Waffengleichheit im Prozeß"* entnommen. Dieses Prinzip allein führt jedoch nicht zu einer verfassungsrechtlichen Anerkennung des Rechtsanwaltes; denn es ist erst Folge[72] der Art. 19 IV und 103 I GG, vermag daher allein die verfassungsmäßige Anerkennung des Rechtsanwaltes nicht zu tragen.

---

[69] Vgl. *Carl Schmitt*, Freiheitsrechte, S. 14; *von Mangoldt / Klein*, Vorbem. A VI 3 a, 4 a; *Scheuner*, VVDStRL 22 (1965), 56; *Stammler*, S. 196; *Gerhard Anschütz*, Verfassung, S. 520; *Dennewitz*, S. 45, 52; *Friedrich Klein*, Institutionelle Garantien, S. 165; *Franz Schneider*, S. 135; *Rolf Groß*, DVBl. 1966, 562; *Abel*, S. 71.

[70] Um im Bilde *Dürigs* zu bleiben.

[71] Gleichheit, S. 7 ff.; vgl. *Lerche*, ZZP 78 (1965), 1 ff.

[72] *Baur*, AcP 153 (1954), 403; *Lerche*, ZZP 78 (1965), 19; *Zeuner*, Festschrift für Nipperdey (1965) I, S. 1017; BGH, NJW 1972, 881; BVerfGE 38, 105 (111).

§ 10 Die Berufsfreiheit — Art. 12 GG —

Art. 12 I GG gewährt dem Rechtsanwalt — wie jedem anderen Beruf — Schutz, läßt aber keine Aussage über den Beruf des Rechtsanwaltes zu. Selbst wenn man mit der Rechtsprechung des BVerfG[73] von der Befugnis des Gesetzgebers ausgeht, typische Berufsbilder zu fixieren und daraus eine Festlegung des Berufsuchenden auf diese Typisierung folgert — mithin solchen Berufen eine Art Bestandschutz zukommen läßt — erklärt Art. 12 I GG nicht die Entstehung und die Notwendigkeit des Rechtsanwaltsberufes; denn Art. 12 I GG setzt den Beruf des Rechtsanwaltes voraus, er ist insoweit ein reines Abwehrrecht.

§ 11 Justizanspruch und Art. 19 IV GG

Den Blick nur auf Art. 103 I GG zu wenden, hieße nur einen Mosaikstein zu untersuchen, das Gesamtbild aber aus den Augen zu verlieren. Denn das rechtliche Gehör hängt doch in der Luft, weil es ein gerichtliches Verfahren voraussetzt[74], gibt es keinen Anspruch auf ein Tätigwerden der Gerichte, einen Anspruch auf Rechtspflege, gibt es keinen Justizanspruch[75].

Der Justizanspruch ist heute durchweg anerkannt[76], ist er doch das Korrelat gegenüber dem Rechtsprechungsmonopol des Staates, das historisch die frühere Selbsthilfe abgelöst hat. Inhaltlich gewährt er umfassenden und effektiven Rechtsschutz[77]. Auch der als Ausfluß des Rechtsstaatsgedankens und Teil des Justizanspruches[78] gefeierte Art. 19 IV GG bietet Anhaltspunkte für die verfassungsmäßige Anerkennung des Rechtsanwaltes; denn auch Art. 19 IV GG sichert nicht nur einen „verfahrensrechtlich lückenlosen Individualrechtsschutz“[79], sondern garantiert die *Effektivität* des Rechtsschutzes[80]. Ein Rechtsschutz ohne rechtskundigen Beistand ist aber gerade nicht effektiv[81]. Art. 19 IV

---

[73] Vgl. BVerfGE 13, 97 (117); 17, 232 (241).

[74] A. A. *Baur*, AcP 153 (1954), 396 ff., der aus Art. 103 I GG die Garantie einer lückenlosen Rechtswegeröffnung ableitet.

[75] *Habscheid*, ZZP 67 (1954), 188; *Lent / Jauernig*, § 36 I 1.

[76] Nur seine Herleitung ist umstritten, vgl. *Rosenberg / Schwab*, § 3 I m. w. N.

[77] BVerfGE 35, 382 (401); BVerfG, NJW 1974, 1809 = E 38, 52; BVerwGE 19, 161; *Dütz*, S. 116; *Bachof*, DRZ 1950, 246; *Bötticher*, ZZP 74 (1961), 316; *Rosenberg / Schwab*, § 3 I; *Müller / Sax* (KMR), Einl. 3 III a.

[78] *Bettermann*, Grundrechte III 2, S. 559 und 784.

[79] *Dürig*, in: Maunz / Dürig / Herzog, Art. 19 Abs. IV Rdn. 1.

[80] *Dürig*, in: Maunz / Dürig / Herzog, Art. 19 Abs. IV Rdn. 12; *Hamann*, NJW 1958, 812; *Lerche*, ZZP 78 (1965), 16 f.; *Habscheid*, Festschrift für Bötticher (1969), S. 159; BVerfG, NJW 1976, 141.

GG unterstützt daher die Aussage des Art. 103 I GG. *Beide zusammen* tragen die verfassungsmäßige Anerkennung des Rechtsanwaltes.

Zusammenfassung

Eine erste — wenn auch oberflächliche — verfassungsrechtliche Aussage über den Rechtsanwalt ist gewonnen: *Art. 103 I GG i. V. m. Art. 19 IV GG gewährleisten immer dann, wenn rechtliches Gehör zu gewähren ist, die Möglichkeit einen Rechtsanwalt zu wählen*[82] und damit den Rechtsanwalt „als Einrichtung". Aus dieser verfassungsrechtlichen „Verbriefung" des Berufes „Rechtsanwalt" folgt eine weitere grundsätzliche Aussage:

Art. 103 I GG beweist, daß es eine verfassungsrechtliche Abhängigkeit des Anwalts vom Rechtssuchenden gibt. Der Rechtsanwalt ist daher *Helfer* seiner Partei, deren Recht auf rechtliches Gehör er wahrnimmt — ein Recht, das sich primär gegen den Staat (das Gericht) richtet. Bereits hieraus folgt, daß der Anwalt nicht Staats-„Organ" sein kann.

§ 12 Das Rechtsstaatsprinzip

A. Inhalt

Das Rechtsstaatsprinzip ist ein dem Grundgesetz immanentes Prinzip[83], das in unmittelbarem Zusammenhang mit der Achtung und dem Schutz der menschlichen Würde steht[84]. Als solches durchzieht es das gesamte Grundgesetz und findet in einzelnen Verfassungsbestimmungen seinen unmittelbaren Niederschlag[85]. Das Rechtsstaatsprinzip ist ein Formprinzip, es prägt und formt die Verfassung[86].

Es besteht Einigkeit, daß das Grundgesetz den rein formellen Rechtsstaatsbegriff der Weimarer Zeit überwunden hat und sich zum materiellen Rechtsstaat bekennt[87]. Rechtsstaat ist der auf die Idee der Ge-

---

[81] *Hamann*, NJW 1958, 812; *Lerche*, ZZP 78 (1965), 18; VGH Mannheim, AnwBl. 1968, 266 ff.

[82] VGH Mannheim, AnwBl. 1968, 264, allerdings gestützt auf § 3 BRAO; dieser ist aber seinerseits eine Ausformung des Art. 103 I GG.

[83] Art. 28 I GG: ... Rechtsstaates im Sinne dieses Grundgesetzes ...

[84] Grundlegend *Wintrich*, BayVBl. 1957, 139; weitergehend *Maihofer*, S. 39, der Art. 1 III GG Gestaltungswirkung beilegt und im Rechtsstaatsprinzip eine Ausgestaltung der Menschenwürde sieht.

[85] Beispielhaft seien genannt: Gewaltenteilung — Art. 20 II GG; Rechtsschutz — Art. 19 IV GG; Unabhängigkeit des Richters — Art. 97 GG.

[86] *Friedrich Klein*, ZStaatsw. 106 (1950), 402; *Scheuner*, Festschrift zum hundertjährigen Bestehen des Deutschen Juristentages (1860 - 1960) II, S. 232; *Hesse*, Festgabe für Smend (1962), S. 73.

[87] Zum vorübergehenden „Sieg" dieser Rechtsstaatsidee in der Weimarer Zeit, *James Goldschmidt*, JW 1924, 245.

rechtigkeit bezogene Staat[88]. Ihn kennzeichnen Herrschaft und Primat des Rechts auch und gerade gegenüber staatlicher Macht um des Schutzes und der Achtung der Menschenwürde willen[89]. Sein Ziel ist das Streben nach Gerechtigkeit[90].

B. Sicherungen

Um dieses Ziel zu erreichen, bedarf es ausreichender Sicherungs- und Kontrollfunktionen. Auch wird gerade dort, wo menschliches Freiheitsstreben und staatlicher Ordnungswille aufeinanderprallen, der Staat als der stärkere dem einzelnen überlegen sein[91]. Dabei besteht dann die Gefahr, daß die Macht des Staates die Gerechtigkeit verdrängt. An diesem Phänomen kann ein Staat — will er sich den Namen Rechtsstaat verdienen — nicht achtlos vorübergehen. Auch der Staat muß sich der Herrschaft des Rechts unterwerfen. Diese Bindung der staatlichen Macht an das Recht muß — um effektiv zu sein — durch ihrerseits unabhängige Kontrollorgane überwacht werden[92]. Diese Aufgabe — Schutz und Bewahrung des Rechts — ist im gewaltenteilenden Rechtsstaat der unabhängigen rechtsprechenden Gewalt übertragen. In deren Richterspruch soll sich der Rechtsstaat verwirklichen[93]: Wahrheit und Gerechtigkeit ist die Sache der Justiz[94].

Dieses Ziel, dieses für einen Rechtsstaat unabdingbare Ziel einer jeden Rechtsprechung läßt sich ohne Einflußrechte aller Beteiligten auf

---

[88] Einen prägnanten geschichtlichen Rückblick gibt *Menger*, Recht und Staat 173 (1953), S. 6 ff.; vgl. *Bäumlin*, S. 57; *Friedrich Klein*, ZStaatsw. 106 (1950), 395; *von Mangoldt / Klein*, Art. 20 Anm. VI; *Coing*, Rechtsphilosophie, S. 188; BVerfGE 33, 367 (383); kritisch *Scheuner*, Festschrift zum hundertjährigen Bestehen des Deutschen Juristentages (1860 - 1960), II, S. 248; zur Kritik an dieser „juristischen Weltanschauung" überhaupt, *Tumanow*, Kritik der bürgerlichen Rechtsideologie, Köln 1975.

[89] *Bähr*, S. 192; *Radbruch*, S. 284; *Bettermann*, NJW 1947/48, 217; *Brüggemann*, S. 5; *Coing*, Rechtsphilosophie, S. 241; *Leibholz*, Demokratie und Rechtsstaat, S. 43; *Maihofer*, S. 82; *Nipperdey*, Grundrechte II, S. 10; *Kägi*, ZSR 71 I (1952), 224; *Forsthoff*, VVDStRL 12 (1954), 19; *von der Heydte*, Gedächtnisschrift für Walter Jellinek (1955), S. 503; *Scheuner*, Festschrift zum hundertjährigen Bestehen des Deutschen Juristentages (1860 - 1960) II, S. 250; *Hesse*, Festgabe für Smend (1962), S. 75; *Habscheid*, Festskrift till Per Olof Ekelöf (1972), S. 285.

[90] *Menger*, Recht und Staat 173 (1953), S. 31; *Bachof*, VVDStRL 12 (1954), 39; *Marcic*, S. 247, 299, 411; *Ernst Rudolf Huber*, S. 253; *Dürig*, in: Maunz / Dürig / Herzog, Art. 20 Abs. IV Rdn. 59; *von Mangoldt / Klein*, Art. 20 Anm. VI; *Eberhard Schmidt*, StPO I Rdn. 457; BVerfGE 21, 362 (372); 21, 378 (388); 37, 57 (65); kritisch *Hesse*, Festgabe für Smend (1962), S. 77.

[91] BVerfGE 30, 1 (27); 38, 105 (114).

[92] *Bachof*, Richtermacht, S. 32; *Hesse*, Festgabe für Smend (1962), S. 77; *Eichenberger*, S. 60; *Bettermann*, AöR 92 (1967), 519 ff.

[93] *Jahrreiß*, S. 126.

[94] *Eberhard Schmidt*, Die Sache der Justiz, S. 11; *ders.*, StPO I Rdn. 470; *ders.*, Justitia, S. 97.

die richterliche Entscheidung nicht verwirklichen; denn nur die Einflußnahme der Beteiligten vermag dem Richterspruch — der immer subjektiv bleiben wird — ein menschenmögliches Höchstmaß an Objektivität und damit an Wahrheit und Gerechtigkeit zu geben, die anzustreben gerade Ziel des Rechtsstaates ist[95].

Damit schließt sich der Kreis zu Art. 103 I GG wieder. Es wird deutlich, daß Art. 103 I GG seine Grundlage im Rechtsstaatsprinzip findet, daß er aber gleichzeitig der Bewahrung und Sicherung des Rechtsstaates dient. Eine Aushöhlung des rechtlichen Gehörs würde zu einer Gefährdung des Rechtsstaates führen. Der Rechtsstaat ist für das rechtliche Gehör Rechtsgrundlage und Schutzobjekt zugleich[96].

In diesem Zusammenhang drängt sich die Verbindung zur Wahrheitspflicht im Prozeß auf[97]. Denn das rechtliche Gehör wird dem Rechtsuchenden gerade darum gewährt, damit er eigenverantwortlich dazu beiträgt, zu einem richtigen Urteil zu kommen. Richtig ist in einem Rechtsstaat ein Urteil aber nur dann, wenn es der Wahrheit und Gerechtigkeit entspricht. Daher führt das Beitragen des Rechtssuchenden nur dann zu dem gewünschten rechtsstaatlichen Ergebnis, wenn es der Wahrheit entspricht[98]. Gerade im Zivilprozeß wird dies deutlich: denn wie soll der Richter in einem von der Verhandlungsmaxime geprägten Verfahren einen wahren und gerechten Spruch fällen können — oder — um mit *Gaul*[99] zu sprechen — „jemandem das Seine zusprechen" können, wenn beide Parteien die Unwahrheit sagen?

Hier wird deutlich, daß die lügende Partei ihr rechtliches Gehör mißbraucht, dessen Sinn verfälscht[100]. Es besteht daher ein wechsel-

---

[95] *Adolf Arndt*, NJW 1959, 1300; BVerfGE 9, 89 (95); BGHSt 22, 267; einschränkend *Lerche*, ZZP 78 (1965), 10.

[96] *Hans Huber*, SJZ 53 (1957), 268: „Fürsprechen ist auch sowohl Ausfluß als Nährboden des Rechtsstaates"; *Kenneweg*, S. 17; *Kolb*, S. 29, 40; BVerfGE 12, 6 (8); OLG Köln, NJW 1956, 155.

[97] *Lent*, ZZP 67 (1954), 352; *Habscheid*, ZZP 81 (1968), 192: Wahrheit als Verfahrenspostulat; eine rechtsvergleichende Bestandsaufnahme gibt *Staab*, Die Wahrheitspflicht im Zivilprozeß, Diss., Würzburg 1973: er stellt fest, daß in allen zur Vergleichung herangezogenen Staaten — Österreich, Schweiz, Frankreich, England — eine Wahrheitspflicht besteht.

[98] *Bernhardt*, JZ 1963, 246; einer Wahrheitserklärungspflicht wird nicht das Wort geredet; nur soweit der Rechtssuchende von seinem rechtlichen Gehör Gebrauch macht, unterliegt er der Wahrheitspflicht; eine Aussagepflicht besteht grundsätzlich nicht; dies folgt schon daraus, daß Art. 103 I GG ein Recht und keine Pflicht für den Rechtssuchenden enthält.

[99] AcP 168 (1968), 49.

[100] *Dürig*, in: Maunz / Dürig / Herzog, Art. 103 Abs. I Rdn. 32, räumt ein, daß Art. 103 I GG auch der Sachaufklärung dient. Trotz der nicht vergleichbaren psychologischen Position besteht im Grundsatz auch im Strafprozeß eine Wahrheitspflicht, *Karl Peters*, § 28 IV 2 m. w. N.; a. A. *Pfenninger*, S. 105 ff.

seitiger Zusammenhang zwischen rechtlichem Gehör und Rechtsstaatsprinzip. Art. 103 I GG ist Ausfluß des Rechtsstaates, gleichzeitig auch Sicherung des Rechtsstaates mit der Zielrichtung des rechtsstaatlichen Urteils.

C. Rechtsstaatsprinzip und Rechtsanwalt

Diese Feststellung wirkt auf den Rechtsanwalt weiter, sichert dieser doch — verfassungsrechtlich gesehen — gleichsam mittelbar den Rechtsstaat. Denn die Garantie des Rechtsanwaltes ist in Art. 103 I GG nur eingebaut, um das rechtliche Gehör im Interesse der rechtsstaatlichen Ziele eines jeden gerichtlichen Verfahrens wirksamer zu machen, um damit letztlich den wahren und gerechten[101] und der Rechtssicherheit[102] dienenden Richterspruch zu ermöglichen.

Erkennt danach der Rechtsstaat um der rechtsstaatlichen Ziele des gerichtlichen Verfahrens willen den Rechtsanwalt verfassungsrechtlich an, kann er es nicht zulassen — will er sich schützen, behaupten und bewahren —, daß dieser von ihm garantierte Rechtsanwalt gegen seine Ziele kämpft, dieser den Rechtsstaat als Quelle, nicht aber als Schutzobjekt anerkennt.

Ein Rechtsanwalt, der sich nicht als Sicherung des Rechtsstaates ansieht, ist kein Rechtsanwalt im Sinne des Grundgesetzes, er verliert seine verfassungsrechtliche Grundlage[103]. Auch heute noch haben die Worte des Schweizer Rechtslehrers *Hans Huber* Gültigkeit[104]:

> „Gibt es überhaupt noch einen schlüssigeren Beweis dafür, daß der freie Anwaltsstand mit dem Rechtsstaat verwandt ist, als diese traurige Botschaft aus dem Reich[105] pervertierten Rechts?"

---

[101] *Bernhardt,* JZ 1963, 246.

[102] Auch die Rechtssicherheit ist Ausfluß des Rechtsstaates: BVerfGE 2, 380 (403); 7, 89 (92); 7, 194 (196); 11, 263 (265); sie liegt oft im Widerstreit mit der Gerechtigkeit, BVerfGE 13, 261 (271); 15, 313 (319); 25, 269 (290); vgl. *Radbruch,* S. 166, 176; *Scheuner,* Festschrift zum hundertjährigen Bestehen des Deutschen Juristentages (1860 - 1960) II, S. 250; *Baur,* summum ius, S. 116; *Habscheid,* Beiträge zum Richterrecht, S. 15; *Böckenförde,* Festschrift für Arndt (1969), S. 74.

[103] Eine Verbindung Rechtsstaat — Rechtsanwalt ziehen: *Ostler,* Der Anwalt im Rechtsstaat, S. 19; *Becher,* S. 3; *Adolf Arndt,* NJW 1959, 7; *Dahs,* NJW 1959, 1158; *Eberhard Schmidt,* NJW 1963, 1756; *Kalsbach,* Die Rechtsanwaltschaft I, S. 3; *Horber,* S. 1; *Friedenau,* S. 41; *Dünnebier,* in: Löwe / Rosenberg, vor § 137 Anm. 4 b; *Müller / Sax* (KMR), Einl. 3 II a; *Knapp,* S. 121, 127; *Bader,* Festschrift für Pfenninger (1956), S. 7; *Hans Huber,* SJZ 53 (1957), 265 ff.; *Jahoda,* JBl. 90 (1968), 281; BVerfGE 26, 66 (71); 34, 293 (302); 38, 105 (111 ff.).

[104] SJZ 53 (1957), 265; *Blanc,* S. 6, drückt es umgekehrt aus: „écouté et apprécié en démocratie, l'avocat est souvent détesté ou craint dans les dictatures".

[105] Gemeint ist die Zeit des deutschen Nationalsozialismus.

Es besteht ein Synallagma zwischen Rechtsstaat und Rechtsanwalt: *Nicht Verteidigung, Vertretung und Beratung um jeden Preis, sondern innerhalb des Rechtsstaates und seiner Ziele.*

Diese enge Verbindung modifiziert aber das bisher aus dem Grundgesetz gewonnene Bild vom Rechtsanwalt entscheidend: Die Begründung der Stellung als Beistand bleibt von der Partei abhängig. Es ist *ihr* rechtliches Gehör, das der Rechtsanwalt ausübt; der Rechtsanwalt bleibt Partei*beistand* und als solcher zur einseitigen Wahrnehmung der Interessen seiner Partei aufgerufen.

Der Rechtsstaat setzt dieser Interessenwahrnehmung Grenzen, indem er die Durchführung der Beistandleistung seinen Zielen unterwirft. Der Rechtsstaat verselbständigt[106] die Durchführung — nicht die Begründung — der Beistandleistung, er nimmt dem Rechtsanwalt die Abhängigkeit, in der ihn Art. 103 I GG gefangengehalten hatte, indem er ihn seinen Zielen unterwirft. *In einem Rechtsstaat ist der Rechtsanwalt mehr als reiner Parteihelfer, er ist Mitgarant des Rechtsstaates.*

Knapp wehrt sich gegen eine solche Hervorhebung; denn immer wenn der Rechtsanwalt seinem Klienten helfe, die ihm von der Rechtsordnung zugestandenen Rechte durchzusetzen, verwirkliche er ein Stück Rechtsstaatlichkeit; dies sei eine „Binsenweisheit"[107]. Mag dies eine „Binsenweisheit" sein, so ist es doch — leider — keine Selbstverständlichkeit, daß der Rechtsanwalt — und sein Mandant — nur die von der Rechtsordnung zugestandenen Rechte durchzusetzen trachtet — wie die Geschichte lehrt und wohl noch lehren wird. Die entscheidende Frage ist doch gerade die, warum der Rechtsanwalt als Helfer seiner Partei in diese Pflichtigkeit genommen ist. Wenn *Knapp*[108] dieses Postulat aus § 257 StGB — und für den Zivilprozeß wäre noch § 263 StGB hinzuzufügen — zu gewinnen sucht, so verkennt er, daß die Straftatbestände keine Pflichten begründen, sondern daß der Gesetzgeber in ihnen aus dem Kreis des Unrechts besonderes Unrecht herausgehoben hat[109], daß die Straftatbestände bereits bestehendes Unrecht lediglich mit strafrechtlichen Sanktionen belegen. Daher stellt sich für den Rechtsanwalt die Frage, ob seine Inpflichtnahme — strafrechtlich abgesichert — rechtmäßig ist und woher sie rührt. Die Antwort liegt im Rechtsstaatsprinzip und seinen Verfahrenszielen. Denn um diese Ziele zu verwirklichen, muß nicht nur der letztlich entscheidende, der Richter, unabhängig sein; *auch der zur Entscheidung beitragende*

---

[106] Daraus erklärt sich auch, daß der Verteidiger mehr Rechte als der Beschuldigte haben kann.

[107] S. 127.

[108] S. 128.

[109] *Maurach*, AT § 13 II.

Rechtsanwalt muß es sein, die Unabhängigkeit des Richters allein wäre keine ausreichende Garantie.

Denn der Rechtsanwalt übt eine „siebende“ Tätigkeit aus[110], er reicht dem Richter ein Licht, um gemeinsam das Recht zu finden[111], er steuert die Idee der Gerechtigkeit an, nur von einer anderen Seite als der Richter[112], er erforscht die Wahrheit im Profil[113] und — dies gilt es hinzuzufügen — er ist besonderer Garant der Rechtssicherheit.

Daß dies nicht nur schön klingende Worte sind, belegt ein Zitat aus einem Schlußvortrag eines Oberstaatsanwaltes, der in einer Verhandlung vor dem AG Würzburg vom 13. 11. 1974, in der ein Rechtsanwalt wegen Anstiftung zu uneidlicher Falschaussage, Vortäuschens einer Straftat und Begünstigung angeklagt war, klar zum Ausdruck brachte: „Die Gerichte könnten zumachen, wenn alle Rechtsanwälte so arbeiteten, wie der Angeklagte[114].“

Zusammenfassung

Die verfassungsrechtliche Aussage über den Rechtsanwalt hat Gestalt angenommen; war er *über Art. 103 I GG reiner, zu nichts anderem als zur Parteihilfe verpflichteter Beistand, so hat das Rechtsstaatsprinzip das Bild gewandelt.* Es hat den Rechtsanwalt seinen Zielen unterworfen und ihn darum in seiner Beistandleistung vom Rechtssuchenden unabhängig gemacht.

Nun gilt es der Frage nachzugehen, ob und wie sich die „Magna Charta“[115] des Rechtsanwaltes — § 1 BRAO — in dieses Bild einfügen läßt.

---

[110] *Ostler*, Der Anwalt im Rechtsstaat, S. 15.

[111] *Balthasar Grazian*, zitiert nach *Seibert*, JR 1951, 339.

[112] *Dahs*, NJW 1959, 1159.

[113] *Piero Calamandrei*, S. 74.

[114] Main-Post vom 14. 11. 1974, S. 9.

[115] *Habscheid*, NJW 1962, 1989.

Dritter Abschnitt

Der Rechtsanwalt, ein unabhängiges Organ der Rechtspflege

§ 13 Die Entwicklung des Begriffes „Organ der Rechtspflege"

§ 1 BRAO vom 1. August 1959[1] bestimmt unter der Überschrift „Die Stellung des Rechtsanwalts in der Rechtspflege":

„Der Rechtsanwalt ist ein unabhängiges Organ der Rechtspflege."

Diese Bestimmung ist nicht nur der Sache nach alt[2]; sie taucht wortgetreu bereits 1893 in der Rechtsprechung des Ehrengerichtshofs[3], in der Kommentierung zur RAO von Friedlaender 1908[4] und 1926 in der Entscheidung des 4. Strafsenats des RG[5] auf. Doch bereits 1833 hatte *Abegg* den Rechtsanwalt ein „Organ der Gerechtigkeitspflege" genannt[6]. Das RG präzisierte den Begriff dahingehend, *„daß der Verteidiger neben dem Gericht und der Staatsanwaltschaft ein gleichberechtigtes Organ der Rechtspflege ist"*. Diese Bezeichnung hat damals eine rege Diskussion ausgelöst[7].

In den sieben Jahren dauernden Bemühungen[8] um eine BRAO tauchte der Organbegriff zunächst nicht auf. Im ersten Entwurf[9] der Bundesregierung aus dem Jahre 1952 lautete § 1:

„Die Rechtsanwaltschaft ist berufen, an der Rechtspflege mitzuwirken."

Die amtliche Begründung[10] hingegen bezeichnet den Rechtsanwalt als „Organ der Rechtspflege". Wegen der „Arbeitsüberlastung"[11] des

---

[1] BGBl. I, S. 565.

[2] *Ostler*, Schriftenreihe, S. 16; RGZ 14, 28: „nimmt er wesentlich teil an der Übung der Rechtspflege".

[3] EGH I, 140.

[4] Allgemeine Einl. Anm. 18.

[5] JW 1926, 2756.

[6] S. 254.

[7] *Alsberg*, JW 1926, 2757; *Heine*, Die Justiz 1925/26, 44; *Ebermayer*, DJZ 1927, 134 ff.; *Beling*, LZ 1927, 518; *Alexander*, ZStrW 51 (1931), 54; *Bendix*, LZ 1927, 511.

[8] *Weber*, AnwBl. 1959, 235, spricht zu Recht von einem „leidvollen" Weg.

[9] BTDrucks. 1/3650.

[10] BTDrucks. 1/3650.

Ersten Deutschen Bundestages wurde dieser Entwurf nicht Gesetz. Auch der zweite Entwurf, der einen gleichlautenden § 1 enthielt[12], wurde nicht Gesetz.

Der dritte Entwurf der Bundesregierung aus dem Jahre 1957 enthielt folgenden § 1:

„Die Rechtsanwaltschaft ist ein unabhängiges Organ der Rechtspflege."

Der Rechtsausschuß des Deutschen Bundestages ersetzte den Begriff „Rechtsanwaltschaft" durch das Wort „Rechtsanwalt", um klarzustellen,

„daß in der Rechtspflege der einzelne Rechtsanwalt handelt, und zwar als Eigenverantwortlicher und nicht etwa als Glied eines Gesamtgefüges, wie es z. B. bei dem Staatsanwalt innerhalb der Staatsanwaltschaft der Fall ist"[13].

§ 14 Der Rechtsanwalt als Organ der Rechtspflege — Stand der Meinungen —

A. Bisherige Auslegungsversuche

I. Organisationsrechtliche Auslegung

Vorderhand bietet sich als Auslegungskriterium[14] die Auslegung nach dem Wortsinn an. Der spezielle Sprachgebrauch zahlreicher Gesetze[15] legt es nahe, § 1 BRAO organisationsrechtlich[16] auszulegen.

Grundlage dieser Auslegung ist die von *Otto von Gierke* entwickelte (Staats-)Organtheorie[17]. Danach wird das Verhalten eines Organs nicht diesem selbst, sondern einer juristischen Person, dem sogenannten Organträger zugerechnet, in dessen Funktionsbereich das Organ eingebaut ist.

„Organ im normativen Sinn ist ... ein durch organisatorische Rechtssätze ... gebildetes eigenständiges, institutionelles Subjekt von Zuständigkeiten zur transitorischen Wahrnehmung der Eigenzuständigkeiten einer Juristischen Person[18]."

---

[11] Justizminister *Neumayer*, Vhdlg. BT. Sten. Ber. 2/4309 c.

[12] BTDrucks. 2/1014.

[13] BTDrucks. 3/778.

[14] Zu ihnen *Larenz*, Methodenlehre, S. 307 ff.

[15] Vgl. nur Art. 20 II GG; § 10 OWiG.

[16] *Hans J. Wolff*, Verwaltungsrecht II § 74 I f., spricht von normativer Auslegung.

[17] S. 94 ff.; vgl. *Leibholz*, Repräsentation, S. 124 ff.; *Ermacora*, S. 915.

[18] *Hans J. Wolff*, Verwaltungsrecht II § 74 I f.; gleichlautend *Pollmann*, S. 88; *Dreier*, in: Evangelisches Staatslexikon, Sp. 1426.

Diese organisationsrechtliche Auslegung[19] führt zu folgenden zwei Möglichkeiten:

1. Rechtsanwalt als Organ der Rechtspflege bedeutet:

   die Rechtspflege hat Organe, von denen eines der Rechtsanwalt ist; dies wäre eine Auslegung nach dem Status[20].

2. Rechtsanwalt als Organ der Rechtspflege bedeutet:

   der Rechtsanwalt ist ein Organ mit Rechtspflegefunktionen; dies wäre eine Auslegung nach der Funktion[21].

II. Beide Auslegungen sind indes unhaltbar

Die Unhaltbarkeit der *ersten* Auslegung folgt bereits daraus, daß die Rechtspflege keine juristische Person, mithin auch nicht Zurechnungssubjekt irgendeines Organhandelns sein kann. Die Rechtspflege kann nicht Organträger sein, daher auch keine Organe haben. Diese Auslegung ist mit der Logik unvereinbar; daraus folgt, daß sie nicht richtig sein kann[22].

Die *zweite* Auslegung geht aus folgendem Grund fehl: Es stellt sich sofort die Frage nach dem Organträger. Träger der Rechtspflege ist grundsätzlich der Staat[23]. Dieser wäre damit Organträger des Organs „Rechtsanwalt"; die Folge: der Rechtsanwalt wäre Staatsorgan. Dies stünde aber im schroffen Gegensatz zur gewonnenen verfassungsrechtlichen Aussage wie auch zu § 2 I BRAO, wonach der Rechtsanwalt „einen freien Beruf" ausübt[24]. Diese Auslegung führt somit zu einem Normwiderspruch, den zu beseitigen gerade Aufgabe der Auslegung ist[25].

Eine organisationsrechtliche Auslegung des Begriffes „Organ der Rechtspflege" wird dem Bedeutungszusammenhang des § 1 BRAO nicht gerecht; sie führt zu logischer Unvereinbarkeit und offenem Normenwiderpruch. Dies erkennen auch die Kritiker des § 1 BRAO; sie ver-

---

[19] In diesem Sinne legen den Organbegriff aus: *Beling*, LZ 1927, 518; *Alexander*, ZStrW 51 (1931), 57; *Hamann*, NJW 1958, 813 Fn. 24; kritisch *Waldhorn*, S. 18; *Knapp*, S. 123.

[20] Zu diesem Ergebnis gelangen *Herzog*, in: Maunz / Dürig / Herzog, Art. 92 Rdn. 98; *Husmann*, S. 12.

[21] *Lukanow*, S. 24; *Blanke*, AnwBl. 1954, 142; *Heins*, NJW 1958, 204; *Beling*, LZ 1927, 518.

[22] *Larenz*, Methodenlehre, S. 324.

[23] BVerfGE 17, 371 (376); die Fälle privater Rechtspflege sind Ausnahmen vom staatlichen Justizmonopol, *Habscheid*, NJW 1962, 7; vgl. *Krüger*, S. 769.

[24] Freier Beruf und Staatsorgan sind unvereinbar, BVerfGE 7, 377 (398); 17, 371 (376); *Habscheid*, NJW 1964, 1508.

[25] *Engisch*, S. 46; *Larenz*, Methodenlehre, S. 324.

mögen aber nicht, den selbst gezogenen Graben zu überspringen[26]. Denn nichts zwingt dazu, § 1 BRAO organisationsrechtlich auszulegen; es ist nicht einmal ein einheitlicher Sprachgebrauch des Gesetzgebers vorhanden, wie ein Blick auf § 105 II Ziff. 11 HandwO lehrt; auch dort wäre eine organisationsrechtliche Auslegung — wie der erste Blick zeigt — sinnlos.

§ 15 Eigene Auslegung

Grenze jeder Auslegung ist die Bedeutung im allgemeinen Sprachgebrauch. Geht man auf die ursprüngliche Bedeutung des Wortes Organ (griech.: ὄργανον) zurück, so bedeutet es Mittel, Werkzeug[27]; in übertragener Bedeutung dient es zur Bezeichnung einer relativ selbständigen Wahrnehmung von Funktionen.

§ 1 BRAO besagt daher zunächst, daß der Rechtsanwalt

A. bei der Wahrnehmung von Rechtspflegefunktionen

B. die Stellung eines selbständig Mitwirkenden innehat.

In diesen durch den allgemeinen Sprachgebrauch gesteckten Grenzen hat sich ein Ausloten des § 1 BRAO auf seine rechtliche Aussage zu bewegen.

A. Der Rechtsanwalt — ein selbständig Mitwirkender bei der Versehung von Rechtspflegefunktionen: Auslegung nach der Funktion

I. Zur Gefahr der Staatsnähe

Unmißverständlich bringt § 1 BRAO zum Ausdruck, daß der Rechtsanwalt Rechtspflegeaufgaben wahrnimmt. Führt diese Aussage — wie die Kritiker befürchten — den Rechtsanwalt in eine gefährliche Nähe zum Staat?

Wenn Rechtspflege wesentliche oder originäre Staatsaufgabe ist und das Wesen der Staatsaufgabe darin besteht, daß sie der Staat selbst durch seine Organe ausführt, besteht die Kritik zu Recht; in diesem Falle wäre „Organ der Rechtspflege" lediglich eine Umschreibung für Staatsorgan.

Diese Aussagen scheint die Rechtsprechung des BVerfG zu stützen und damit die Gefahr einer Staatsnähe heraufzubeschwören, eine Rechtsprechung, die ihren deutlichsten Niederschlag im Notarbeschluß

---

[26] *Herzog*, in: Maunz / Dürig / Herzog, Art. 92 Rdn. 98, weist § 1 BRAO überhaupt keinen Rechtsgehalt zu.

[27] *Gemoll*, Griechisch-deutsches Schul- und Handwörterbuch, 7. Auflage München, Wien 1959, S. 549.

vom 5. Mai 1964 gefunden hat[28]. Die dort für die Stellung des Notars getroffenen wesentlichen Aussagen lassen sich — *grosso modo* — in vier Stufen einteilen:

1. Rechtspflege ist originäre Staatsaufgabe.
2. Soweit der Notar Rechtspflege ausübt — § 1 BNotO —, nimmt er daher staatliche Funktionen wahr.
3. Da der Notar staatliche Funktionen wahrnimmt, kann der Staat den Notar an die unmittelbare Staatsorganisation heranführen.
4. Je näher diese Heranführung geschehen ist, desto eher sind in Anlehnung an Art. 33 GG Sonderregelungen zu Lasten des Art. 12 GG möglich.

Hans Heinrich Rupp[29] hat in bemerkenswerter Weise die Schwäche des Gedankenganges dieser Entscheidung aufgedeckt, insbesondere die Frage nach der Legitimation der Heranführung an den öffentlichen Dienst gestellt und eindringlich auf die Gefahr des Leerlaufens des Art. 12 GG hingewiesen, die letztlich durch einen nur schwer faßbaren Begriff, den der staatlichen bzw. öffentlichen Aufgabe, heraufbeschworen wurde. Nun ist das BVerfG zwar über den Verdacht erhaben, obigen Gedankengang auf den Rechtsanwalt übertragen zu wollen; denn zu klar trat in der angezogenen Entscheidung der Wille hervor, Rechtsanwalt und Notar streng voneinander zu trennen und zu energisch hat es später die Bedeutung des Art. 12 GG für den Rechtsanwalt hervorgehoben[30]. Andererseits sind die Bedenken *Rupps*[31] nicht mit leichter Hand „vom Tisch zu wischen"; dies mögen folgende Urteilssätze verdeutlichen:

„Es bedarf keiner näheren Begründung, daß ‚Rechtspflege'[32] und ‚freiwillige Gerichtsbarkeit' originäre Staatsaufgaben sind. Der Notar nimmt, soweit er diese Tätigkeiten ausführt, staatliche Funktionen wahr; ...

Wie der Staat öffentliche Aufgaben erledigen lassen will, ist ... Sache seines freien Ermessens, freilich bis zu einem gewissen Grade auch von Eigenart und Gewicht der einzelnen Aufgabe abhängig. Es besteht hier eine breite Skala von Möglichkeiten, die vom freien Beruf mit öffentlichrechtlichen Auflagen bis zu Berufen reicht, die gänzlich in die unmittelbare Staatsorganisation einbezogen sind, also ‚öffentlichen Dienst' ... darstellen. Werden staatliche Aufgaben Berufen außerhalb des öffentlichen Dienstes zur Wahrnehmung übertragen, so kommt es darauf an, wie nahe der Beruf an den öffentlichen Dienst herangeführt ist. Je näher er diesem steht, um so eher können auch bei ihm Sonderregelungen eintreten, die das Grundrecht des Art. 12 Abs. 1 GG zurückdrängen[33]."

---

[28] BVerfGE 17, 371.

[29] NJW 1965, 995; *ders.*, AöR 92 (1967), 212 ff.; vgl. *Leisner*, AöR 93 (1968), 181 ff.

[30] BVerfGE 34, 293 (301).

[31] NJW 1965, 996.

[32] Gemeint ist die in § 1 BNotO angesprochene.

[33] BVerfGE 17, 371 (376).

Sieht man nun die Rechtspflege in den §§ 1 BNotO und 1 BRAO als gleichartig an[34], lassen sich diese Gedankengänge reibungslos auf den Rechtsanwalt übertragen. Der Rechtsanwaltsberuf wäre demnach einer Heranführung an den öffentlichen Dienst zugänglich. *Dies aber wäre das Ende der freien Advokatur* — § 1 BRAO wäre in der Tat ein Danaergeschenk.

Nun kann man die Entscheidung nicht damit bekämpfen, daß man dem BVerfG Inkongruenz vorwirft — wie es *Knapp*[35] unternimmt. Eine solche vermag ich zwischen dem Zweit-Apothekenurteil[36] und den Notarbeschlüssen[37] nicht zu sehen. Das BVerfG ist vielmehr seiner Linie seit dem grundlegenden Apothekenurteil[38] treu geblieben. *Knapp* wirft dem BVerfG vor, im Zweit-Apothekenurteil ginge es noch von der grundsätzlichen Geltung des Art. 12 I GG aus und schränke dieses Grundrecht lediglich mit Hilfe des Begriffes öffentliche Aufgabe ein, während in den Notarbeschlüssen Art. 12 GG wegen der staatlichen bzw. öffentlichen Aufgabenerfüllung gar nicht erst eingreife. *Knapp* verkennt, daß das BVerfG immer noch eine Zwischenstufe — *oben 3* —, nämlich die „Heranführung" an den öffentlichen Dienst einschaltet. *Daher* kam es in den Entscheidungen zu unterschiedlichen Ergebnissen: denn nach der Ansicht des BVerfG übt der Apotheker einen freien Beruf[39] aus, ist also nicht an den öffentlichen Dienst „herangeführt", so daß Art. 12 GG voll eingreift. Anders dagegen beim Notar: dieser ist durch die BNotO nahe an den öffentlichen Dienst „herangeführt"[40], so daß Art. 12 GG von vorneherein Einschränkungen unterliegt.

Die funktionelle Auslegung des § 1 BRAO spitzt sich somit auf die Frage zu, ob die Rechtspflege eine staatliche Aufgabe darstellt und ob im Gefolge dieser Aufgabe eine „Heranführung" an den öffentlichen Dienst unter Ausschaltung des Art. 12 GG möglich ist.

II. Staatliche und öffentliche Aufgaben

Die Lehre von den staatlichen Agenden ist seit jeher ein Grundproblem der Allgemeinen Staatslehre. Sie ist um so schwerer faßbar, als sie wesentlich vom Staatsverständnis des jeweiligen Betrachters geprägt wird. Eine Gesamtkonzeption einer Aufgabenlehre — falls eine

---

[34] *Rupp*, NJW 1965, 995; *ders.*, AöR 92 (1967), 212 ff.

[35] S. 114.

[36] BVerfGE 17, 232.

[37] BVerfGE 17, 371; 17, 381.

[38] BVerfGE 7, 377.

[39] BVerfGE 17, 232 (239): „Züge eines freien Berufs überwiegen."

[40] BVerfGE 17, 371 (377): „sachlich bedingten Nähe zum öffentlichen Dienst".

solche überhaupt möglich ist — kann an dieser Stelle nicht unterbreitet werden. Nur dem Verhältnis „staatliche Aufgabe und Tätigkeit des Rechtsanwaltes" wird im folgenden nachgegangen.

Dabei stellt sich vorderhand das grundsätzliche Abgrenzungsproblem zwischen staatlicher und öffentlicher Aufgabe. Dieser Unterscheidung kommt grundlegende Bedeutung zu: Denn nimmt der Rechtsanwalt *staatliche* Funktionen wahr, so kann er dies nur als Staatsorgan oder kraft Delegation, Zulassung oder Überlassung[41] mit der Folge starker Reglementierung. Nimmt er dagegen *öffentliche* Aufgaben wahr, so hat sich die staatliche Einflußnahme auf Überwachungsmaßnahmen zu beschränken. Ursprung dieser Trennung ist der Dualismus von Staat und Gesellschaft[42]. Bereits die an der Basis begrifflich kaum durchführbare Trennung — wo hört „Staat" auf und wo fängt „Gesellschaft" an? — erschwert das Unterfangen, klare Abgrenzungen zu schaffen. Wissenschaft[43] und Rechtsprechung[44] sahen lange Zeit keine Notwendigkeit, beide Aufgabenbereiche voneinander abzustecken. Erst die wissenschaftliche Auseinandersetzung um die Technischen Überwachungsvereine und um die Rechtsstellung von Rundfunk und Fernsehen führte zu der Erkenntnis, daß eine Abgrenzung von staatlichen und öffentlichen Aufgaben notwendig sei[45].

Läßt man einmal die höchstrichterliche Rechtsprechung und die Auffassung der Literatur Revue passieren, so schält sich folgende Definition heraus: „Öffentliche Aufgabe" ist der Oberbegriff zur „staatlichen Aufgabe". Eine „öffentliche Aufgabe" erfordert ein irgendwie geartetes Gemeinschaftsinteresse (Gemeinwohl)[46]. Ob ein solches vorliegt, ent-

---

[41] *Ossenbühl,* VVDStRL 29 (1971), 154 Fn. 76.

[42] *Ehmke,* Festgabe für Smend (1962), S. 24 ff.; *Schelsky,* S. 81; *Herzog,* Staatslehre, S. 147; *Hans Peters,* Festschrift für Nipperdey (1965) II, S. 879; gegen diesen Dualismus *Häberle,* JuS 1967, 73 f.

[43] *Ipsen,* Festgabe für Erich Kaufmann (1950), S. 157; *ders.,* AöR 90 (1965), 417; *Badura,* S. 92; *Rupp,* Privateigentum, S. 19; vgl. *Hans H. Klein,* DÖV 1965, 755; *Maunz,* in: Maunz / Dürig / Herzog, Art. 30 Rdn. 10; vgl. auch *Krautzberger,* S. 84 ff.

[44] Genannt seien: BVerfGE 15, 235 (242); 17, 371 (376); 21, 362 (372); vgl. auch BVerfGE 8, 51 (63); 10, 89 (102); 12, 113 (128); 14, 312 (317); 15, 46 (68); 16, 147 (172); 20, 56 (113).

[45] BVerfGE 20, 162 (175); 30, 292 (311); BVerfGE 31, 314 (340) = abweichende Meinung der Richter *Geiger, Rinck* und *Wand;* BVerwG, DVBl. 1970, 735; *Hans Peters,* Festschrift für Nipperdey (1965) II, S. 879; *Scheuner,* Gedächtnisschrift für Hans Peters (1967), S. 811; *Leisner,* Werbefernsehen, S. 23; *Martens,* S. 117 ff.; *Ipsen,* Mitbestimmung, S. 39; *Steiner,* DÖV 1970, 529; *Häberle,* S. 211 ff.; *Ossenbühl,* VVDStRL 29 (1971), 137 ff.; *Burmeister,* S. 73.

[46] Das Abstellen auf das Gemeinschaftsinteresse führt notgedrungen zu einer Konturenlosigkeit des Terminus „öffentliche Aufgabe", *Stern / Bethge,* S. 21; *Emmerich,* JuS 1970, 335; vgl. die Prognosen bei *Ellwein,* DÖV 1972, 13.

scheidet in der Regel eine historische oder soziologische Bestandsaufnahme[47].

Zu einer staatlichen Aufgabe wird die öffentliche, wenn der Staat auf Grund einer Kompetenz kompetenzmäßige Maßnahmen ergreift, die öffentliche Aufgabe also zulässigerweise an sich zieht[48] und durch Staatsorgane oder durch vom Staat abhängige Rechtsträger[49] erledigen läßt[50].

Auf den Rechtsanwalt übertragen bedeutet dies: Mit der Zuweisung von Rechtspflegeaufgaben durch § 1 BRAO hat der Staat dem Rechtsanwalt staatliche Aufgaben zur Wahrnehmung übertragen, wenn die Ausgangsthese des BVerfG richtig ist, daß jede Rechtspflege originäre Staatsaufgabe ist[51].

Vorweg ist jedoch klarzustellen: Rechtspflege und Rechtsprechung sind nicht identisch, vielmehr stellt der Begriff Rechtspflege den Oberbegriff dar[52]. Dies zeigt ein Blick auf die Entstehungsgeschichte des Grundgesetzes: die Art. 102 - 108 der „Weimarer Verfassung" und die Art. 92 ff. des Herrenchiemseer-Entwurfes waren — obwohl materiell nur Rechtsprechung ansprechend — mit dem Begriff Rechtspflege überschrieben. Die Ersetzung dieser Überschrift durch den Begriff Rechtsprechung macht deutlich, daß die Art. 92 ff. GG nur einen Teil der Rechtspflege, eben die Rechtsprechung regeln.

---

[47] BVerfGE 12, 205 (243): „Veranstaltung von Rundfunksendungen ist *nach der deutschen Rechtsentwicklung* eine öffentliche Aufgabe"; BVerfGE 15, 46 (68): „*Gerade in Preußen* die Fürsorge für Soldaten ... als öffentliche Aufgabe"; BVerfGE 20, 162 (174): „Presse ... wirkt damit als *orientierende Kraft* in der öffentlichen Auseinandersetzung"; vgl. E 21, 245 (254).

[48] Die Frage nach der Kompetenz des Staates zur Bildung von Staatsaufgaben, die nicht mit den Art. 70 ff. GG gleichgesetzt werden darf, (Stichwort: Kompetenz-Kompetenz) ist eine der strittigsten im Gesamtproblemkreis: *Herzog*, Staatslehre, S. 148; *Krüger*, S. 761 und *Maunz*, in: Maunz / Dürig / Herzog, Art. 12 Rdn. 97 bejahen — vom Souveränitätsgedanken ausgehend — eine uneingeschränkte Kompetenz („Blankovollmacht des Staates").

Dagegen fordern eine verfassungsmäßige Kompetenz, deren Grenze letztlich der Schutz der Grundrechte zieht: *Ossenbühl*, VVDStRL 29 (1971), 154; *Günther Küchenhoff*, RdA 1960, 208; *Hans H. Klein*, DÖV 1965, 758; *Hans Peters*, Festschrift für Nipperdey (1965) II, S. 881; *Scheuner*, Gedächtnisschrift für Hans Peters (1967), S. 813; *Leisner*, AöR 93 (1968), 186; *Martens*, S. 119; *Lerche*, Rundfunkmonopol, S. 89; *Berendes*, S. 91; vgl. auch *Ernst von Hippel*, S. 242 f.

[49] Zur Abgrenzung von staatlicher Aufgabenerfüllung durch private abhängige Rechtsträger im obigen Sinne und staatlich überwachter Erfüllung öffentlicher Aufgaben durch Private, *Ossenbühl*, VVDStRL 29 (1971), 155 ff. m. w. N.

[50] BVerfGE 15, 235 (242); 20, 162 (175); 31, 314 (340); *Lieb*, S. 242. Die Suche nach weiteren *materiellen* Kriterien — *Leisner*, AöR 93 (1968), 186, der auf den Einsatz von Hoheitsgewalt abstellt — erscheint nicht erfolgversprechend; vgl. auch Art. 2 BayPOG.

[51] BVerfGE 17, 371 (376).

[52] *Bettermann*, in: Evangelisches Staatslexikon, Sp. 1721.

In der Tat sieht eine weit verbreitete Ansicht in jeglicher Rechtspflege eine Erfüllung von Staatsaufgaben[53]. Diese Auffassung ist aber schon für den Teilbereich Rechtsprechung — der zudem mit Rechtspflege meist gleichgesetzt wird — unrichtig. Schon die geschichtliche Entwicklung spricht gegen eine totale Einordnung in das Staatliche: am Anfang stand das Recht zur Selbsthilfe und der private Schiedsrichter[54]. Formen privater Rechtsprechung sind auch unter dem Justizmonopol des Staates nie gänzlich ausgelöscht worden; auch Art. 92 GG verbietet sie nicht[55]. Es gibt auch unter der Ägide des Grundgesetzes Rechtsprechung und damit Rechtspflege, die nicht staatliche Aufgabenerfüllung ist[56].

Somit erscheint der Schluß des BVerfG[57], der Notar nehme staatliche Funktionen wahr, weil er Rechtspflege übe, in dieser Allgemeinheit unrichtig. Trotz der Aussage des BVerfG besteht indessen Grund zu der Annahme, daß das BVerfG eine solche verallgemeinernde Aussage nicht treffen wollte. Es hat in dem angezogenen Urteil wenig später nämlich ausgeführt[58]: „Der Staat könnte und müßte sie[59] durch seine Behörden erfüllen, wenn er sie nicht den Notaren übertragen hätte."

Mit diesem Satz hat das BVerfG deutlich zum Ausdruck gebracht, daß es sich bei den *vom Notar* wahrgenommenen Aufgaben um staatliche Aufgaben[60] handelt, die der Staat nicht durch eigene Behörden, sondern durch von ihm delegierte Rechtsträger — eben die Notare — erledigen läßt.

Nicht allgemein die in § 1 BNotO angesprochene Rechtspflege, sondern die *spezielle Rechtspflegetätigkeit des Notars* führte zu der Annahme einer staatlichen Aufgabe. Gleichzeitig wird deutlich, daß der Notar nur insoweit staatliche Aufgaben wahrnimmt, als er Rechtspflege ausübt, die der Staat sonst durch seine Behörden erfüllen müßte[61].

---

[53] *Gerhard Anschütz*, S. 473; *Krüger*, S. 769; *von Stackelberg*, AnwBl. 1959, 190; vgl. auch BVerfGE 10, 200 (214); a. A. *Hellwig*, § 260 I; *Wertenbruch*, Rpfleger 1962, 79.

[54] *Mitteis / Lieberich*, S. 24; *Kaser*, Zivilprozeßrecht, S. 526; *Habscheid*, NJW 1962, 7.

[55] *Herzog*, in: Maunz / Dürig / Herzog, Art. 92 Rdn. 125 ff.; BAG, NJW 1968, 317.

[56] Genannt sei die Schiedsgerichtsbarkeit: *Schlosser*, in: Stein / Jonas, vor § 1025 I 5 b; *Habscheid*, KTS 1959, 113.

[57] BVerfGE 17, 371 (376).

[58] BVerfGE 17, 371 (379).

[59] Gemeint sind die Aufgaben des Notars.

[60] *Münzel*, ZZP 66 (1953), 353; BVerfGE 16, 6 (24).

[61] Daraus folgt, daß die Beratungstätigkeit gemäß § 24 BNotO keine staatliche Funktionserfüllung ist, *Habscheid*, NJW 1964, 1508; *Seybold / Hornig*, § 24 Rdn. 11; *Rupp*, Privateigentum, S. 17 Fn. 27; a. A. *Römer*, S. 17, der — unrichtig — vom Status auf die Funktion schließt: *Bachof*, Grundrechte III 1, S. 184 Fn. 115, sieht in der Rechtsberatung keine Rechtspflege.

Besagt daher nicht schon allein die Umschreibung einer Berufstätigkeit als Rechtspflege, daß eine staatliche Aufgabe wahrgenommen wird, sondern ist ganz auf die spezifische Art dieser Rechtspflegetätigkeit abzustellen, so kann kein Schluß dahin gezogen werden, § 1 BRAO bringe zum Ausdruck, daß der Rechtsanwalt eine staatliche Aufgabe erfülle. Seinem Wortlaut nach ist § 1 BRAO auf den ersten Blick neutral: Er spricht weder für noch gegen das Vorliegen staatlicher Aufgabenerfüllung.

Es gilt nun nach Kriterien zu suchen, die das Pendel in die eine oder andere Richtung ausschlagen lassen. Hat der Staat — so lautet die Frage — die anwaltliche Rechtspflegefunktion als staatliche Aufgabe an sich gezogen, kann er dies überhaupt?

1. *Ossenbühl*[62] verweist darauf, daß sich die Frage der Überlassung staatlicher Agenden nur aus dem die Tätigkeit regelnden Gesetz — also BRAO nebst den Verfahrensgesetzen — beantworten läßt. Eine demgemäße Überprüfung führt zu der Erkenntnis, daß der Gesetzgeber die Rechtspflegetätigkeit des Anwalts nicht zu einer staatlichen Aufgabe erklärt, sondern diese lediglich überwacht. Dann hat er diese Tätigkeit im Bereich des „Öffentlichen" belassen. Ein Indiz dafür bietet die Einreihung des Rechtsanwaltes in die freien Berufe (§ 2 BRAO). Eine staatliche Aufgabe kann ohne gesetzliche Überbürdung nicht einem freien Beruf überlassen werden. Eine solche Überbürdung ist in der BRAO nicht erfolgt, wie ein Vergleich zwischen BRAO und BNotO an Hand der von *Ossenbühl* aufgestellten Kriterien zeigt[63].

2. Es fehlt auch an der notwendigen Kompetenz, um die Rechtspflegetätigkeit des Anwalts zulässigerweise zu einer ausschließlich staatlichen Aufgabe zu machen:

— Fordert man eine verfassungsmäßige Kompetenz[64], so ist deren Fehlen evident; denn unsere verfassungsmäßige Betrachtung hat gezeigt, daß die Tätigkeit des Rechtsanwaltes auf einem verfahrensrechtlichen Grundrecht des Rechtssuchenden basiert und dessen Schutz dient, begrenzt durch die Bindung an den Rechtsstaat. Der Rechtsanwalt ist kein Beistand des Gerichts, er verfolgt im Strafprozeß ein der staatlichen Aufgabe „Strafverfolgung" widerstreitendes Interesse. Im Zivilprozeß übernimmt er die Interessenvertretung des einzelnen, während sich die staatliche Aufgabe als Folge des Rechtsprechungsmonopols in der Bereitstellung eines geregelten Verfahrens nebst Durchsetzung erschöpft. Im Verwaltungsrecht veranlaßt der Anwalt gerade die Über-

---

[62] VVDStRL 29 (1971), 159.

[63] Kriterien sind: Haftung (vgl. § 19 BNotO und § 51 BRAO); Verantwortlichkeit; Rechtsschutz; Aufsicht (vgl. § 92 BNotO); Weisungsbindung.

[64] Vgl. Fn. 48.

prüfung staatlichen Handelns. Solche Tätigkeiten sind keine Aufgaben, die ein Staat zulässigerweise an sich ziehen kann[65], erkennt man die Notwendigkeit eines Ausgleichs zwischen individueller Freiheit und staatlicher Souveränität an[66].

Auch Art. 74 Ziff. 1 GG gibt keine verfassungsrechtliche Kompetenz zu einer Einbeziehung in den staatlichen Bereich, weil die Art 70 ff. GG keinen Staatsaufgabenkatalog beinhalten, sondern in erster Linie einer funktionalen Verteilung von Gesetzgebungszuständigkeiten dienen. So enthält Art. 74 GG — wie seine Ziff. 11 und 12 zeigen — auch Befugnisse zur gesetzlichen Überwachung öffentlicher Aufgaben; auch wird eine Aufgabe nicht zu einer staatlichen durch die Kompetenz zur gesetzlichen Regelung der Organisation[67].

— Selbst wenn man dem staatlichen Kompetenzanspruch keine rechtlichen Grenzen entgegensetzt, sondern mit der politischen Klugheit argumentiert[68], verbietet eben diese Klugheit — ohne daß dies allerdings ein ausreichender Schutz wäre[69] —, die anwaltlichen Aufgaben zu staatlichen zu erklären, lehrt doch die Geschichte, daß eine solche Maßnahme — in Preußen 1781 gehandhabt — letztlich zum Scheitern verurteilt ist[70].

Damit führt die funktionelle Auslegung des § 1 BRAO zu einer ersten Aussage: *Der Rechtsanwalt übt nicht-staatliche Rechtspflege aus.*

3. *Offen ist die Frage, ob der Rechtsanwalt — wenn schon keine staatliche, so doch — öffentliche Aufgaben wahrnimmt.* Man könnte diese Frage als reinen Begriffsformalismus abtun, stände nicht im Hintergrund die noch ungelöste Frage — auf die noch einzugehen sein wird —, ob auch die Erfüllung öffentlicher Aufgaben zu einer „Heranführung an den öffentlichen Dienst" berechtigt[71].

Die durch § 1 BRAO erfolgte Einbeziehung in die Rechtspflege läßt deutlich werden, daß der Rechtsanwalt öffentliche Aufgaben erfüllt.

---

[65] EuGH, AnwBl. 1974, 320 ff.

[66] *Häberle,* Zur gegenwärtigen Diskussion um das Problem der Souveränität, AöR 92 (1967), 285.

[67] *Hans Peters,* Festschrift für Nipperdey (1965) II, S. 879.

[68] So vor allem *Herzog,* Staatslehre, S. 151.

[69] Wie die Diskussion um die außergerichtliche Rechtsberatung sozial Schwacher beweist, vgl. § 22 A I 3.

[70] *Lothar Müller,* S. 14.

[71] *Bejahend:* BVerfGE 17, 232 (239); *Bachof,* Grundrechte III 1, S. 185; *Rinck,* Rdn. 210; *Lerche,* Rundfunkmonopol, S. 90; *Maunz,* Staatsrecht § 21 II 2.

Ablehnend: Leisner, AöR 93 (1968), 186; *Ossenbühl,* Verwaltungsvorschriften, S. 430; *Schwerdtner,* BB 1971, 840; *Rupp,* NJW 1965, 995; *Lenz,* JZ 1963, 340; *Herzog,* in: Evangelisches Staatslexikon, Sp. 158; *Steiner,* DÖV 1970, 531.

Die funktionelle Auslegung des § 1 BRAO führt damit zu folgendem Ergebnis:

Der Rechtsanwalt nimmt in seiner Rechtspflegetätigkeit öffentliche Aufgaben wahr.

B. Der Rechtsanwalt — ein selbständig Mitwirkender bei der Versehung von Rechtspflegefunktionen: Auslegung nach dem Status

Verlagert § 1 BRAO — wie seine Gegner betonen — den Rechtsanwaltsberuf gefährlich nahe an das institutionelle Gefüge des Staates, führt er, nachdem er dem Rechtsanwalt die Erfüllung öffentlicher Aufgaben bescheinigt hat, den Beruf durch die Organstellung nahe an den öffentlichen Dienst heran[72]?

Wäre dies der Fall, dann würde die Entwicklung, die die RAO vom 1. Juli 1878 eingeleitet hat, gestoppt, wenn nicht gar rückläufig werden. Ein — skizzenhafter — Rückblick zeigt nämlich, daß der Gedanke der Freiheit der Advokatur auch nach Erlaß der RAO nur zögernd in Rechtsprechung und Literatur Fuß faßte.

Einigkeit bestand nach Erlaß der RAO, daß der Rechtsanwalt — in Abkehr von der als verfehlt erkannten preußischen Regelung[73] — kein Staatsbeamter ist[74]. Das RG betonte allerdings immer wieder die öffentlich-rechtliche Stellung des Rechtsanwaltes[75]. Die Folge blieb nicht lange aus: im Anschluß an die staatsrechtlichen Abhandlungen von *Georg Jellinek*[76] und *Paul Laband*[77] setzte sich die Auffassung durch, der Rechtsanwalt bekleide ein öffentliches Amt[78].

Den weiteren Weg auf der Berufsskala — wie sie das BVerfG[79] entworfen hat — in Richtung auf die Freiheit der Advokatur bahnte dann *Triepel*[80]. Er stufte den Rechtsanwalt als Halbbeamten und staatlich gebundenen Beruf ein; *Triepel* verstand darunter Personen,

---

[72] *Knapp*, S. 140.

[73] *Lothar Müller*, S. 14.

[74] So bereits 1885 RGZ 14, 285; OLG Colmar, GA 40 (1892), 458; vgl. auch den bis zum 1. Januar 1975 gültigen § 359 StGB.

[75] RGZ 14, 285; 19, 403; 39, 137; 55, 169; KG, DJZ 1901, 510; vgl. auch *Planck*, Civilprozeßrecht, S. 149.

[76] S. 238.

[77] (3. Auflage), S. 244.

[78] *Friedlaender*, Allgemeine Einleitung Anm. 17 (1. Auflage 1908); *Hellwig*, System § 43 c; *Kleinfeller*, S. 166; *Richard Schmidt*, S. 223; *Wach*, Handbuch, S. 607; anders *Wach*, Vorträge, S. 86; *Stein / Juncker*, § 44 III; vgl. auch den bis zum 1. StRG vom 25. Juni 1969 — BGBl. I, S. 645 — gültigen § 31 II StGB.

[79] BVerfGE 7, 377 (398).

[80] Festschrift für Karl Binding (1911) II, S. 1 ff.

„die ohne Beamte zu sein und ohne ein Amt zu haben, kraft eines besonderen Rechtsverhältnisses des öffentlichen Rechtes dem Staate oder einem Selbstverwaltungskörper für die Ausübung ihres Berufes verantwortlich sind“[81].

Seit *Triepel* ist die Entwicklung auf der Stelle getreten[82]. Ob diese Einreihung des Rechtsanwaltes seiner wahren Stellung entspricht oder ob die Organstellung ein weiteres Vordringen in Richtung auf das „freie“ Ende der Berufsskala verhindert, wird nun Gegenstand der Untersuchung sein.

I. Staatsbeamter und öffentliches Amt

Einigkeit besteht heute, daß der Rechtsanwalt weder Staatsbeamter[83] noch Inhaber eines öffentlichen Amtes[84] ist; es fehlen dafür bereits die begrifflichen Voraussetzungen. Vom Begriff „Organ der Rechtspflege“ kann daher keine Gefahr drohen, kann er doch nicht diese fehlenden Erfordernisse ersetzen oder überspringen.

1. Setzt die *Beamteneigenschaft* ein öffentlich-rechtliches Dienst- und Treueverhältnis zum Dienstherrn[85], die Verleihung eines Amtes, die Ernennung durch Staatshoheitsakt[86] voraus, so springt sofort ins Auge, daß der Rechtsanwalt keine dieser Voraussetzungen erfüllt[87]. § 14 I Ziff. 6 BRAO zeigt überdies deutlich die Unvereinbarkeit einer Beamteneigenschaft mit dem Beruf des Rechtsanwaltes[88].

2. Ist für den Begriff des *öffentlichen Amtes* kennzeichnend die Wahrnehmung staatlicher Zuständigkeiten, die Amtswalterschaft eines Menschen und ein Rechtsverhältnis zwischen Amtswalter und Amtsträger[89], so läßt der Rechtsanwalt sich hier ebenfalls nicht einfügen, hat doch die funktionelle

---

[81] Festschrift für Karl Binding (1911) II, S. 66; ihm folgend *Friedlaender*, Allgemeine Einl. Rdn. 9; *Walter Jellinek*, S. 346.

[82] BVerfGE 38, 105 (119), bezeichnet den Rechtsanwalt als „staatlich gebundenen Vertrauensberuf“.

[83] *Habscheid*, NJW 1962, 1988; BGH, NJW 1971, 1180; NJW 1972, 259; BadWürtt. VGH, NJW 1950, 837 ff.; vgl. auch BGH, NJW 1968, 839.

[84] BVerfGE 17, 371 (380); BayVfGH 4, 30 (48); *Hans J. Wolff*, Verwaltungsrecht II § 94 I a) 2; vgl. auch BVerwGE 2, 153; 6, 16; *Natter*, DRZ 1946, 46; *Fischer*, MDR 1948, 467. A. A. infolge ihres sehr weit gefaßten Amtsbegriffes *von Mangoldt / Klein*, Art. 33 Anm. IV 4. Aussagen wie „amtsähnlich“ (*Schönke / Kuchinke*, § 19 I; BVerfGE 38, 105 [119]), „Beamten angenähert“ (*Rosenberg / Schwab*, § 29 II 1), „beamtenähnlich“ (*Lent / Jauernig*, § 16 II) sollten als nichtssagend und für die Freiheit der Advokatur obendrein gefährlich aufgegeben werden.

[85] Vgl. § 2 I BBG; § 2 I BRRG; Art. 2 BayBG.

[86] Die gesetzliche Definition ist unvollständig, *Fischbach*, § 2 I: „Beamter im staatsrechtlichen Sinne ist, wer durch einen staatlichen Hoheitsakt zur Ausübung einer ständigen Tätigkeit im Bereich der öffentlichen Verwaltung (Amt) berufen worden ist.“

[87] §§ 7 Ziff. 10, 47 BRAO.

[88] BGH, NJW 1972, 259.

[89] *Hans J. Wolff*, Verwaltungsrecht II § 73 III 2, 3; *Maunz*, in: Maunz / Dürig / Herzog, Art. 33 Rdn. 12; *Ule*, Grundrechte IV 2, S. 545; *Krüger*, S. 318.

Auslegung ergeben, daß der Rechtsanwalt keine staatlichen Zuständigkeiten wahrnimmt[90]. § 1 BRAO konnte und wollte diese seit langem anerkannte Definition nicht aus den Angeln heben[91].

Dem Gesetzgeber wird dies nur langsam bewußt: Nachdem § 31 II StGB, der von einer öffentlichen Amtsstellung des Rechtsanwaltes jedenfalls für den Bereich des Strafrechts ausging, durch das 1. StRG vom 25. Juni 1969[92] außer Kraft trat, hat der Gesetzgeber das — soweit ersichtlich — letzte Relikt, das auf eine Amtsstellung des Rechtsanwaltes hindeutete, nämlich § 356 StGB („in amtlicher Eigenschaft") in der Fassung des StGB vom 2. Januar 1975 beseitigt, nachdem bereits vor 68 Jahren kein geringerer als *von Liszt*[93] an dieser Formulierung Anstoß genommen hatte.

II. Staatlich gebundener Beruf

Die heute h. A. rechnet den Rechtsanwalt zu den staatlich gebundenen Berufen[94]. Ungeachtet der noch nicht gelungenen begrifflichen Klärung dieses Berufsbegriffs[95] führt die Einreihung des Rechtsanwaltes in diese Berufskategorie zu einer Gefährdung seiner Berufsfreiheit; denn nach wohl noch h. A. sind unter Berufung auf die Ausübung eines staatlich gebundenen Berufes in Anlehnung an Art. 33 GG Sonderregelungen möglich, die das Grundrecht der Berufsfreiheit zurückdrängen[96].

---

[90] Auch bei Anerkennung eines außerdienstlichen öffentlichen Amtes bleibt die Wahrnehmung staatlicher Aufgaben Voraussetzung, *Leisner*, AöR 93 (1968), 183.

[91] *Gerhard Anschütz*, S. 587; *Laband*, (5. Auflage) I, S. 365, 431; *Zorn*, S. 287.

[92] Erstes Gesetz zur Reform des Strafrechts, BGBl. I, S. 645.

[93] S. 585; die sogenannten Robenentscheidungen des BVerfG (E 26, 14; 28, 21; 34, 138), die von einer „Amtstracht" sprechen, mögen zwar geschichtlich verständlich sein, sind aber begriffliche Fehlleistungen.

[94] BVerfGE 38, 105 (119); *Nikisch*, § 36 I 2; *Reuß*, NJW 1955, 1533; *Bachof*, Grundrechte III 1, S. 184; *Rupp*, Privateigentum, S. 16 Fn. 27; *Römer*, S. 47; *Hoffmann*, DVBl. 1964, 458; *Burger*, S. 50; *Mang / Maunz / Mayer / Obermayer*, S. 720; *Rinck*, Rdn. 211; *Hans J. Wolff*, Verwaltungsrecht II § 94 I a) 2. A. A. *Krämer*, NJW 1975, 852; wohl auch *Leisner*, AöR 93 (1968), 197, weil er im Bereich der staatlichen Bindung die Erfüllung staatlicher Aufgaben fordert.

[95] Eine Auffassung sieht im staatlich gebundenen Beruf einen freien Beruf: *Bachof*, Grundrechte III 1, S. 185; *Badura*, S. 257; *Fleischmann*, S. 126. Die Gegenmeinung zieht eine klare Trennungslinie: BVerfGE 7, 377 (398) — wie sich BVerfGE 38, 105 (119) hier einfügt, bleibt abzuwarten —; BVerwGE 4, 250; *Maunz*, in: Maunz / Dürig / Herzog, Art. 12 Rdn. 96; *Hesse*, Grundzüge, § 12 I 9 a; *Becker*, NJW 1955, 1738; *Krämer*, NJW 1975, 851.

[96] Grundlegend BVerfGE 7, 377 (398); 16, 6 (22); BGHZ 37, 176; BVerwGE 2, 86; *Bachof*, Grundrechte III 1, S. 185; *Hamel*, S. 62 ff.; *Maunz*, Staatsrecht § 21 II 2; *Hesse*, Grundzüge, § 12 I 9 a Fn. 55; *Werner*, DVBl. 1955, 563; *Reuß*, NJW 1955, 1533; *Rings*, NJW 1957, 657; *Scholtissek*, Festgabe für Günther Küchenhoff (1967), S. 205; *Rinck*, Rdn. 210.
Kritisch: *Maunz*, in: Maunz / Dürig / Herzog, Art. 12 Rdn. 95; *Rupp*, NJW 1965, 995 ff.; *ders.*, AöR 92 (1967), 223; *Scheuner*, DVBl. 1958, 847; *Thieme*, JZ 1961, 280; *Weissauer / Poellinger*, S. 12; *Leisner*, JuS 1962, 465; *ders.*, AöR 93 (1968), 197; *Hoffmann*, DVBl. 1964, 462; *Steiner*, DÖV 1970, 531; *Martens*, S. 106.

Es kann keinem Zweifel unterliegen, daß die sich um den Begriff des staatlich gebundenen Berufes rankende Problematik ihre deutliche Parallele in der Aufgabenlehre findet: Sowohl die Funktion „Erfüllung öffentlicher Aufgaben" als auch der Status „staatlich gebundener Beruf", führen nach h. A. zum selben Ergebnis, zur Einschränkung der Berufsfreiheit. Daß eine Identität der Probleme bestehen *muß*, wird deutlich, wenn man sich vor Augen führt, daß die berufsrechtliche, die Status-Aussage Folge der funktionellen Aussage ist, die im Begriff des staatlich gebundenen Berufs zum Ausdruck gekommene Rechtsaussage nichts anderes sein kann als die statusmäßige Umpolung der gewonnenen funktionellen Aussage. Es müßten dann die Begriffe öffentliche Aufgabe und staatlich gebundener Beruf insoweit deckungsgleich sein.

Die bereits erwähnte Heranführungslehre des BVerfG scheint diese Deckung herbeizuführen. Ergänzen wir die im Notarbeschluß[97] aufgestellten Stufen um die berufsmäßige Aussage und wenden sie auf den Rechtsanwalt an, so ergibt sich folgendes Bild:

1. Der Rechtsanwalt nimmt öffentliche Aufgaben wahr[98].
2. Die Wahrnehmung öffentlicher Aufgaben berechtigt den Gesetzgeber, den Beruf des Rechtsanwaltes an den öffentlichen Dienst heranzuführen (Heranführungslehre)[99].
3. Diese Heranführung ist durch die BRAO erfolgt[100].
4. Berufsrechtlich wird diese Heranführung als staatlich gebundener Beruf bezeichnet.
5. Je näher diese Heranführung im einzelnen erfolgt ist, desto eher sind in Anlehnung an Art. 33 GG Sonderregelungen möglich, die Art. 12 GG zurückdrängen.

Trotz ihrer Konsequenz ist die Heranführungslehre aber abzulehnen:

— Die Heranführungslehre führt zu einer verfassungswidrigen Verfälschung der Grundrechtsordnung. Nach ihr kann der — einfache — Gesetzgeber durch ein bestimmtes Berufsgesetz, das den zu regelnden „privaten" Beruf — vorausgesetzt, dieser erfüllt eine öffentliche Aufgabe[101] — nahe an den öffentlichen Dienst heranführt, Art. 12 GG

---

[97] BVerfGE 17, 371.

[98] Zu diesem Ergebnis § 15 A.

[99] Vgl. BVerfGE 16, 6 (22); 17, 371 (377 ff.); speziell für den Rechtsanwalt hat das BVerfG dieses Bild noch nicht entwickelt.

[100] Beliebter Hinweis ist die Parallele zum Beamtenrecht, *Knapp*, S. 129; im einzelnen wird verwiesen auf: § 26 BRAO — § 58 BBG; § 27 BRAO — § 74 BBG; § 43 BRAO — § 54 BBG; § 113 ff. BRAO — § 5 ff. BDO.

[101] Erfüllt er eine staatliche, taucht das Problem der Beleihung auf; vgl. dazu die Berichte und Diskussionen in VVDStRL 29 (1971), 137 ff.

unterlaufen, anstatt daß dieses Berufsgesetz gerade an Art. 12 GG gemessen wird[102]. Damit tritt eine Bedeutungsverschiebung der Grundrechte ein:

— Die Heranführungslehre wird der Bedeutung des Grundrechts der Berufsfreiheit nicht gerecht. Die in der „Stufentheorie" des BVerfG[103] zum Ausdruck gekommene Wertung dieses Grundrechts besteht in der Konfliktslösung zwischen der Individualsphäre des Gemeinschaftswesens „Mensch" und dem Interesse der Gemeinschaft an der Reglementierung der Tätigkeit des einzelnen[104]. Diesen Ausgleich bewirkt der Verhältnismäßigkeitsgrundsatz. Bei Anwendung der Heranführungslehre verschiebt sich der — über den Grundsatz der Verhältnismäßigkeit zu gewinnende — Interessenausgleich von vorneherein zu Lasten der Freiheit des einzelnen, so daß insoweit ein Interessenausgleich nicht mehr stattfindet.

— Die Heranführungslehre ist auch methodisch verfehlt[105]. Die Fronten sind klar abgesteckt: Art. 12 I GG erfaßt den nicht von Art. 33 GG

— als *lex specialis* — umfaßten Raum; von einer Lücke kann keine Rede sein. Es besteht kein grundrechtsfreies Feld, das mit Hilfe einer Analogie oder extensiven Auslegung fruchtbar gemacht werden müßte.

Vielmehr ist unmißverständlich festzustellen: *Auch Berufe, die öffentliche Aufgaben wahrnehmen, unterfallen dem Regime des Art. 12 I GG;* ihre Berufsgesetze sind ausschließlich an Art. 12 I GG zu messen.

III. Freier Beruf

Dieses Ergebnis führt notwendigerweise zu einer Überprüfung der von der h. A. vorgenommenen Einordnung des Rechtsanwaltes in die Kategorie des staatlich gebundenen Berufes.

Mit der Ablehnung der Heranführungslehre wird die verfassungsrechtliche Bedeutung des Begriffes „staatlich gebundener Beruf" — Möglichkeit von Sonderregelungen in Anlehnung an Art. 33 GG unter Zurückdrängung von Art. 12 I GG — hinfällig; der Begriff staatlich gebundener Beruf wird zu einem rein soziologischen Gebilde[106].

---

[102] Auf die Kritik von *Rupp*, NJW 1965, 995 ff.; *ders.*, AöR 92 (1967), 212 ff.; *Leisner*, AöR 93 (1968), 181 ff., ist bereits hingewiesen worden.

[103] BVerfGE 7, 377.

[104] BVerfGE 30, 292 (315).

[105] Vgl. *Burger*, S. 110 ff.

[106] Vgl. BVerfGE 10, 354 (364); wenn es dort den Begriff „freien Beruf" als rein soziologischen Begriff kennzeichnet, so steht dem die eigene — frühere und spätere — Rechtsprechung entgegen (E 7, 377 [398]; 17, 232 [239]; 17, 371 [377]), wonach an den Begriff „Freier Beruf" bestimmte verfassungsrechtliche Folgen — Schutz durch Art. 12 I GG im Gegensatz zum

Daher sollte der Begriff — jedenfalls für den Rechtsanwalt — fallengelassen werden. Er steht im Gegensatz zu § 2 I BRAO, wonach der Rechtsanwalt *einen freien Beruf* ausübt. Wer allerdings den staatlich gebundenen Beruf zu den freien Berufen rechnet[107], vermeidet zwar diesen Gegensatz; aber auch dann sollte der Rechtsanwalt nicht als staatlich gebundener Beruf gekennzeichnet werden, weil damit die Gewichte falsch gesetzt werden; denn nicht die staatliche Bindung ist für den Anwalt das entscheidende Kriterium, sondern die Freiheit des Berufes.

Die Bedeutung des § 1 BRAO liegt in folgendem: § 1 BRAO baut den Rechtsanwalt in das Gesamtgefüge der Rechtspflege ein, unterstellt ihn den Zielen der Rechtspflege. Damit unterliegt der Beruf des Rechtsanwaltes im Interesse dieser Rechtspflege Auflagen und Beschränkungen — wie er auch Vorrechte erhält —, die den Zielen einer rechtsstaatlichen Rechtspflege dienen:

§ 1 BRAO schränkt damit von vorneherein die Aussage des § 2 I BRAO ein; er gibt aber dem Rechtsanwalt nicht einen qualitativ anderen Status: der Rechtsanwaltsberuf bleibt ein freier Beruf — § 1 BRAO setzt sich nicht in Gegensatz zu § 2 BRAO —, unterliegt jedoch im Interesse einer rechtsstaatlichen Rechtspflege Auflagen und Beschränkungen. Damit setzt § 1 BRAO die funktionelle Aussage statusrechtlich um: wer öffentliche Aufgaben erfüllt, unterliegt — berufsrechtlich — öffentlich-rechtlichen Beschränkungen. Das BVerfG hat diese Berufe treffend als freie Berufe mit öffentlich-rechtlichen Auflagen gekennzeichnet[108]. Diese Bezeichnung sollte für den Rechtsanwalt den Begriff des staatlich gebundenen Berufes ablösen; denn einmal ist er — im Gegensatz zum staatlich gebundenen — Beruf als Gesetzesbegriff bekannt (§ 2 I BRAO), zum anderen betont er — im Gegensatz zum staatlich gebundenen Beruf — die grundsätzliche Gültigkeit des Art. 12 I GG, der als Ausdruck allgemeiner Berufsfreiheit hier die Freiheit der Advokatur schützt.

Zusammenfassung

An dieser einschränkenden[109], nicht verändernden Funktion des § 1 BRAO Anstoß zu nehmen, besteht kein Anlaß. § 1 BRAO erfüllt seinen gesetzgeberischen Zweck: umfassende Wiedergabe der Stellung des

---

staatlich gebundenen Beruf — geknüpft werden; vgl. auch *Rittner*, S. 20 ff.; *Krämer*, NJW 1975, 852.

107 Vgl. Fn. 95.

108 BVerfGE 7, 377 (398).

109 *Schönke / Kuchinke*, § 19 I; *Kalsbach*, BRAO § 1 Anm. 1, sprechen von einer „Begrenzungsfunktion"; *Dahs*, AnwBl. 1959, 178; *Schuppich*, Festschrift „Hundert Jahre österreichische Strafprozeßordnung 1873 - 1973", S. 203.

Rechtsanwaltes im Rechtsleben[110]. *Der Widerstreit zwischen den §§ 1 und 2 BRAO kennzeichnet exakt den Dualismus im Beruf des Rechtsanwaltes, wie er die ganze Geschichte dieses Berufes durchzogen und wie ihn die verfassungsmäßige Herleitung aufgedeckt hat;* die §§ 2 und 3 BRAO sind Ausfluß und berufsspezifische Wiedergabe der verfassungsrechtlichen Erkenntnis:

In dem freien Beruf ist der Rechtsanwalt der Verfechter der Parteiinteressen, der Streiter für die Partei.

§ 1 BRAO weist dagegen auf die *andere Seite des Rechtsanwaltsberufes hin:* Im Rechtsstaat muß der Rechtsanwalt diesen mitsichern helfen, er ist Streiter für eine *rechtsstaatliche Rechtspflege.* Er erfüllt eine öffentliche Aufgabe und unterliegt um der rechtsstaatlichen Ziele willen Auflagen und Beschränkungen — wie er auch Rechte erhält.

§ 16 Einbau des Rechtsanwaltes in die Rechtspflege

Gegenüber der ursprünglich vorgesehenen Formulierung „an der Rechtspflege mitzuwirken" hat § 1 BRAO noch eine Bedeutung, auf die *Habscheid*[111] hingewiesen hat: es ist dies der *Einbau in die Rechtspflege.*

§ 1 BRAO macht deutlich, daß der Rechtsanwalt nicht als Außenstehender an der Rechtspflege teilnimmt, sondern daß er in die Rechtspflege einbezogen ist. Dies bedeutet in der Tat eine Hebung[112] und eine geschichtliche Rückbesinnung.

A. *Die Hebung des Rechtsanwaltes durch Einbeziehung in die Rechtspflege* liegt in der Gleichstellung mit den anderen Organen der Rechtspflege. § 1 BRAO sollte daher nicht — *schon gar nicht von anwaltlicher Seite*— bekämpft werden, bietet er doch die Chance, neben dem von Rechtsprechung und auch dem Gesetzgeber einseitig betonten Pflichtengebäude[113] auch unmißverständlich auf Rechte des Organs Rechtsanwalt hinzuweisen und diese durchzusetzen. Nicht Resignation oder Kampf gegen § 1 BRAO, sondern Verwirklichung der in § 1 BRAO zum Ausdruck gekommenen Rechtsstellung ist das, was not tut[114]!

B. *Die geschichtliche Rückbesinnung* liegt darin, daß § 1 BRAO den Rechtsanwalt wieder in den großen Rahmen der Gerichtsverfassung einbaut, wie es auch die Absicht des Reichsgesetzgebers war; es war nämlich ursprünglich beabsichtigt, im GVG einen Titel IX über Rechts-

---

[110] BTDrucks. 3/778.

[111] NJW 1962, 1985 ff.

[112] *Habscheid,* NJW 1962, 1987; dagegen *Skouris,* BB 1975, 1231.

[113] *Kalsbach,* BRAO § 1 Anm. 2.

[114] Vgl. für Österreich die Forderung *Jahoda's,* JBl. 90 (1968), 283 f.

anwälte aufzunehmen. Dies scheiterte letztlich daran, daß der Bundesrat ein einheitliches Anwaltsgesetz erstrebte, ein solches aber wegen der großen Verschiedenheiten in den einzelnen Ländern[115] nicht so schnell zu realisieren war. Die „Sonderbehandlung", die die Rechtsanwälte daraufhin durch ein — erstes — eigenes Statusgesetz erhielten, beruht daher lediglich auf *praktischen* Erwägungen, nicht sollte damit eine Sonder- oder gar Außenseiterstellung im Bereich der Gerichtsverfassung festgelegt werden.

Das GVG war und ist das Organisationsgesetz; BRAO, BNotO, DRiG und RPflG sind Personal- oder Statusgesetze, die mit dem GVG in enger Wechselbeziehung stehen[116]. Denn eine bestimmte Gerichtsverfassung verlangt bestimmte, auf sie abgestimmte Richter, Rechtsanwälte, Notare, Staatsanwälte und Rechtspfleger. Der Zusammenhang ist evident: Sagt das Verfahrensrecht, *wie* zu verfahren ist und das Gerichtsverfassungsrecht, *wer* zu verfahren hat[117], so trifft das Statusgesetz eine Aussage über die Beschaffenheit des *wer*. All dies muß sich entsprechen: Eine unabhängige Funktion erfordert einen unabhängigen Status, unabhängige Rechtspflege ist ohne unabhängige Rechtspflegeorgane nicht denkbar.

Daraus erhellt, daß Funktion, Organisation und Status sich in ihren Grundlagen entsprechen müssen; daraus folgt aber, daß Funktions-, Organisations- und Statusgesetze in ihren Grundaussagen gleich sein müssen.

Diese Erkenntnis ermöglicht, die Probleme des Rechtsanwaltsberufes nicht isoliert zu sehen, sondern sie in den großen Zusammenhang der Rechtspflege zu stellen.

---

[115] Eindrucksvoll die Zusammenstellung in JW 1878, 33 ff., insbesondere 71 ff.

[116] *von der Heydte*, Gedächtnisschrift für Walter Jellinek (1955), S. 494.

[117] Das Gerichtsverfassungsrecht legt darüber hinaus die charakteristischen Strukturen der Rechtsprechung — und der Rechtspflege — fest, *Kern / Wolf*, § 1 I 1 c.

Vierter Abschnitt

Die Unabhängigkeit des Rechtsanwaltes und ihre Auswirkungen

§ 17 Die Unabhängigkeit des Rechtsanwaltes als Teilproblem der Unabhängigkeit der Rechtspflege

A. Die Unabhängigkeit der Rechtspflegeorgane

§ 1 BRAO bezeichnet den Rechtsanwalt als *unabhängiges* Organ der Rechtspflege. Zu Recht ist in dieser Aussage, zu der noch die in § 2 BRAO normierte Freiberuflichkeit tritt, die *Magna Charta*[1] des Rechtsanwaltes gesehen worden. Trotz dieser Bedeutung des § 1 BRAO stellt sich die Frage, ob eine isolierte Betrachtung der Unabhängigkeit die Schau der Dinge nicht verkürzt, ist es doch bemerkenswert, daß *allen Rechtspflegeorganen*[2] von Gesetzes wegen eine mehr oder minder gewichtige Unabhängigkeit eingeräumt ist.

Diese auffällige Erscheinung legt die Frage nahe, ob sich nicht alle Unabhängigkeitsdeklarationen auf ein gemeinsames Grundprinzip zurückführen lassen. Da es sich bei diesen — die Unabhängigkeit postulierenden — Gesetzen um Personalgesetze handelt, drängt es sich auf, im ihnen gemeinsamen Organisationsgesetz, dem GVG, eine Lösung zu suchen; da das GVG — im weiteren Sinne — selbst wiederum Teil des Verfassungsrechts ist[3], könnte die Verfassung die Lösung mitenthalten. Das Grundgesetz fordert jedoch nur die Unabhängigkeit des Richters; diese sei daher an die Spitze der Untersuchung gestellt und dann der Frage nachgegangen, ob dieser verfassungsrechtlich abgesicherten Unabhängigkeit tragende Grundsätze innewohnen, die Rückschlüsse auf Notwendigkeit und Inhalt der Unabhängigkeit anderer Rechtspflegeorgane zulassen.

[1] *Habscheid*, NJW 1962, 1989.

[2] Für den Richter Art. 97 GG, §§ 1 GVG, 25 DRiG; für den Rechtspfleger § 9 RPflG; für den Notar § 1 BNotO; für den Rechtsanwalt § 1 BRAO; für den Staatsanwalt § 150 GVG, s. aber §§ 146, 147 GVG; für den Gerichtsvollzieher § 155 GVG; vgl. auch §§ 191 GVG, 74 StPO, 406 ZPO. Bemerkenswert auch der Versuch früherer Autoren, über eine analoge Anwendung des § 1 GVG zu einer Unabhängigkeit aller Gerichtspersonen zu gelangen, *Doerr*, RheinZ 3 (1911), 439 Fn. 15 m. w. N.

[3] *Kern / Wolf*, § 1 I 1 b.

I. Die Unabhängigkeit des Richters

Die Erkenntnis, daß der Unabhängigkeit des Richters in einem Rechtsstaat essentielle Bedeutung zukommt[4], ruht im wesentlichen auf drei Säulen: der Gewaltenteilung (1), dem Wesen (2) und den Zielen (3) der Rechtsprechung.

1. Unabhängigkeit und Gewaltenteilung

Richterliche Unabhängigkeit — verstanden als Unabhängigkeit vom „Staat" — ist eine denkgesetzliche Folge des Grundsatzes der Gewaltenteilung, einem der maßgebenden Ordnungsprinzipien unseres Grundgesetzes, der in Art. 20 II GG seinen — wenn auch unvollkommenen[5] — Niederschlag gefunden hat. Wenn Art. 20 II Satz 2 GG bestimmt, daß die Staatsgewalt durch besondere Organe der Gesetzgebung, der vollziehenden Gewalt und der Rechtsprechung ausgeübt wird, letztere Art. 92 GG den Richtern anvertraut, so folgt daraus die Unabhängigkeit des Staatsorgans Richter von den anderen Staatsgewalten[6].

2. Unabhängigkeit und Wesen der Rechtsprechung

Ungeachtet der verschiedenartigen Versuche[7], den Begriff Rechtsprechung zu erfassen, stößt die Feststellung nicht auf Widerspruch, daß dem Begriff Rechtsprechung die Entscheidung durch einen nichtbeteiligten Dritten wesentlich ist[8]. Die Unabhängigkeit des Richters — zumindest seine Parteiunabhängigkeit[9] — entpuppt sich somit als Folge[10] des Begriffes Rechtsprechung, ist diesem Begriff immanent.

---

[4] *Eichenberger*, S. 56 ff.; *Adolf Arndt*, Das Bild des Richters, S. 16; *Höpler*, Festschrift der österreichischen Richterzeitung zum österreichischen Richtertag (1927), S. 15.

[5] *Hesse*, Grundzüge, § 13 I 1.

[6] *Bettermann*, Grundrechte III 2, S. 529; *Radbruch / Zweigert*, S. 155; *Eberhard Schmidt*, StPO I Rdn. 460; *Herzog*, in: Maunz / Dürig / Herzog, Art. 92 Rdn. 75; *Eichenberger*, S. 64 ff.; *Dahs*, NJW 1949, 688; *Scheuner*, DÖV 1953, 520; *Bachof*, Richtermacht, S. 32; *Maurach*, Unabhängigkeit, S. 6; *Schmidt-Räntsch*, Einl. IV 6; *Erwin Stein*, NJW 1964, 1745; *Walter*, ÖRZ 1965, 174 ff.; *Merle / Vitu*, Nr. 1316.

[7] *Thoma*, Handbuch II, S. 127 ff.; *Bötticher*, ZZP 51 (1926), 208; *Friesenhahn*, Festschrift für Thoma (1950), S. 27; *Bettermann*, Gedächtnisschrift für Walter Jellinek (1955), S. 372 ff.; *Adolf Arndt*, Festgabe für Carlo Schmid (1962), S. 15; *Eichenberger*, S. 6 ff.

[8] *Friesenhahn*, Festschrift für Thoma (1950), S. 27; *Bettermann*, Grundrechte III 2, S. 526; *Eichenberger*, S. 12; *Habscheid*, FG § 4 IV 2; *Geiger*, Ehrengabe für Heusinger (1968), S. 54; *Kleinrahm*, Rpfleger 1952, 6; BVerfGE 3, 377 (381); 4, 331 (346).

[9] *Bettermann*, Grundrechte III 2, S. 530; weitergehend *Eichenberger*, S. 23.

[10] Daraus hat sich eine „Magnetwirkung", eine Rechtsprechung kraft Herkommens entwickelt, *Habscheid*, FG § 5 II 3.

3. Unabhängigkeit und Ziel der Rechtsprechung

Die bisher aufgezeigten Kriterien haben nur spezifische Unabhängigkeiten aufgezeigt: Aus der Gewaltenteilung entsprang die Staats-, aus dem Wesen der Rechtsprechung die Parteiunabhängigkeit.

Aufgabe der Gerichte im sozialen Rechtsstaat ist neben dem individuellen Rechtsschutz in verstärktem Maße die soziale Konfliktslösung geworden[11]. Auch diese soziale Komponente steht unter dem rechtsstaatlichen Ziel der wahren und gerechten Entscheidung. Nur der unabhängige Richter ist der Garant für eine sozial- und rechtsstaatliche Rechtsprechung; denn nur die „optimale Distanz“[12] befähigt ihn, unabhängig von verfälschenden Einflüssen, abhängig nur vom Gesetz, die sachlich richtige Entscheidung zu treffen, jedem das Seine zuzusprechen[13] und — im Strafverfahren — Interessen des Staates und Freiheitsstreben des einzelnen zum Ausgleich zu bringen. Abhängigkeiten vermindern diese „optimale Distanz“ und führen zu — von der Willensrichtung des die Abhängigkeit Bedingenden — abhängigen und damit sachwidrigen Entscheidungen: Der Richter wird vor den Karren bestimmter Richtungen gespannt, er wird abhängig, parteiisch, ungerecht. Gleiches gilt für seine Funktion und deren Produkt, das Urteil. Ist aber in einem Rechtsstaat Wahrheit und Gerechtigkeit die Sache der Justiz[14], muß der Richter von Abhängigkeiten wegen ihrer Auswirkungen auf seine Entscheidung freigemacht werden.

Gegenüber Eingriffen[15] stellt die richterliche Unabhängigkeit ein Bollwerk dar, das sachfremden Druck auf den Richter verhindern will, der das Ziel rechtsstaatlicher Rechtsprechung gefährden könnte.

Gegenüber gesellschaftlichen Einflüssen auf die richterliche Willensbildung ist richterliche Unabhängigkeit weitgehend machtlos; denn der Richter hat seinen Platz innerhalb einer Gesellschaft, in der er aufgewachsen ist und die ihn prägt. Richterliche Unabhängigkeit will und kann den Menschen „Richter“ nicht aus seiner Umwelt herausreißen, ihn isolieren und in steriler Abgeschlossenheit urteilen lassen. Gleichwohl besteht die Gefahr, daß subjektive Wertungen zu sachwidrigen Entscheidungen führen. Um solche aus der Gesellschaftsbezogenheit resultierende sachwidrige — bewußte oder unbewußte — Wertungen einzudämmen, unterwirft der Rechtsstaat den Richter dem Gesetz[16].

---

[11] *Habscheid*, Festskrift till Per Olof Ekelöf (1972), S. 283 ff.

[12] *Eichenberger*, S. 60.

[13] *Gaul*, AcP 168 (1968), 49.

[14] *Eberhard Schmidt*, Die Sache der Justiz, S. 11.

[15] Vgl. den materiellen Typisierungsversuch von *Eichenberger*, S. 38 ff.

[16] An dieser „dialektischen Natur“ richterlicher Unabhängigkeit hat sich eine Kontroverse um die Standortbestimmung des Richters entzündet, die

Unabhängigkeit in Abhängigkeit vom Gesetz sind rechtsstaatliche Erfordernisse um des rechtsstaatlichen Zieles der Rechtsprechung willen. Einem auch vom Gesetz unabhängigen Richter würde die demokratische Legitimation fehlen, Rechtssicherheit und Rechtsstaat wären aufs ernste gefährdet. Die rechtsstaatliche Auffassung vom Ziel einer jeden Rechtsprechung trägt letztlich die Forderung nach richterlicher Unabhängigkeit.

II. Die Unabhängigkeit des Rechtspflegers

Die Notwendigkeit einer Unabhängigkeit des Rechtspflegers läßt sich dann aus den beim Richter aufgezeigten Gründen rechtfertigen, wenn man den Rechtspfleger zur rechtsprechenden Gewalt zählt. Selbst wer sich aus formalen Gründen weigert, die Funktion des Rechtspflegers als Wahrnehmung von Rechtsprechungsaufgaben zu bezeichnen — weil er unter Rechtsprechung nur Streitentscheidung versteht —, den muß ein Blick auf die dem Rechtspfleger übertragenen Aufgaben überzeugen, daß die Tätigkeit des Rechtspflegers an materiellem Gewicht der des Richters nicht nachsteht. Zumindest eine historische Betrachtungsweise lehrt, daß diese Tätigkeiten des Rechtspflegers zur Rechtsprechung gezählt werden oder aber jedenfalls als Rechtspflegeakte zu kennzeichnen sind, die im „Spannungsfeld der Rechtsprechung" stehen, Rechtsprechung im weiteren Sinn darstellen[17]. Übt der Rechtspfleger somit rechtsprechende Funktionen aus, so erzwingen die beim Richter aufgedeckten Gründe, daß er unabhängig entscheidet. Zwischen richterlicher und rechtspflegerischer Unabhängigkeit besteht demnach kein Wesensunterschied.

§ 9 RPflG bezeichnet aber den Rechtspfleger als selbständig und nicht als unabhängig. Dieser scheinbare Widerspruch löst sich dann auf, wenn man erkennt, daß Selbständigkeit sachliche Unabhängigkeit bedeutet[18]. Die nicht voll ausgebaute persönliche Unabhängigkeit spricht nicht gegen die hier vertretene These, zumal da persönliche Unabhängigkeit nicht Inhalt, sondern nur Sicherung der — sachlichen — Unabhängigkeit ist[19].

---

durch die Schlagworte „Gesetzespriester — Sozialingenieur" gekennzeichnet ist; vgl. *Rasehorn,* JZ 1970, 735; *ders.,* NJW 1970, 1167; *dagegen: Habscheid,* Festskrift till Per Olof Ekelöf (1972), S. 283 ff.; *Rupp,* NJW 1973, 1769; *Bender,* ZRP 1974, 237.

[17] *Habscheid,* FG § 5 III; *ders.,* Rpfleger 1968, 238; *ders.,* RpflBl. 1974, 39 ff.; einschränkend *Wertenbruch,* Rpfleger, 1962, 79 ff.

[18] *Arnold / Meyer-Stolte,* 9. 2; *Habscheid,* Rpfleger 1968, 240; *Marquordt,* Rpfleger 1970, 4.

[19] *Kleinrahm,* Rpfleger 1952, 7; *Schlegelberger,* Rpfleger 1957, 135; *Schorn,* Rpfleger 1957, 268; a. A. *Strauß,* Rpfleger 1957, 34.

III. Die Unabhängigkeit des Notars

Ließ sich beim Rechtspfleger eine Verbindung zum Richter noch ziehen, tritt eine solche zwischen Notar und Richter nicht so offen zu Tage. Der Notar übt keine Recht*sprechung*, sondern vorsorgende Rechts*pflege* aus. Weder Gewaltenteilung noch Wesen der Rechtsprechung können somit seine Unabhängigkeit fordern. Dennoch: Richter und Notar streben das gleiche Ziel auf verschiedenen Ebenen an; beide Funktionen sind auf Wahrung und Sicherung der Rechtsstaatlichkeit ausgerichtet. Die Tätigkeit des Notars ist der des Richters vorgelagert, sie will ein Tätigwerden des Richters als *ultima ratio* zur Wahrung der Rechtsstaatlichkeit dadurch unnötig machen, daß sie selbst rechtsstaatliche Zustände herbeiführt. Verhinderung des pathologischen Falles[20], den der Richter sonst zu heilen hätte, ist das Bestreben des Notars. Die Rechtspflegeaufgaben des Notars liegen daher im „Vorfeld der Rechtsprechung", der Notar setzt Rechtspflegeakte, die auf die gleichen Intentionen wie die Rechtsprechung ausgerichtet sind. Daher muß auch der Notar aus der Distanz seine Entscheidungen treffen, er muß unabhängig gleich dem Richter sein[21]. Es ist letzten Endes der Rechtsstaat, der nach der Unabhängigkeit des Notars — die in § 1 BNotO ihren Ausdruck gefunden hat — „ruft"[22].

IV. Die Unabhängigkeit der Staatsanwaltschaft

Die Forderung nach Unabhängigkeit der Staatsanwaltschaft läßt sich ebenfalls nicht aus der richterlichen Unabhängigkeit folgern; der Staatsanwalt übt funktionell keine Rechtsprechung aus[23], er ist ein Organ der Rechts*pflege*[24], nicht der Rechtsprechung. Gewaltenteilung und Begriff der Rechtsprechung geben daher für eine Aussage über die Unabhängigkeit der Staatsanwaltschaft nichts her.

Der Staatsanwalt, der geschichtlich den Inquisitionsrichter abgelöst hat, hat auf Grund des Anklageprinzips eine gewichtige Stellung inne, die das 1. StVRG vom 9. Dezember 1974 weiter gestärkt hat[25]. Die Staatsanwaltschaft steht als Herrin des Vorverfahrens in unmittelbarer Nähe des Richters und damit der Rechtsprechung. Das von der Staatsanwaltschaft betriebene Ermittlungsverfahren hat vorsorgenden

---

[20] *Niese*, ZZP 73 (1960), 27.

[21] *Habscheid*, FG §§ 5 III; 4 IV 2; *Stürner*, JZ 1974, 154.

[22] *Seybold / Hornig*, § 1 Rdn. 14; *Herbert Arndt*, § 1 II 3.

[23] BVerfGE 32, 199 (216); *Kern / Roxin*, § 10 III; a. A. *Kohlhaas*, S. 46 ff.

[24] *Otto F. Müller*, Festschrift „Hundert Jahre Österreichische Strafprozeßordnung" (1873 - 1973), S. 147.

[25] BGBl. I, S. 3393; *Joachim Lampe*, NJW 1975, 196; vgl. §§ 100 III, 153 a, 161 a, 163 a III StPO.

Charakter: es soll mit Intention auf Wahrheit und Gerechtigkeit[26] (§ 160 II StPO) zu einer Bejahung oder Verneinung eines hinreichenden Tatverdachts führen, um gegebenenfalls — je nach dem Ergebnis — richterliches Tätigwerden zu veranlassen. Die Staatsanwaltschaft übt daher eine im Vorfeld der Rechtsprechung liegende aufklärende und siebende Tätigkeit aus. Durch ihre Initiative ist das Tätigwerden der rechtsprechenden Gewalt bedingt. Die Nähe zur Rechtsprechung ist damit unverkennbar.

Richterliche Unabhängigkeit bedarf staatsanwaltlicher Unabhängigkeit: Richterliche Unabhängigkeit erfordert nicht nur Unabhängigkeit bei der Entscheidung, sondern schon bei der Sachverhaltsfeststellung[27]; denn Abhängigkeiten bei der Sachverhaltsfeststellung wirken sich notwendig auf die Entscheidung aus. Eine Beseitigung von Abhängigkeiten hat an der Quelle, nicht an der Mündung anzusetzen. Zwar ergeht das Strafurteil auf Grund des Ergebnisses der Hauptverhandlung, die Weichen werden aber häufig bereits im Ermittlungsverfahren gestellt. Im Ermittlungsverfahren sich niederschlagende Abhängigkeiten lassen sich auf Grund der Unabhängigkeit des Richters oftmals korrigieren. Aber einmal ist das nicht sicher, und zum anderen kann es nicht Sinn des Ermittlungsverfahrens sein, die richterliche Unabhängigkeit „auf den Prüfstand“ zu bringen, sondern mit ihr auf das gleiche Ziel hinzuarbeiten. Bereits im Ermittlungsverfahren müssen — da es Rechtsprechung vorbereitet — sachwidrige Einflüsse ausgeschaltet werden. Da auch das Ermittlungsverfahren rechtsstaatlichen Zielen unterworfen ist, besteht *insofern* kein wesensmäßiger Unterschied zur richterlichen Tätigkeit: Nur eine unabhängige Staatsanwaltschaft ist in der Lage, frei von sachwidrigen Einflüssen zu einer wahren und gerechten Entscheidung zu finden.

Eichenberger[28] erfaßt in seiner materiellen Typisierung von Abhängigkeiten, gegen die sich richterliche Unabhängigkeit gerade behaupten soll, auch die Ausschaltung richterlicher Gewalt. Erhebt nun der von der Exekutive abhängige Staatsanwalt[29] auf Grund einer — unterstellt rechtswidrigen — Weisung keine Anklage, so wird die richterliche Unabhängigkeit mittelbar betroffen, faktisch kommt es zu einer Ausschaltung richterlicher Gewalt. Unter theoretischer Aufrechterhaltung richterlicher Unabhängigkeit umgeht man die Einschaltung des Richters und gelangt zu einem Ergebnis, das richterliche Unabhängigkeit

---

[26] *Kern / Roxin*, § 10 III; *Henkel*, § 29 II 1; *Karl Peters*, § 23 II 2 a; *Schäfer*, in: Löwe / Rosenberg, vor § 141 GVG Anm. 5; *Eberhard Schmidt*, StPO I Rdn. 96; *ders.*, Strafprozeß und Rechtsstaat, S. 183.

[27] *Eichenberger*, S. 33 f.

[28] S. 40.

[29] Vgl. §§ 146, 147 GVG.

gerade verhindern will. Der äußere Schein bleibt gewahrt, richterliche Unabhängigkeit unangetastet, der eigentliche Sinn richterlicher Unabhängigkeit wird aber in Frage gestellt. Erhebt dagegen eine von der Exekutive unabhängige Staatsanwaltschaft keine Anklage, so wird richterliche Unabhängigkeit ebenfalls ausgeschaltet. Der entscheidende Unterschied liegt jedoch darin, daß im ersten Fall die Ausschaltung durch eine *andere Staatsgewalt* — die Exekutive — erfolgt, richterliche Unabhängigkeit gerade auch Unabhängigkeit von den anderen Staatsgewalten bedeutet[30]. Im anderen Fall dagegen handelt es sich um die Folge einer organisatorischen Aufteilung von Rechtspflegeaufgaben zwischen unabhängigen Rechtspflegeorganen, so daß die Annahme eines sachfremden, weil außerrechtlichen Einflusses jedenfalls ferner liegt. Staatsanwaltschaftliche Abhängigkeit unterstützt nicht die unabhängige richterliche Funktion, sondern gefährdet sie[31].

1. Die h. L. hält dennoch an der in den §§ 146, 147 GVG normierten Weisungsgebundenheit fest, sieht in ihr gerade den entscheidenden Unterschied zwischen Richter und Staatsanwalt[32].

Von dem hier eingenommenen Ausgangspunkt ist dieser Ansicht insoweit zuzustimmen, als es sich um eine Weisungsgebundenheit innerhalb der Staatsanwaltschaft handelt; denn anders als bei den anderen Rechtspflegeorganen handelt nicht der einzelne Staatsanwalt, sondern die — getreu dem französischen Vorbild *„une et indivisible"* — hierarchisch gegliederte Staatsanwaltschaft. Die Forderung nach Unabhängigkeit erfaßt daher die Staatsanwaltschaft als ganzes, nicht die Willensbildung innerhalb der Staatsanwaltschaft, wenn auch nicht zu verkennen ist, daß im laufenden Verfahren dem unmittelbar teilnehmenden Staatsanwalt als dem sach-nächsten im Interesse richtiger Rechtsfindung eine größere Selbständigkeit — nach französischem Muster[33] — eingeräumt werden sollte.

Das Problem der Bindung der Staatsanwaltschaft an Weisungen der Exekutive ist so alt wie die Staatsanwaltschaft selbst[34] und nicht auf den deutschen Rechtskreis beschränkt.

Das Vorbild jeglicher Staatsanwaltschaft, der *französische Ministère public*, untersteht zwar ministeriellen Weisungen, ihm ist in der mündlichen

---

[30] *Bettermann*, Grundrechte III 2, S. 528.

[31] Zum inneren Zusammenhang, *Eberhard Schmidt*, Strafprozeß und Rechtsstaat, S. 183 ff.; *Adolf Arndt*, DRiZ 61, 375; *Walter Wagner*, JZ 1974, 217.

[32] *Schäfer*, in: Löwe / Rosenberg, § 146 GVG 3 c; *Sarstedt*, NJW 1964, 1752 ff.; *Bucher*, JZ 1975, 105; einschränkend *Henkel*, § 29 IV 1; *Eberhard Schmidt*, StPO I Rdn. 395; ablehnend *Kohlhaas*, S. 60; *Walter Wagner*, JZ 1974, 218.

[33] *Joly*, Rdn. 62; *Witt*, S. 49; vgl. auch Art. 33, 36 CPP.

[34] *Carsten*, S. 42.

Verhandlung aber unbenommen, eine „*conclusion contraire*" zu entwickeln; denn: „la parole est libre"[35]. Diese Freiheit rechtfertigt es durchaus, von einer weitergehenden Unabhängigkeit — verglichen mit der deutschen Regelung — zu sprechen[36].

Österreich folgt weitgehend der deutschen Regelung[37].

Innerhalb der *Schweiz* zeichnet sich keine einheitliche Lösung ab: diejenigen Kantone, die überhaupt eine selbständige Staatsanwaltschaft kennen, besitzen teilweise eine Abhängigkeit der Staatsanwaltschaft von der Regierung — z. B. §§ 28, 29 StPO Zürich —, teilweise wird eine solche unter Hinweis auf die richterähnliche Stellung und die Einbeziehung in die Rechtspflege ausdrücklich abgelehnt[38].

Im deutschen Rechtskreis hat sich *Jürgen Blomeyer*[39] zuletzt ausführlich mit diesen Problemen befaßt und die Weisungsgebundenheit der Staatsanwaltschaft entschieden verteidigt. Er sieht mit dem unabhängigen Staatsanwalt das Anklageprinzip fallen und die Staatsanwaltschaft — als Institution beseitigt — zu einer Art Ermittlungsrichter werden[40]. Die Abhängigkeit hält *Blomeyer* deswegen für notwendig, weil die Gesellschaft ein Recht darauf habe, „den zu ihrem Schutz geschaffenen Strafanspruch auch durch ein von ihr abhängiges Organ zu verfolgen"[41].

2. In der Geschichte diente die Weisungsunterworfenheit der Staatsanwaltschaft als Einbruchstelle in die Unabhängigkeit der Rechtspflege[42] — eine Tatsache, die allein schon zu denken gibt.

Merkmal des Rechtsstaates ist, daß eine unabhängige dritte Gewalt die Rechtsprechung ausübt und damit den Strafanspruch der Gesellschaft durchsetzt. Daß über die Staatsanwaltschaft der Exekutive ein Einflußrecht zukommt — mag es auch selten praktiziert werden — führt zu einer bedenklichen Gewaltenverfilzung. Es ist auch nicht einzusehen, warum dem Recht der Gesellschaft, ihren Strafanspruch durch ein abhängiges Organ verfolgen zu lassen — wobei sich zusätzlich die Frage stellt, warum Abhängigkeit von der Gesellschaft Abhängigkeit von der Exekutive bedeutet —, nicht ein Recht des einzelnen gegenübersteht, die zu seinem Schutz bestehende Unschuldsvermutung durch einen von ihm abhängigen Rechtsanwalt verfechten zu lassen: nun gibt

---

[35] *Joly*, Rdn. 62.

[36] *Kill*, DRiZ 1963, 393.

[37] Vgl. §§ 30 II, 31 III ÖStPO; *Kimmel*, S. 25; *Pallin*, ÖRZ 1966, 187 ff.; einschränkend *Seiler*, JBl. 1965, 1 ff.; *Harbich*, ÖRZ 1970, 26 f.; ablehnend *Walter*, ÖRZ 1965, 179; *Liebscher*, JBl. 1966, 401 f.

[38] *A. Schmid*, S. 63 (für Graubünden); einen Überblick bietet *Pfenninger*, S. 67 ff.

[39] GA 1970, 161 ff.

[40] GA 1970, 169.

[41] GA 1970, 170.

[42] *Albrecht Wagner*, S. 282.

es kein Halten mehr, die Unabhängigkeit der Rechtspflege wäre aufs ernste gefährdet.

Die Abhängigkeit der Staatsanwaltschaft stellt einen geschichtlich bedingten Fremdkörper in der Rechtspflege dar, der beseitigt werden sollte[43]; dadurch wird der Staatsanwalt weder zum Richter[44] noch fällt das Anklageprinzip: der Vorteil des — das Inquisitionsverfahren ablösenden — Anklageprozesses besteht doch darin, daß die „psychologische Überforderung“[45] des gleichzeitig ermittelnden und urteilenden Richters beseitigt wurde. Ob diese Ermittlungstätigkeit nunmehr von einem abhängigen oder unabhängigen Organ wahrgenommen wird, berührt den Kernpunkt des Anklageprinzips — die Initiativlosigkeit des Richters — nicht. Die Tätigkeit des unabhängigen Staatsanwalts bleibt die gleiche; er ist im Gegenteil jetzt besser geeignet — wie es für den Richter unbestritten ist —, das Ermittlungsverfahren mit der Intention auf Wahrheit und Gerechtigkeit durchzuführen, weil ihm eine Abhängigkeit genommen ist.

Die Staatsanwaltschaft wird im Spannungsfeld der Rechtsprechung vorbereitend und unterstützend tätig. Eine unabhängige Rechtspflege erfordert eine unabhängige Staatsanwaltschaft[46].

V. Die Unabhängigkeit des Vertreters des öffentlichen Interesses — VöI —

Eine interessante Parallele zur weisungsabhängigen Staatsanwaltschaft hat die Verwaltungsgerichtsordnung vom 21. Januar 1960[47] geschaffen. Es handelt sich um die Einrichtung eines Oberbundesanwalts und um die Ermächtigung an die Landesregierungen zur Einrichtung eines Vertreters des öffentlichen Interesses in den §§ 35, 36 VwGO. Im folgenden soll der Handhabung dieser Ermächtigung im Freistaat Bayern nachgegangen werden, weil sie dort eine sehr ausgeprägte Erscheinungsform gefunden hat. In der „Verordnung über den Vertreter des öffentlichen Interesses bei den Gerichten der Verwaltungsgerichtsbarkeit“ vom 23. März 1960[48] wird eine Behörde eingerichtet, die als Staatsanwaltschaft bezeichnet wird (§ 1 VO). Nach § 4 I VO hat diese Staatsanwaltschaft „mitzuwirken, daß das Recht sich durchsetzt,

---

[43] *Kern / Roxin*, § 10 III 6; *Walter Wagner*, JZ 1974, 218; *Henn*, DRiZ 1972, 152.

[44] *Sarstedt*, NJW 1964, 1754.

[45] *Eberhard Schmidt*, StPO I Rdn. 347.

[46] Die zunehmende Machtfülle der vorgesetzten Beamten der Staatsanwaltschaft sollte als das „kleinere Übel“ hingenommen werden; vgl. die Bedenken von *Sarstedt*, NJW 1964, 1755.

[47] BGBl. I, S. 17.

[48] BayGVBl. S. 31.

und das Gemeinwohl keinen Schaden leidet". Diese Staatsanwaltschaft ist „von den Gerichten unabhängig" (§ 1 II VO), allerdings „an Weisungen der Staatsregierung gebunden" (§ 4 I Satz 2 VO). *Neben* dieser „Rechtswahrerrolle" obliegt dieser Staatsanwaltschaft nach § 5 I Ziffer 1 VO die Prozeßvertretung des Freistaates Bayern in Passivprozessen — wenn man bedenkt, daß Bayern von der Ermächtigung des § 78 Ziff. 2 VwGO keinen Gebrauch gemacht hat, wird man unschwer erkennen, daß hier das Hauptbetätigungsfeld der Staatsanwaltschaft liegt.

Es ist hier ein Rechtspflegeorgan geschaffen, das — je nach Fallgestaltung — einmal als Prozeßvertreter des Staates, einmal als Wahrer des Gemeinwohls, immer aber in Abhängigkeit von der Exekutive an der Findung des Rechts mitwirkt.

Die Begründung der Abhängigkeit des VöI erweist sich als wenig tragfähig: *Redeker / von Oertzen*[49] und *Ule*[50] betonen auf der einen Seite die Unabhängigkeit und Objektivität des VöI und fordern eine Freistellung von Weisungen, nehmen die Weisungsabhängigkeit von der Regierung des Bundes bzw. eines Landes aber hin. Faßt man die sich deutlicher äußernden Stimmen zusammen, so läßt sich erkennen: Die Bedeutung des VöI wird im Eintreten für einen „rechtsstaatlichen, durch sachfremde Erwägungen unberührten Gesetzesvollzug und für eine angemessene Beachtung staatspolitisch bedeutsamer Gesichtspunkte" gesehen[51], der VöI soll das Gemeinwohl aus der Sicht der Regierung vertreten[52]. *Neis*[53] sieht darüber hinaus im VöI einen Helfer des Verwaltungsrichters, der „im Dienste der Untersuchungsmaxime zur Schließung der Erkenntnislücken" beitrage. Am deutlichsten hat sich *Otto Groß*[54] geäußert: er sieht im VöI das Sprachrohr der Staatsregierung und die Bewahrung der „Exekutive vor Überfluten durch die Gerichtsbarkeit".

Damit hat *Otto Groß* den geschichtlichen Kern des VöI genau getroffen; der VöI war bereits im 19. Jahrhundert das personifizierte Mißtrauen der — monarchischen — Staatsverwaltung gegenüber einer auf liberaldemokratischem Gedankengut beruhenden Verwaltungskontrolle durch unabhängige Gerichte[55].

---

[49] § 36 Rdn. 4.

[50] Verwaltungsprozeßrecht, § 12 II.

[51] *Masson*, BayVBl. 1967, 183 f.

[52] *Schulz-Hardt*, DVBl. 1972, 561.

[53] DÖV 1972, 631.

[54] BayVBl. 1959, 74.

[55] *Baring*, VerwArch. 50 (1959), 123; *Eichenberger*, S. 186, spricht von einer „feindlichen Funktion".

Wenn man — mit *Neis*[56] — im VöI einen — richterlichen Erkenntnislücken schließenden — Helfer sieht — bereits der Ansatzpunkt ist wegen der im Verwaltungsprozeß herrschenden Untersuchungsmaxime problematisch —, so hieße es richterliche Unabhängigkeit *ad absurdum* zu führen, stellt man dem unabhängigen Richter einen abhängigen Helfer zur Seite.

Sieht man im VöI dagegen einen Wahrer des Gemeinwohls „aus der Sicht der Regierung“[57], so wird deutlich, daß der VöI gerade nicht das Gemeinwohl, sondern allenfalls das öffentliche Interesse des Staates vertritt[58]. Das im — richtig verstandenen — Begriff des Gemeinwohls auch enthaltene private Interesse[59] findet kein gleichartiges Sprachrohr vor Gericht; ein so verstandener VöI ist aber ein reines Verwaltungsorgan und kein Rechtspflegeorgan, dem folglich eine Beteiligtenstellung im Prozeß nicht mehr einzuräumen ist.

Soll aber der VöI dazu aufgerufen sein, als Rechtspflegeorgan das Recht und das *Gemein*wohl durchzusetzen, so ist das Ziel seiner Tätigkeit die Sicherung der Rechtsstaatlichkeit: dazu ist er aber nur dann optimal in der Lage, wenn er — wie die anderen Rechtspflegeorgane — seine Funktion unabhängig ausübt. Entweder nimmt man dem VöI seine Abhängigkeit oder erklärt ihn offen zu einem Vertreter der Staatsregierung, wobei sich dann aber die Frage seiner Daseinsberechtigung als Rechtspflegeorgan erneut und verschärft stellen wird[60].

VI. Die Unabhängigkeit des Rechtsanwaltes

§ 1 BRAO fordert die Unabhängigkeit des Rechtsanwaltes; sie knüpft das Band der Rechtspflege weiter, das alle Organe der Rechtspflege umgibt. Die Berechtigung der Aufnahme des Rechtsanwaltes in die Rechtspflege liegt in der gemeinsamen Zielvorstellung mit den anderen Organen der Rechtspflege: in der Grundtendenz erstrebt ihr Wirken die rechtsstaatliche Lösung. Wenn der Rechtsanwalt dem organisatorisch aus dem Staatsverband ausgegliedert in Erfüllung nicht-staatlicher Aufgaben vom einseitigen Parteienstandpunkt aus nachkommt, kann dies die gemeinsame Zielvorstellung nicht verdecken.

Gerade um dieser Zielvorstellung willen besteht auch beim Rechtsanwalt die Notwendigkeit seiner Unabhängigkeit. Wenn § 1 BRAO den

---

[56] DÖV 1972, 626 ff.

[57] *Schulz-Hardt*, DVBl. 1972, 561.

[58] Aber: „Der Staat hat das Monopol auf das öffentliche Interesse verloren“, *Häberle*, S. 86.

[59] *Wolff / Bachof*, § 29 III a 3.

[60] *Baring*, VerwArch. 50 (1959), 159 ff.; *Grunsky*, Grundlagen, S. 315; *Rupp*, ZRP 1972, 34; *Thieme*, S. 72 f.

Rechtsanwalt zu Recht in die Reihe der Rechtspflegeorgane aufnimmt[61], und ihn auf den Rechtsstaat verpflichtet, so fordert § 1 BRAO ebenso zu Recht seine Unabhängigkeit[62]: denn um der rechtsstaatlichen Ziele jeglicher Rechtspflegetätigkeit willen sind alle Rechtspflegeorgane — die Staatsanwaltschaft muß es werden — unabhängig gestellt. Anwaltliche Unabhängigkeit ist eine der Säulen einer rechtsstaatlichen Rechtspflege.

B. Die Unabhängigkeit der Rechtspflege

Alle Rechtspflegeorgane stehen auf einer gemeinsamen Grundlage und steuern ihr gemeinsames Ziel auf verschiedenen Ebenen an. Als geeignetstes Mittel zur Erreichung dieses Zieles wurde beim Richter seit jeher seine Unabhängigkeit erkannt. Gleiches hat für die anderen Organe zu gelten: über die grundgesetzliche Forderung nach Unabhängigkeit der Rechtsprechung hinaus besteht daher die Forderung nach Unabhängigkeit der Rechtspflege und ihrer Organe — jedenfalls dort, wo sie im Spannungsfeld der Rechtsprechung — vorbereitend oder unterstützend — oder in eigenverantwortlicher Sicherung und Erhaltung des Rechtsstaates tätig werden.

Die Spitze der Unabhängigkeit der Rechtspflegeorgane bildet — weil Recht unmittelbar und endgültig aussprechend — die Unabhängigkeit des Richters; richterliche Unabhängigkeit sichert den Rechtsstaat aber nur unvollständig, weil dieser auch dort gefährdet werden kann,wo der Richter nicht oder noch nicht tätig ist:

— Auch die Rechtspflegeorgane, die Konflikte bereits im Keim zu ersticken suchen[63], indem sie im Vorfeld der Rechtsprechung rechtsstaatliche Zustände zu verwirklichen suchen, müssen unabhängig sein.

— Auch die Rechtspflegeorgane, die Rechtsprechung vorbereiten und an ihr mitwirken, müssen zur Sicherung richterlicher Unabhängigkeit unabhängig sein.

Zwei Gründe tragen somit die Forderung nach Unabhängigkeit der Rechtspflege: *Einmal* verstärkt ihre Unabhängigkeit unmittelbar das Anliegen richterlicher Unabhängigkeit, liegt im Bannstrahl richterlicher Unabhängigkeit und sichert so in mittelbarer Weise den Rechts-

---

[61] Art. 3 I loi du 31 décembre 1971 portant réforme de certaines professions judiciaires et juridiques (Frankreich): „Les avocats sont des auxiliaires de justice“; Österreichische Richtlinien für die Ausübung des Rechtsanwaltsberufes, Ziff. 2: „Er ist als Rechtsfreund ein Organ der Rechtspflege.“

[62] Art. 7 I loi réforme: „La profession d'avocat est une profession libérale et indépendante“; § 33 I ÖRAO: „Der Rechtsanwaltsstand ist von den Gerichten unabhängig.“

[63] *Abraham*, Festschrift für Pinner (1932), S. 25: „wichtigste, sozial wertvollste Funktion, die der Prozeß verhütenden Ratserteilung“.

staat. *Zum anderen* sichert sie dort unmittelbar den Rechtsstaat, wo Rechtspflegeorgane in eigenverantwortlich entscheidender Tätigkeit rechtsstaatliche Zustände anstreben.

C. Sinn und Inhalt der Unabhängigkeit der Rechtspflege

Unabhängigkeit der Rechtspflege ist kein Selbstzweck oder Dogma, sie bleibt ein Instrument zur Erreichung und Sicherung rechtsstaatlicher Lösungen. Sie gewährleistet die Erfüllung der in einem Rechtsstaat an die Rechtspflege gestellten Forderungen. Von hier aus empfängt die Unabhängigkeit der Rechtspflege ihre Bedeutung: sie ist *ein* Mittel zur Verwirklichung des Rechtsstaates.

Als Mittel untersteht sie einer Mittel-Zweck-Relation: nur dort, wo ihr Zweck es erfordert, bedarf es der Unabhängigkeit; daß sie *das* Mittel und beim Richter verfassungsrechtlich abgesichert ist, beruht auf rein geschichtlicher Erfahrung. Unabhängigkeit muß — um taugliches Mittel zu sein — Einflüsse und Abhängigkeitsquellen eindämmen und ausschalten. *Bettermann*[64] hat an Hand möglicher Abhängigkeitsquellen für den Richter den Dreiklang Staats-, Parteien- und Gesellschaftsunabhängigkeit geprägt.

Diese speziell für den Richter aufgestellte Typisierung gilt gleichermaßen für die anderen Rechtspflegeorgane[65], wenn auch auf Grund ihrer verschieden gelagerten Tätigkeit Abhängigkeiten unterschiedlich stark drohen.

D. Sinn und Inhalt der Unabhängigkeit des Rechtsanwaltes

Unabhängigkeit vom Staat:

Sie ist ein Hauptanliegen einer freien Anwaltschaft geblieben, seit der Ruf nach ihr — als Hauptinhalt der Forderung nach einer freien Advokatur — Mitte des vorigen Jahrhunderts erscholl. Sie bedeutet Unabhängigkeit von den Organen des Staates. Der Rechtsanwalt steht in keinem Unterordnungs- oder Weisungsverhältnis zu Staatsorganen, er kann nicht selbst ein Staatsorgan sein[66].

---

[64] Grundrechte III 2, S. 525 ff.; die von *Eichenberger*, S. 44, aufgestellte Typisierung läßt sich auf die einprägsame Formel *Bettermanns* reduzieren, *Habscheid*, NJW 1962, 1988; vgl. *Merle / Vitu*, Nr. 1316 ff.

[65] *Habscheid*, NJW 1962, 1985 ff., hat auf diese Zusammenhänge aufmerksam gemacht.

[66] Die Gefahr eines „Rückfalls" liegt in der Diskussion um die außergerichtliche Rechtshilfe für sozial Schwache, und zwar bei den Modellen, bei denen Rechtsanwälte in staatlichen Institutionen tätig werden sollen. Interessanterweise werden auch in Frankreich, das mit Gesetz vom 3. 1. 1972 das Armenrecht neu geregelt hat, Stimmen laut, die das Armenrecht als Einbruchstelle für eine *„fonctionnarisation"* des *avocat* ansehen, *Blanc*, S. 61.

Unabhängigkeit von der Partei:

Diese Forderung zeigt die besondere Eigenart des Rechtsanwaltsberufs: Der Rechtsanwalt tritt mit seiner Partei in vertragliche Beziehungen, leistet ihr Dienste, wird von ihr bezahlt. Er ist im Strafverfahren Beistand, im Zivilverfahren regelmäßig Vertreter seiner Partei. Soll und kann der Rechtsanwalt überhaupt von seiner Partei unabhängig sein?

Die Frage des *Sollens* beantwortet § 1 BRAO. Der Rechtsstaat bindet ihn an seine Ziele und macht ihn zu einem Organ der Rechtspflege, ohne daß der Rechtsanwalt seine Hilfestellung gegenüber seiner Partei einbüßt. Die Forderungen des Rechtsstaates gehen lediglich mit den Hilfspflichten parallel, und um beide zu erfüllen, muß der Rechtsanwalt in seiner Beistandleistung unabhängig sein[67]. Für die Postulate des Rechtsstaates gilt dies ohnehin. Aber auch der Partei kann nur der Anwalt wirklich helfen, der ihr nicht „untertan" ist.

Die Frage des *Könnens* beantwortet die Persönlichkeit des einzelnen Rechtsanwaltes; das Gesetz kann nur die Forderung stellen und flankierend unterstützen, entscheiden wird auch hier — wie bei allen Unabhängigkeitsforderungen — letztlich die Persönlichkeit des Anwalts. Dieser aber „nützt" auch seiner Partei am besten, wenn er sich nicht mit ihr „identifiziert", wenn er Distanz bewahrt.

Unabhängigkeit von der Gesellschaft:

Abhängigkeiten von gesellschaftlichen Strömungen — auch vom eigenen Stand[68] — drohen in mannigfaltiger Gestalt. Sie sind am schwierigsten auszuschalten, weil sie oft unbewußt in Handlungen einfließen, ist doch auch der Rechtsanwalt — wie jeder — ein Mitglied einer Gesellschaft, die ihn sein ganzes Leben lang prägt. Deshalb ist die Forderung nach Gesellschaftsunabhängigkeit am schwersten zu verwirklichen. Sie besteht jedoch als Forderung nach Distanzierung von gesellschaftlichen Abhängigkeiten in der beruflichen Tätigkeit des Anwalts. Der Rechtsanwalt darf sich nicht in der Wahrnehmung seiner Aufgaben zum unkritischen Handlanger ideologischer und anderer gesellschaftlicher Strömungen machen. So wie er zu seiner Partei „Distanz" halten muß, so auch gegenüber gesellschaftlichen Postulaten. Der Rechtsanwalt braucht — wie jeder Staatsbürger — von seiner politischen oder gesellschaftlichen Einstellung keinen Hehl zu machen (Art. 5 GG). Diese Einstellung darf den Anwalt aber nicht verleiten,

---

[67] *Brandi,* Gedenkschrift für Cüppers (1955), S. 34; *Ostler,* Der Anwalt im Rechtsstaat, S. 71 ff.; *ders.,* Schriftenreihe, S. 7 ff.; *Habscheid,* NJW 1962, 1985 ff.; *Dahs,* Handbuch Rdn. 15 ff.; *Quack,* NJW 1975, 1337; *Roeder,* ÖJZ 1959, 235 ff.; *Jahoda,* ÖJZ 1968, 645 ff.

[68] *Eichenberger,* S. 48.

seinen anwaltlichen Aufgaben unter dem alleinigen Diktat dieser Einstellung nachzukommen, oder gar verhindern, daß der Anwalt seinen Aufgaben überhaupt nachkommt. Der Anwalt darf seine politische oder gesellschaftliche Einstellung nicht zum Leitfaden seines beruflichen Handelns werden lassen[69]; er muß sich die Freiheit erhalten, sich beruflich von ihr distanzieren zu können.

§ 18 Sicherungen der Unabhängigkeit des Rechtsanwaltes (Zulassung und wirtschaftlicher Schutz)

Weil nur der unabhängige Rechtsanwalt in der Lage ist, den Rechtsstaat mit zu tragen und mit zu sichern, kann es unserer Rechtsordnung nicht gleichgültig sein, ob der einzelne Rechtsanwalt seine Unabhängigkeit bewahrt. Die Unabhängigkeit des Rechtsanwaltes bedarf — wie die des Richters — gesetzlicher Sicherungen, die einmal von außen drohende Abhängigkeiten zurückdrängen, zum anderen Entfaltungen des Rechtsanwaltes selbst verhindern, die zu einer Abhängigkeit führen könnten.

Eichenberger[70] hat darauf hingewiesen, daß letzteren die Gefahr zu eigen ist, neue Abhängigkeiten hervorzurufen — für den Rechtsanwalt ist dies deswegen bedeutsam, weil bei ihm der letztere Typus von Sicherungsmaßnahmen fast ausschließlich vorherrscht.

A. Zulassung zur Rechtsanwaltschaft

I. Zulassungsverfahren

Die grundrechtlich geschützte Berufsfreiheit gewährt — da sie für den Rechtsanwalt uneingeschränkt gilt — den freien Zugang zur Rechtsanwaltschaft. Der Rechtsanwalt übt einen freien Beruf aus; er ist aber auch Organ der Rechtspflege. Die Erörterung über das Spannungsverhältnis zwischen den §§ 1 und 2 I BRAO hat gezeigt, daß eine Wechselwirkung zwischen Freiheit und Bindung besteht, daß der Rechtsanwalt als Organ der Rechtspflege im Interesse dieser Rechtspflege Beschränkungen unterworfen ist. Daher ist von vorneherein Bewerbern das Ergreifen des Rechtsanwaltsberufes zu versagen, denen die notwendige Unabhängigkeit fehlt oder bei denen eine Gefährdung der Unabhängigkeit „nicht so fern liegt“[71], daß sie unberücksichtigt bleiben kann.

---

[69] BGH, NJW 1972, 298: Praxisschild „Sozialistisches Anwaltskollektiv“.

[70] S. 218.

[71] BGH, NJW 1975, 1514; darin spiegelt sich der Grundsatz der Verhältnismäßigkeit wieder, der die durch Art. 12 I GG geschützten Interessen des einzelnen und die Belange der Rechtspflege zueinander ins rechte Maß rückt.

Zu diesem Zweck[72] ist ein Zulassungsverfahren mit abschließend aufgezählten Versagungsgründen vorgeschaltet. *Prima vista* besteht die Gefahr des Umschlagens dieser Sicherung in eine Abhängigkeit vom zulassenden Organ, der Landesjustizverwaltung — unter Beteiligung des Vorstandes der zuständigen Rechtsanwaltskammer (§§ 8 ff. BRAO) —. Da der Landesjustizverwaltung kein Ermessen eingeräumt ist, ist aber die Gefahr einer Abhängigkeit grundsätzlich ausgeschaltet. Dennoch legt es der Gedanke der Freiheit der Advokatur nahe, die Entscheidung über die Zulassung in die Hände der Rechtsanwaltschaft zu legen[73]. Denn die Forderung nach Freiheit der Advokatur entzündete sich gerade an dem staatlichen Entscheidungsmonopol bei der Zulassung. Dieser „Schönheitsfehler" könnte *de lege ferenda* beseitigt werden[74].

II. Versagungsgründe

Die Unabhängigkeit des Rechtsanwaltes vom Staat — im Stadium der Zulassung[75] — sichern die §§ 7 Ziff. 10, 20 I Ziff. 1 - 3 BRAO[76] — Zulassungsverbot für Beamte — recht augenfällig.

Bedenken gerade unter dem Gesichtspunkt des Umschlagens von Sicherungen in Gefährdungen haben die §§ 7 Ziff. 6 — in seiner ursprünglichen Fassung als „politische Klausel" bekämpft[77] — und 26 BRAO — die Pflicht zur Eidesleistung — erregt. Sie binden den Rechtsanwalt an die „verfassungsmäßige Ordnung" (§§ 26 I BRAO) und an die „freiheitliche demokratische Grundordnung" (§ 7 Ziff. 6 BRAO) und könnten als eine Art politisches Treuegelöbnis verstanden werden[78].

---

[72] BGH, MDR 1972, 236.

[73] A. A. *Kalsbach*, BRAO § 8 Anm. 1, der von einem unabweisbaren Bedürfnis staatlicher Zulassung spricht; *Brandi*, Gedenkschrift für Cüppers (1955), S. 41, hält ein entscheidendes Mitbestimmungsrecht der Anwälte für erforderlich, aber auch ausreichend.

[74] Nach § 5 I ÖRAO ist der Ausschuß der Rechtsanwaltskammer zur — erforderlichen — Eintragung in die Liste der Rechtsanwälte zuständig. Nach Art. 53 loi réforme i. V. m. Art. 46 décret Nr. 72-468 du 9. juin 1972 organisant la profession d'avocat, pris pour l'application de la loi réforme entscheidet der *Conseil d'Ordre* über die Zulassung zur Stage bzw. Eintragung in die Liste (*tableau*) der Rechtsanwälte. Die französischen *avocats* bei einem *Tribunal de grande instance* — unserem Landgericht vergleichbar, *Habscheid*, Introduction, S. 15 — bilden ein *Barreau*, dessen Vorstand der *Conseil d'Ordre* und dessen Präsident der *Bâtonnier* ist, vgl. Art. 15 loi réforme.

[75] Für die zugelassenen Rechtsanwälte greifen die §§ 14 I Ziff. 6 und 45 Ziff. 3 BRAO ein.

[76] Die in § 20 BRAO geregelten Fälle betreffen eigentlich nur die von der Zulassung zur Rechtsanwaltschaft getrennt zu sehende Zulassung bei einem Gericht (Lokalisierung); jedoch wird kein Bewerber zur Rechtsanwaltschaft zugelassen, ohne daß er gleichzeitig bei einem bestimmten Gericht zugelassen wird, *Kalsbach*, BRAO § 18 Anm. 3.

[77] Vgl. dazu *Kalsbach*, BRAO § 7 Anm. 8.

1. *Über den Umfang der unter § 7 Ziff. 6 BRAO fallenden Straftatbestände* — „wenn der Bewerber die freiheitliche demokratische Grundordnung in strafbarer Weise bekämpft" — läßt sich sicherlich streiten[79]. In der Tat setzen diese Zulassungsvoraussetzungen den Rechtsanwalt in eine Abhängigkeit. Dort aber, wo der Rechtsstaat durch den Rechtsanwalt gefährdet ist, besteht diese Abhängigkeit zu Recht, weil der Rechtsanwalt eine Sicherung und keine Gefährdung des Rechtsstaates sein soll: *ein Rechtsanwalt, der den Rechtsstaat bekämpft, kann kein Rechtsanwalt im Sinne des Grundgesetzes sein.*

2. *Über die Berechtigung der Verpflichtung zur Eidesleistung* ist seit jeher gestritten worden, wobei die Gegner dieser Pflicht immer wieder auf die Nähe zum Beamteneid hingewiesen haben. Diese Frage soll hier nicht vertieft werden. Es ist aber schlechterdings nicht einzusehen, warum der Rechtsanwalt den Eid nach § 26 I BRAO vor dem *Gericht* leisten soll, bei dem er zugelassen ist. Mit dem Eid soll eine Pflicht des Rechtsanwaltes feierlich bekräftigt werden. Eine Verpflichtung, *„die verfassungsmäßige Ordnung zu wahren und die Pflichten eines Rechtsanwalts gewissenhaft zu erfüllen"*, besteht *dem Gericht gegenüber* nicht; denn beide — Gericht und Rechtsanwalt — sind gleichberechtigte Organe der Rechtspflege, dem Gericht kommt keine überwachende Funktion zu. Auch als Repräsentationsorgan der Rechtspflege ist das Gericht nicht berufen. Überwachung und Repräsentation des Rechtsanwalts obliegt allein der Standesvertretung. Der Rechtsanwalt geht der Rechtspflege gegenüber seine eidlich bekräftigte Verpflichtung ein. Vor *seinem* Überwachungs- und Repräsentationsorgan innerhalb der Rechtspflege — der Rechtsanwaltskammer[80] — sollte er daher den Eid ablegen[81].

Dieser Auffassung widerspricht — nur scheinbar — die französische Regelung des Art. 23 décret 9. juin 1972, wonach der Bewerber — um Zulassung zur Stage — in Anwesenheit des *Bâtonnier* vor der *Cour d'appel*[82] seinen Eid ablegt. In Wahrheit bestätigt sie die hier vertretene Ansicht: Der französische *avocat* geht nämlich — im Gegensatz zum deutschen Rechtsanwalt — auch dem Gericht gegenüber mit der Eidesleistung eine Verpflichtung ein und untersteht bei einer im Verfahren *(à l'audience)* begangenen Verletzung

[78] Im Falle der Verweigerung der Eidesleistung ist der Landesjustizverwaltung ein Ermessen bezüglich der Rücknahme der Zulassung bei einem Gericht eingeräumt — § 35 I Ziff. 1 BRAO —; nimmt sie die Zulassung zurück, führt dies zwingend zur Zurücknahme der Zulassung zur Rechtsanwaltschaft — § 14 I Ziff. 7 BRAO —.

[79] Reicht z. B. die Erfüllung der Straftatbestände §§ 90, 90 a StGB — zu letzterem BGHSt 3, 346; 7, 110 —, die unter dem Titel „Gefährdung des demokratischen Rechtsstaates" stehen, aus?

[80] Oder dem Ehrengericht.

[81] So die österreichische Lösung, § 7 ÖRAO.

[82] Vergleichbar unserem OLG, *Habscheid,* Introduction, S. 15.

der sehr weit gefaßten[83] eidlich bekräftigten Pflichten der Disziplinargewalt des mit der Sache befaßten Gerichts (Art. 25 loi réforme).

3. *Die in § 20 I Ziff. 2 und 3 BRAO eingebaute Sicherung* — Versagung der Zulassung bei einem Gericht, wenn der Ehegatte an diesem Gericht tätig ist oder Verwandtschaft oder Schwägerschaft mit einem Richter dieses Gerichts besteht — dient sowohl der anwaltlichen wie der richterlichen Unabhängigkeit, wobei der Feststellung noch Bedeutung zukommen wird, daß das Hauptgewicht der Vorschrift der Sicherung der Unabhängigkeit des Richters dient[84]. Es geht in § 20 I Ziff. 2 und 3 BRAO darum, eine Gefährdung der Unabhängigkeit auf Grund eines Verwandtschafts- oder Eheverhältnisses zu Gerichtspersonen, insbesondere zu Richtern (Ziff. 3) von vorneherein auszuschließen. Dieser vorbeugenden Maßnahme entspricht die Möglichkeit einer Rücknahme der Zulassung (§ 35 I Ziff. 6 BRAO), wenn die Voraussetzung des § 20 I Ziff. 2 und 3 BRAO erst nach der Zulassung erfüllt wird.

a) § 35 I Ziff. 6 BRAO verkennt die Bedeutung der Stellung des Rechtsanwaltes als eines unabhängigen Organs der Rechtspflege. § 35 I Ziff. 6 BRAO trifft als Sicherungsmaßnahme ausschließlich Rechtsanwälte, gerade auch für den Fall, daß eine unter § 20 I Ziff. 3 BRAO[85] fallende Person erst *nach* der Zulassung des Rechtsanwaltes an das Zulassungsgericht berufen wird. Unter gleichberechtigten Organen der Rechtspflege kann aber eine solche Fallgestaltung, bei der es immerhin um die Wahl des Berufsortes geht, nicht grundsätzlich zu Lasten eines Organs entschieden werden; dies stellt eine ungerechtfertigte Bevorzugung des anderen Organs dar. Bei einer echten Gleichberechtigung kann nur der Prioritätsgrundsatz entscheidend sein: Ist daher ein Rechtsanwalt bereits bei einem Gericht zugelassen, so soll[86] eine unter § 20 I Ziff. 3 — und 2 — BRAO fallende Person nicht an dieses Gericht berufen werden. Jede andere Entscheidung mißachtet die gleichberechtigte Stellung, die dem Rechtsanwalt als Organ der Rechtspflege zukommt.

b) *Darüber hinaus bestehen gegen die Kann-Versagungsgründe des § 20 I Ziff. 2 und 3 BRAO Bedenken grundsätzlicher Art.* Als Siche-

[83] Der Eid lautet: „Je jure, comme avocat, d'exercer la défense et le conseil avec dignité, conscience, indépendance et humanité, dans le respect des tribunaux, des autorités publiques et des règles de mon ordre, ainsi que de ne rien dire, ni publier qui soit contraire aux lois, aux règlements, aux bonnes moeurs, à la sûreté de l'Etat et à la paix publique." Die Einhaltung scheint in Frankreich streng überwacht zu werden, vgl. die Fälle Cass. civ., J. C. P. 1964, 13 797; Gaz. Pal. 1967 I, 238; R. D. S. 1974, S. 129 mit note *Brunois*.

[84] *Kalsbach*, BRAO § 20 Anm. 4.

[85] Im Grundsatz gilt für den Personenkreis des § 20 I Ziff. 2 BRAO das gleiche.

[86] Hierbei wird dem Berufungsorgan ein Ermessen einzuräumen sein.

rungsmaßnahmen schießen sie über das Ziel hinaus, sie werden nicht mehr von der Mittel-Zweck-Relation gedeckt.

§ 20 I Ziff. 2 und 3 BRAO beinhalten eine *generelle* Sicherung der Unabhängigkeit, weil sie zu einer Versagung *jeglicher* Anwaltstätigkeit führen können. Eine solche generelle Absicherung ist aber nur dort angebracht, wo auch die Unabhängigkeit *generell* — das heißt bei jeder Berufsausübung — gefährdet ist oder sein könnte. Dies ist bei § 20 I Ziff. 3[87] BRAO gerade nicht der Fall. Denn nur wenn Richter und Anwalt — für die § 20 I Ziff. 3 BRAO zutrifft — in *einem* Verfahren tätig werden, kann ihre Unabhängigkeit gefährdet sein. Für die Vielzahl der anderen Verfahren besteht dagegen keine Gefährdung der Unabhängigkeit[88]. Wenn nun § 20 I Ziff. 3 BRAO dennoch einen generellen Versagungsgrund aufstellt, so besteht zwischen Mittel und Zweck keine Verhältnismäßigkeit mehr — auch die Tatsache, daß § 20 I Ziff. 3 BRAO ein Ermessen einräumt, ändert daran nichts. Bereits für die Möglichkeit einer solch umfassenden Sicherung besteht kein Anlaß, so daß unter dem Gesichtspunkt des Art. 12 I GG — insbesondere des Verhältnismäßigkeitsgrundsatzes — erhebliche Bedenken gegen § 20 I Ziff. 3 BRAO bestehen.

Es reicht aus, die im Einzelfall auf Grund eines der in § 20 I Ziff. 3 BRAO aufgeführten Verhältnisses mögliche Gefährdung der Unabhängigkeit durch *eine nur den Einzelfall berührende Ausschließung abzufangen*[89]; daß diese nach der derzeitigen Rechtslage den Richter trifft, ist zwar nicht zwingend, rechtfertigt sich aber daraus, daß *dem* Organ die Selbstbeschränkung eher zuzumuten ist, den sie im Verhältnis weniger trifft und dessen Unabhängigkeit durch die Regelung mehr geschützt werden soll: dies aber ist der Richter[90].

III. Lokalisierungspflicht

Die Zulassung bei einem bestimmten Gericht[91] stellt ein zwingendes Erfordernis für die Zulassung zur Rechtsanwaltschaft dar (vgl. § 14 I

---

[87] Für § 20 I Ziff. 2 BRAO gilt im Grundsatz das gleiche.

[88] Bei der Größe der Gerichte dürfte ein so häufiges Zusammentreffen von Richter und Anwalt, daß es eine *generelle* Regelung rechtfertigen würde, eine seltene Ausnahme sein.

[89] Verwandtschaft zwischen Richter und Rechtsanwalt verhindert regelmäßig ein weiteres Tätigwerden des Richters:

Ausschließung: § 67 ÖStPO; *Fasching,* I, S. 203, für das österreichische Zivilverfahren; Art. 22 II OG; *Guldener,* S. 13.

Ablehnung: § 42 II StPO Aargau; *Pohle,* in: Stein / Jonas, § 42 II 2; *Dünnebier,* in: Löwe / Rosenberg, § 22 Anm. I 2.

[90] Man kann auch nicht sagen, daß die Gefährdung vom Rechtsanwalt ausgeht; Quelle der Gefährdung ist die zwischen *beiden* Organen bestehende Beziehung.

Ziff. 7 BRAO). Der Lokalisierungsgedanke hängt eng mit der Schaffung des Anwaltzwanges in der ZPO zusammen[92], wenn auch beide Fragenkomplexe zu trennen sind. Begrifflich ist mit der Einführung des Anwaltszwanges nicht notwendig eine Lokalisierung verbunden — wie die Regelung in Österreich beweist (vgl. § 27 ÖZPO einer- und § 8 ÖRAO andererseits).

Die Frage der Lokalisierung war bereits bei Schaffung der RAO heftig umstritten[93]. Die Diskussion ist eigentlich nie verstummt und in jüngster Zeit wieder neu entflammt[94]. Sie findet an der geplanten Einführung eines dreistufigen Gerichtsaufbaues neue Nahrung[95]. Über die Gründe für und wider eine Lokalisierung läßt sich sicherlich streiten[96]. Rechtlich bestehen weder gegen die Beibehaltung noch gegen die Beseitigung der Lokalisierung durchgreifende Bedenken[97].

Wenn dennoch Bedenken angemeldet werden, dann deswegen, weil die Lokalisierung bei einem *Gericht* erfolgt; Zulassung bei einem Gericht klingt nach Inkorporierung und Unterordnung. Der Rechtsanwalt ist aber ein dem Gericht gleichgeordnetes unabhängiges Organ der Rechtspflege.

Will man die mit der Lokalisierung beabsichtigte Intention beibehalten, so bietet sich der Weg an, die Zugehörigkeit zu einer bestimmten Rechtsanwaltskammer als territoriale Basis für ein Auftreten vor Gericht zugrunde zu legen. Im gegenwärtigen Zustand ist dies in den Ländern, die das Prinzip der Singularzulassung am OLG beibehalten haben, besonders schwierig und nur durch eine Umstrukturierung der Kammern zu erreichen. Mit der Einführung des dreistufigen Gerichtsaufbaues[98] bietet sich aber *de lege ferenda* diese Chance einer dem

---

[91] Nach der Neufassung des § 226 II BRAO vom 24. Oktober 1972 — BGBl. I, S. 2013 — ist die Feststellung berechtigt, daß nunmehr der Grundsatz der Simultanzulassung den der Singularzulassung (§ 25 BRAO) abgelöst hat. Ich halte diese Neuregelung, die in sechs Bundesländern *qua* Bundesrecht die Simultanzulassung LG-OLG ermöglicht, für verfassungswidrig, weil der Bund entgegen dem erst kompetenzverleihenden Einheitlichkeitsgebot des Art. 72 II Ziff. 3 GG unmittelbar rechtszersplitterndes Recht gesetzt hat. Das BVerfG hat allerdings eine Verfassungsbeschwerde gegen § 226 II BRAO nicht zur Entscheidung angenommen (1 BvR 314/73).

[92] Der Gesetzgeber der ZPO wollte die Frage der Lokalisierung offen und der RAO überlassen, Amtliche Begründung zu § 72 eines Entwurfes einer Deutschen Civilprozeßordnung 1871, S. 281 (herausgegeben von *Dahlmanns* II).

[93] *Friedlaender*, § 8 Anm. 1 (1. Auflage).

[94] *Brangsch / Sachau / Mayer*, AnwBl. 1974, 8 ff.; *Heydt*, NJW 1974, 1229.

[95] *Kissel*, S. 172 ff.

[96] *Gisbert Sauer*, NJW 1970, 230; BGH, NJW 1971, 1991; *Körner*, ZRP 1971, 126; *Pohle*, in: Stein / Jonas, § 78 I 2.

[97] BVerwG, NJW 1961, 1275; BGH, NJW 1971, 1990; BGH EGE VI, 111.

[98] Referentenentwurf eines Gesetzes zur Neugliederung der ordentlichen Gerichtsbarkeit, AnwBl. 1972, 3 ff.

Rechtsanwalt als unabhängigem Organ der Rechtspflege auch äußerlich einzuräumenden Selbständigkeit. Es besteht keine Schwierigkeit, die im Bereich der Oberlandesgerichte zu einer Kammer zusammenzufassenden Rechtsanwälte dahingehend zu lokalisieren, daß sie in Zivilsachen nur vor den im Kammergebiet liegenden Eingangsgerichten und dem OLG auftreten können. Einer Zulassung bei einem Gericht bedürfte es dann nicht mehr[99].

B. Wirtschaftlicher Schutz

Für den zugelassenen Rechtsanwalt bedeutet wirtschaftliche Sicherheit eine unabdingbare Voraussetzung seiner Unabhängigkeit[100]. Ein dauerndes Bangen um die wirtschaftliche Lebensgrundlage, ein Leben am Rande des Existenzminimums treiben den Rechtsanwalt in wirtschaftliche Abhängigkeiten, die sich in berufliche Abhängigkeit ummünzen. Sicherungen zur Erhaltung und Förderung wirtschaftlicher Unabhängigkeit sind daher unumgänglich[101].

Das eigene Berufsethos des Anwalts hat die Schaffung wirtschaftlicher Unabhängigkeit erschwert[102]. Der Rechtsanwalt übe — so liest man — einen Ehrenberuf aus, der nicht vom Gewinnstreben motiviert sein sollte[103]. Konsequent sieht das Gesetz im Rechtsanwaltsberuf kein Gewerbe (§ 2 II BRAO)[104].

Der Beruf „Rechtsanwalt" bildet aber die Lebens- und Existenzgrundlage seines Inhabers, deren wirtschaftliche Basis maßgebend von der Leistung des einzelnen abhängt. Der Rechtsanwalt muß nach Gewinn streben, will er seine Unabhängigkeit bewahren[105]. Die Sicherung anwaltlicher Unabhängigkeit darf durch berufsethisches Denken nicht ausgehöhlt werden, zumal sich Gewinnstreben und Berufsethos

---

[99] Frankreich ist bei der Reform des Anwaltsberufes einen vergleichbaren Weg gegangen, Art. 5 loi réforme; sollte sich die Reform totgelaufen haben — wie es nunmehr den Anschein hat —, so erscheint eine zahlenmäßige Vergrößerung der RAK unumgänglich, um ein effizientes Arbeiten zu ermöglichen. Nach der jüngsten Statistik (AnwBl. 1976, 120) sind die über 22 000 Rechtsanwälte in 22 RAK zusammengefaßt, ein Zahlenverhältnis, das den Kammern eine wirksame Erfüllung ihrer Aufgaben unmöglich macht und auch nicht der gesetzlichen Intention (§ 61 BRAO) entspricht.

[100] OLG Koblenz, EGH III B, 79.

[101] Loslösung vom Sportelwesen und Überführung in staatliche und damit gesicherte Besoldung sind markante Stufen in der Entwicklung der richterlichen Unabhängigkeit, *Eichenberger*, S. 242.

[102] Vgl. *Redeker*, AnwBl. 1973, 225 ff.

[103] *Kalsbach*, BRAO § 2 Anm. 3.

[104] In der Schweiz gilt für den Anwalt der Grundsatz der Gewerbefreiheit, *Guldener*, S. 612.

[105] Bereits das RG hat ausgesprochen, daß die Tätigkeit des Anwalts auch dem Erwerbe dient, RGZ 66, 148 ff.; 153, 284.

dergestalt in einer Symbiose vereinen lassen, daß das Gewinnstreben des Anwalts durch rechtspflegerische und berufsethische Forderungen filtriert wird.

I. Die BRAGebO — Sicherung oder Hemmschuh anwaltlicher Unabhängigkeit?

Wirtschaftliche Grundlage des Anwaltsberufes bildet in besonderem Maße das Gebührenrecht. Das zwischen Rechtsanwalt und seinem Mandanten bestehende Rechtsverhältnis[106] ist auf dem Boden des Privatrechts angesiedelt, untersteht also der Vertragsfreiheit. Löst man die Vertragsfreiheit in eine Abschluß- und eine Gestaltungsfreiheit auf[107], so zeigt sich, daß beide nicht uneingeschränkt verwirklicht sind, der Rechtsanwalt vielmehr Bindungen unterworfen ist.

Zur Gestaltungsfreiheit[108] zählt bei einem Dienstvertrag das freie Aushandeln der Vergütung. Die Höhe der Vergütung des Rechtsanwaltes bestimmt sich aber grundsätzlich nach der BRAGebO. *Kalsbach*[109] sieht die Rechtfertigung einer Gebührenregelung in der — ohne eine solche bestehenden — Gefahr einer Auflösung des Standes. Gegen diese These spricht entschieden die französische Regelung — bei allen Vorbehalten gegenüber der Vergleichbarkeit standesrechtlicher Fragen: Sicher ist, daß der französische *avocat* ungleich stärker in seinen Stand und sein *Barreau* verwoben ist als der deutsche Rechtsanwalt[110].

---

[106] Grundsätzlich handelt es sich um einen Dienstvertrag, der eine Geschäftsbesorgung zum Gegenstand hat, RGZ 88, 226; 141, 349; BGH, NJW 1965, 106.

[107] *Larenz,* Schuldrecht I, § 4 I, II.

[108] Auf die Beschränkungen der Abschlußfreiheit wird noch zurückgekommen.

[109] Standesrecht, S. 422.

[110] *Hamelin / Damien,* Nr. 327 bis: danach herrscht in jedem *Barreau,* das seine eigene Geschichte aufzuweisen hat, ein *„sentiment familial"*
— wäre in Deutschland eine gesetzliche oder standesrechtliche Vorschrift denkbar, nach der ein Anwalt — tritt er außerhalb seines Kammerbezirks auf — dem dortigen *Bâtonnier* einen Höflichkeitsbesuch abzustatten, wenigstens aber seine Karte zu hinterlassen hat (Art. 87 décret 9. juin 1972)?
— hat es die deutsche Rechtsanwaltschaft zu einer *Caisse nationale des barreaux* gebracht, der alle *avocats d'office* angehören, die jedem *avocat* bei Erreichung seines 65. Lebensjahres — und 40 Berufsjahren einschließlich Stage — oder seiner Witwe eine Pension zahlt (Art. 42 loi réforme i. V. m. loi n° 48 - 50 du 12 janvier 1948)? Diese Regelung funktioniert in Frankreich zur allgemeinen Zufriedenheit (*Blanc,* S. 122) und das, obwohl es keinen der Bundesrechtsanwaltskammer vergleichbaren Zusammenschluß gibt.

Soweit dem Verfasser bekannt, besteht im Bereich der RAK Saarbrücken eine von der Kammer getragene selbstfinanzierte Altersversorgung. Die Haupthindernisse in Deutschland scheinen — neben der Unlust der jungen Anwälte — auf steuerlichem Gebiet — Frage der Abzugsfähigkeit — zu liegen; zur österreichischen Regelung, § 22 D.

Dann erweckt aber die Auffassung *Kalsbachs* Verwunderung, denn das *„honoraire librement fixé“* zwischen *avocat* alter Prägung und Klient hat die *loi reforme* in Art. 10 für die traditionsreichen Tätigkeiten des *avocat* — *consultation et plaidoirie* — aufrechterhalten, weil es zu einem der Grundsätze französischen Anwaltswesens gehört. In der Diskussion war von einer Gefahr der Auflösung des Standes nichts zu hören; hätte aber eine solche Gefahr bestanden, wäre es der französische Anwaltsstand gewesen, der sich als erster dagegen zur Wehr gesetzt hätte.

Andere Gründe haben zu der — auf eine lange Geschichte zurückgehenden[111] — Gebührenregelung geführt. Aus heutiger Sicht kommen als tragenden Faktoren dem Anwaltszwang und der sozial- und rechtsstaatlichen Forderung nach einer — finanziell — erschwinglichen Rechtspflege besonderes Gewicht zu.

Der mit der Durchsetzung des Mündlichkeitsprinzips im Zivilverfahren im berechtigten Interesse der Rechtspflege eingeführte Anwaltszwang[112] führt zu einer *Monopolstellung* der Rechtsanwälte. Statt in ihm einen wesentlichen Beitrag zur wirtschaftlichen Sicherung des Anwalts — und damit seiner Unabhängigkeit — zu sehen, erblickt man in ihm mehr die Gefahr einer wirtschaftlichen Ausnutzung des einzelnen durch den Rechtsanwalt, der durch eine Gebührenordnung vorgebeugt werden soll[113]. Das Honorar des Rechtsanwaltes bildet unbestreitbar einen kostentreibenden Faktor. Die Regelung des § 91 I und II ZPO[114] tut ihr übriges, um das Kostenrisiko ins Bedenkliche zu steigern. Hier öffnet sich ein „Teufelskreis“, den es zu durchbrechen gilt:

— *Auf der einen Seite* erhebt sich die nicht wichtig genug einzuschätzende Forderung des sozialen Rechtsstaates, das Kosten*risiko* so gering wie möglich zu halten[115].

— *Auf der anderen Seite* steht der — durch die Gebühr „gebremste“ — Rechtsanwalt, der auf einer ausreichenden Höhe dieser Gebühr bestehen muß[116], um seine für die gesamte Rechtspflege lebensnotwendige Unabhängigkeit wahren zu können. Je höher aber diese Gebühr, desto höher das Kosten*risiko*, weil sie der unterliegenden Partei aufgebürdet

---

[111] Bereits aus dem 16. Jahrhundert sind Gebührenregelungen für die Procuratoren bekannt, *Döhring*, S. 149.

[112] Vgl. *Eyermann*, NJW 1973, 1032.

[113] BGE 41 II, 481; 66 I, 57.

[114] In Frankreich bezüglich des *honoraire librement fixé* unbekannt, *Vincent*, Nr. 784.

[115] *Fechner*, JZ 1969, 349; *Bokelmann*, ZRP 1973, 164; *Pawlowski, JZ 1975*, 197; *Baumgärtel*, JZ 1975, 425.

[116] *Baumgärtel*, ZRP 1974, 228; vgl. die Forderung des DAV, AnwBl. 1974, 95.

wird; je niedriger das Kostenrisiko, desto niedriger muß die Rechtsanwaltsgebühr sein, desto unsicherer wird aber auch die wirtschaftliche Basis des Anwalts[117].

Eine Lösung, die allen Forderungen vollauf gerecht wird, läßt sich kaum finden[118]. Es bietet sich aus der hier verfolgten Sicht eine Lösung an, die die dargestellten Nachteile weitgehend vermeidet[119]: Die freie Honorarvereinbarung — ohne das in § 3 I BRAGebO aufgestellte Erfordernis der Schriftlichkeit — sollte zum Grundsatz werden[120]; die Gebühren bleiben insofern von Bedeutung, als sie die Berechnungsgrundlage für § 91 I und II ZPO bilden.

Der *Vorteil* dieser Lösung scheint mir darin zu liegen, daß man den gordischen Knoten, der Kostenrisiko und wirtschaftliche Sicherheit des Anwalts in Gestalt der Gebühr verband, durchschlagen hat und damit das Kostenrisiko[121], ohne die wirtschaftliche Unabhängigkeit des Rechtsanwaltes zu gefährden, geringer halten kann.

Die *Einwände* liegen auf der Hand[122]: Real verbilligt sich der Prozeß nicht, weil jede Partei grundsätzlich einen Teil ihrer Anwaltskosten selbst trägt. Der Haupteinwand gegen die hier vertretene Regelung wird wohl darin liegen, daß die obsiegende Partei „für ihr Recht" auch noch bezahlen muß; dies erscheint besonders unbillig, wenn sie zu diesem Prozeß gezwungen wurde — sei es, daß sie als Beklagte in den Prozeß hineingezogen wurde, sei es, daß sich der Gegner ihrem Verlangen mutwillig außergerichtlich widersetzt hat.

Aber ist die Aufbürdung eines — kleineren — Teils der eigenen Anwaltskosten tatsächlich unbillig, die starre Regelung des § 91 ZPO

---

[117] Zu 37,2 % lag der Gebührenstreitwert bei LG-Prozessen — vor Änderung der Zuständigkeitsgrenze — zwischen 1501,— und 3000,— DM, *BRAK* I, S. 67. Das Prozeßrisiko lag bei einem Streitwert von 3000,— DM — wenn jeweils 3 Gebühren anfallen — bei 1167,— DM = 38 %, davon sind 930,— DM Anwaltskosten; es liegt nach der Neufassung des Gerichtskostengesetzes und der BRAGebO vom 20. 8. 1975 — BGBl. I, S. 2189 — bei 1242,— DM = 41,4 %, davon sind 984,— DM Anwaltskosten. Hinzutritt, daß sich diese Statistik durch die Änderung der Vorschrift über den sogenannten Regelstreitwert — § 14, nunmehr § 10 Gerichtskostengesetz — nach oben verschieben wird.

[118] Vgl. die Vorschläge von *Bokelmann*, ZRP 1973, 164 ff.; *Pawlowski*, JZ 1975, 197 ff.; *Baumgärtel*, JZ 1975, 425 ff. m. w. N.

[119] *Redeker*, AnwBl. 1973, 232.

[120] Nach Schätzungen werden in 1/4 aller Fälle Honorarvereinbarungen getroffen, AnwBl. 1974, 93.

[121] In diesem Risiko für den Fall des Unterliegens liegt die Hauptgefahr, *Fechner*, JZ 1969, 350.

[122] Gegen ein Aufreißen des Verbundes Anwaltszwang, Erstattungspflicht und gesetzliche Gebühr, *Baumgärtel*, ZRP 1974, 229; vgl. auch *Baumgärtel*, BB 1975, 678.

dagegen gerecht[123]? Auch die unterlegene Partei wird oftmals an „ihr" Recht glauben und mit guten Argumenten in den Prozeß gehen. Die *Schweiz* berücksichtigt diese Situation und sieht die Dinge differenzierter: schweizerische Kantone bürden der unterlegenen Partei nur „in der Regel" die Anwaltskosten der obsiegenden Partei auf[124]; als Fall einer solchen Regeldurchbrechung wird die Änderung einer feststehenden Gerichtspraxis, die erstmalige Entscheidung einer grundsätzlichen Frage, über die man „in guten Treuen"[125] geteilter Meinung sein konnte, angesehen; andere Kantone lassen allgemeine Billigkeitsgründe genügen[126].

Die starre Regelung des § 91 ZPO ist also keineswegs unangreifbar, wie neben § 61 I Satz 2 ArbGG die Schweizer Lösung beweist[127]. Es läßt sich daher *prinzipiell* nicht gegen die hier vertretene Lösung einwenden, sie sei unbillig, weil sie der obsiegenden Partei Kosten auferlegt. Ihre „Schwäche" liegt allerdings darin, daß sie der obsiegenden Partei in der Regel Kosten auferlegen will. Jedoch ist diese Folge meines Erachtens gegenüber der sonst drohenden Gefährdung anwaltlicher Unabhängigkeit bzw. Steigerung des Kostenrisikos ins „Unermeßliche"[128] in Kauf zu nehmen. Die Gebühr des Anwalts wird damit im Ergebnis — unabhängig vom Prozeßausgang — von der eigenen Partei mitbestritten, ein Ergebnis, das so systemfremd nicht erscheint: besteht zwischen beiden doch immerhin eine vertragliche Beziehung.

Der Gefahr eines wirtschaftlichen Mißbrauches der Monopolstellung der Anwälte oder eines Konkurrenzkampfes innerhalb der Anwaltschaft durch Unterbietungen wäre mit — evtl. von der BRAK festzusetzenden — *Rahmensätzen* entgegenzutreten; außerdem besteht über § 3 III BRAGebO eine gerichtliche Kontrollmöglichkeit.

---

[123] Vgl. auch § 61 I Satz 2 ArbGG, wonach die vor dem ArbG entstandenen Kosten für die Zuziehung eines Rechtsanwaltes nicht erstattungsfähig sind. Diese Regelung wird gerade aus sozialstaatlichen Gründen gerechtfertigt, *Rohlfing / Rewolle*, § 61 B VII 1 d.

[124] § 159 II OG, Art. 246 ZPO Glarus, Art. 202 ZPO Appenzell, Art. 137 ZPO Graubünden, Art. 58 ZPO Bern, Art. 111 ZPO Freiburg, §§ 72, 77 ZPO Zürich, Art. 143 ZPO St. Gallen.

[125] Art. 145 ZPO St.Gallen; vgl. auch die §§ 54, 58 ZPO Aargau, 101 ZPO Solothurn.

[126] § 159 III OG, § 172 ZPO Basel-Stadt, Art. 246 II ZPO Glarus, Art. 111 ZPO Freiburg.

[127] Ausnahmen für mutwilliges Prozessieren wären ins richterliche Ermessen zu legen.

[128] Nach der Änderung der BRAGebO vom 20. 8. 1975 (BGBl. I, S. 2189) hat die unterlegene Partei bei Streitwerten zwischen 10 000,— und 25 000,— DM — die immerhin rund 11 % des Prozeßaufkommens ausmachen, *BRAK* I, S. 67 —, wenn drei Gebühren anfallen, nunmehr zwischen 3180,— und 4980,— DM — gegenüber 1950,— und 2760,— DM früher — zu zahlen!

Wägt man Für und Wider ab, so scheint mir diese Lösung der bestehenden gesetzlichen Regelung gegenüber vorzugswürdig.

II. Das Erfolgshonorar

Wirtschaftliche Sicherheit kann nicht Selbstzweck und auch nicht Anlaß eines ungehemmten Profitdenkens und -strebens des Rechtsanwaltes sein. Wirtschaftliche Sicherheit ist ein Pfeiler anwaltlicher Unabhängigkeit. Dort, wo das Streben nach wirtschaftlicher Sicherheit anwaltliche Unabhängigkeit nicht mehr abstützt, sondern zum Einsturz bringt, muß es eingedämmt werden.

Dies gilt für die Vereinbarung einer *quota litis* und eines Erfolgshonorars. Über das Verbot einer *quota-litis*-Vereinbarung herrscht weitgehende internationale Einigkeit[129]. Sie gefährdet die anwaltliche Unabhängigkeit; denn der Rechtsanwalt, dem ein Anteil am Streitwert im Falle des Obsiegens versprochen ist, macht diesen Fall „zu seinem eigenen". Er ist nicht mehr der Interessenvertreter, sondern er nimmt eigene wirtschaftliche Interessen wahr. Wer aber eigene Interessen, die mit denen eines anderen untrennbar verwoben sind, wahrnimmt, ist nicht mehr unabhängig[130].

Bei der Vereinbarung eines Erfolgshonorars tritt die Gefährdung anwaltlicher Unabhängigkeit nicht so offen zu Tage[131]. Sie ist jedoch im Kern vorhanden; denn es besteht die Gefahr, daß der Rechtsanwalt nicht mit der ihm als Organ der Rechtspflege obliegenden Intention auf Wahrheit und Gerechtigkeit den Fall verfolgt, sondern *um jeden Preis* den „Erfolg" seines Mandanten erstrebt. Dann ist aber *die* Grenze überschritten, die im Interesse der Rechtspflege errichtet werden muß.

Die Bedeutung der wirtschaftlichen Sicherung des Rechtsanwaltes hat sich auch in der allmählichen[132] Anerkennung der Anwaltspraxis als gegen Enteignung geschütztes Eigentum gezeigt[133]. Auch bei Änderung von Gerichtsbezirken wird den wirtschaftlichen Belangen der Rechtsanwaltschaft Rechnung getragen[134]. Unter diesem Blickwinkel

---

[129] In Deutschland nicht mehr gesetzlich, sondern „nur" standesrechtlich untersagt, § 52 I, III Richtlinien; Frankreich: Art. 10 II loi réforme; England: *Cohn*, NJW 1966, 773; vgl. auch *Kalsbach*, Die Rechtsanwaltschaft I, S. 157.

[130] BGHZ 34, 71; 39, 145; vgl. auch BGH, NJW 1966, 296 mit Anm. *Cohn*, NJW 1966, 773; nach BGHZ 51, 290 ff. verstößt eine *quota litis* Vereinbarung gegen den deutschen *ordre public* (Art. 30 EGBGB).

[131] BGHZ 34, 71 ff.; vgl. *Hamelin / Damien*, Nr. 297; *Blanc*, S. 63 f. Auch in den Armenrechtsvorschriften liegt — verdeckt — eine Erfolgshonorierung.

[132] Von RGZ 153, 284 zu OLG Hamm, DB 1970, 2317 war ein weiter Weg.

[133] *Leisner*, NJW 1974, 480; *Heydt*, NJW 1974, 1229.

[134] Vgl. zuletzt Gesetz zur Änderung der BRAO vom 20. Mai 1975, BGBl. I, S. 1117.

könnte auch die — nie gänzlich verstummte — Diskussion um einen *numerus clausus* beim Zugang zur Anwaltschaft wieder aufbrechen[135]. Bestehen gegen einen solchen zwar keine verfassungsrechtliche Bedenken[136], so würde er dennoch einen ernsten Eingriff in die mühsam errungene Freiheit der Advokatur darstellen.

§ 19 Inkompatibilitäten

Wesentliche Sicherungen zur Bewahrung der Unabhängigkeit des zugelassenen Rechtsanwaltes stellen diejenigen Vorschriften dar, die sich mit Inkompatibilitäten befassen. Der Gesetzgeber erfaßt darin ein Verhalten des Rechtsanwaltes, das geeignet ist[137], ihn in Abhängigkeit zu versetzen. Viele Rechtsordnungen haben einen Generaltatbestand aufgestellt[138], Frankreich besitzt daneben eine bis ins einzelne gehende Regelung[139] — eine Tatsache, die angesichts der hohen Bedeutung der Unabhängigkeit des *avocat* nicht überraschen kann. Dennoch ist die französische Regelung nicht abschließend, sie kann es auch gar nicht sein. Eine spezialgesetzliche Erfassung von Gefährdungen der Unabhängigkeit erscheint angesichts der vielfältigen Möglichkeiten bei sich rasch wandelnden Verhältnissen unmöglich. Unvereinbarkeitsvorschriften sind in zweierlei Hinsicht denkbar[140]:

— *Generelle Inkompatibilität:* Rechtsanwaltsberuf und das andere Verhalten sind grundsätzlich unvereinbar, weil es den Rechtsanwalt in eine umfassende Abhängigkeit bei seiner Berufsausübung stürzt. Generelle Inkompatibilitäten spielen bei der Frage der Zulassung eine bedeutende Rolle, sie führen korrespondierend, wenn sie erst nach Zulassung eintreten, zu einer Zurücknahme der Zulassung oder in minder schweren Fällen zu einem vollständigen oder teilweisen Ruhen anwaltlicher Tätigkeit (vgl. §§ 14 I Ziff. 6, 47 BRAO).

— *Spezielle Inkompatibilität:* In einem Einzelfall ist eine besondere Konstellation eingetreten — regelmäßig durch das Verhalten des Anwalts selbst —, die die Unabhängigkeit des Rechtsanwaltes *in casu* gefährdet; dies führt zu einem Verbot der Tätigkeit des Rechtsanwaltes *in diesem Fall.*

---

[135] Wenn das OLG Koblenz, EGH III B, 110 formuliert: „Der Beruf des Rechtsanwalts ist kein Ausweichberuf, den man nur dann ergreift, wenn andere Fortkommensmöglichkeiten versagen", so trifft dies nicht mehr die *derzeitige* Wirklichkeit.

[136] OLG Koblenz, EGH III B, 79; *Brandi,* Gedenkschrift für Cüppers (1955), S. 36.

[137] Zum erforderlichen Grad, BGH, NJW 1975, 1514.

[138] § 7 Ziff. 8 und § 15 Ziff. 2 BRAO; § 20 c ÖRAO; Art. 7 I loi réforme.

[139] Art. 57 - 69 décret 9. juin 1972.

[140] *Eichenberger* S. 230.

A. Generelle Unvereinbarkeiten

I. Syndicusanwalt

In dem Zusammenhang unvereinbarer Tätigkeiten[141] des Rechtsanwaltes im Hinblick auf seine Partei- und Gesellschaftsunabhängigkeit taucht das Problem des *Syndicusanwalts* auf. Die Unabhängigkeit des Rechtsanwaltes als Firmensyndicus gefährdet der Mandant, der gleichzeitig Dienstherr des Anwalts ist, wohingegen den Rechtsanwalt als Verbandssyndicus darüber hinaus gesellschaftliche Kräfte „bedrohen". Der Gesetzgeber hat die Gefahr erkannt und in § 46 BRAO einen Weg eingeschlagen, der als Zugeständnis an die bestehenden Verhältnisse zu verstehen ist[142].

Zwei Fragenkomplexe gilt es vorweg zu trennen: einmal geht es um die Frage, ob eine Tätigkeit als Syndicus eine gleichzeitige Betätigung als Rechtsanwalt zuläßt. Dies — ein Problem der Zulassung — ist an Hand des § 7 Ziff. 8 BRAO zu entscheiden, wobei in die Wertung die in § 46 BRAO zum Ausdruck gekommene grundsätzliche Vereinbarkeit von Rechtsanwalts- und Syndicustätigkeit einzufließen hat. Zum anderen geht es um die Frage, ob nicht gewisse anwaltliche Tätigkeiten dem Syndicusanwalt entzogen werden müssen, weil er eben nicht völlig ins Bild des § 1 BRAO paßt; dies — ein Problem der Berufsausübung — regelt § 46 BRAO. Es liegt auf der Hand, daß demjenigen Syndicus die Zulassung als Rechtsanwalt zu versagen ist, dem seine Syndicustätigkeit *keine* Zeit läßt, sich als Rechtsanwalt zu betätigen[143]. Unschädlich dagegen ist — wie aus § 46 BRAO folgt — die überwiegende Betätigung als Syndicus, so daß der Rechtsanwaltsberuf nicht notwendig im Hauptberuf ausgeübt werden muß[144].

Aus der hier verfolgten Sicht der Unabhängigkeit des Rechtsanwaltes stellt das Wechselspiel zwischen den §§ 7 Ziff. 8 und 46 BRAO einen Kompromiß dar, der — wie jeder Kompromiß — unter gewissen Inkonsequenzen leidet. Nach § 7 Ziff. 8 BRAO ist die Zulassung zur Rechtsanwaltschaft zu versagen, wenn der Bewerber eine Tätigkeit ausübt, die mit dem Beruf eines Rechtsanwaltes oder dem Ansehen

---

[141] Die Inkompatibilität zwischen Anwalt und Hochschullehrer, die aus § 7 Ziff. 10 BRAO entnommen wird — „wenn der Bewerber ... Beamter ist ..." —, beruht auf einer rein formalen Betrachtungsweise; was die entscheidende Frage der Unabhängigkeit betrifft, kann man den Hochschullehrer nicht dem Beamten gleichsetzen (Art. 5 III GG!).

[142] Nach Schätzungen sind 25 % aller Rechtsanwälte Syndicusanwälte, *Brangsch*, AnwBl. 1966, 252; BGH EGE XII, 21. § 5 bayerische Rechtsanwaltsordnung vom 6. November 1946 — BayBS III, S. 45 — lehnte das Institut des Syndicusanwalts grundsätzlich ab; zur geschichtlichen Entwicklung, *Brandi*, Gedenkschrift für Cüppers, (1955), S. 44 f.

[143] BGHZ 33, 266; 34; 390; 38, 6.

[144] A. A. *Kalsbach*, BRAO § 7 Anm. 10 III.

der Rechtsanwaltschaft unvereinbar ist. Darunter fällt grundsätzlich die Ausübung des Rechtsanwaltsberufes in Abhängigkeit, weil die Unabhängigkeit Wesensmerkmal des Rechtsanwaltes ist.

Die Befürworter des Syndicusanwaltes umgehen nun § 7 Ziff. 8 BRAO dadurch, daß sie die Einzelperson Syndicusanwalt in zwei Personen aufspalten. Daß ein Bewerber im Rahmen eines Arbeits- oder Dienstverhältnisses an Weisungen seines Auftraggebers oder Dienstherrn gebunden und damit abhängig ist — auch wenn er eigenverantwortlich berät —, steht einer Zulassung zur Rechtsanwaltschaft deswegen nicht entgegen, weil er eine Doppelstellung innehat: die des abhängigen[145], aber eigenverantwortlichen Syndicus und die des unabhängigen Rechtsanwaltes[146]. Zumindest für den Fall, daß an den unabhängigen Rechtsanwalt der Dienstherr des abhängigen Syndicus — wobei sich generell die Frage stellt, ob eine Abgrenzung beider Tätigkeiten überhaupt möglich ist[147] — als Mandant herantritt, droht das künstliche Gebilde des Doppelberufes einzustürzen. Hier darauf hinzuweisen, in diesem Fall werde der unabhängige Rechtsanwalt tätig, geht an der Wirklichkeit vorbei. § 46 BRAO hat dies erkannt und in diesem Fall dem Rechtsanwalt das Auftreten vor Gerichten und Schiedsgerichten untersagt.

Hierin liegt nun eine Inkonsequenz: § 46 BRAO spaltet die Tätigkeit des Rechtsanwaltes wertmäßig auf. Obwohl die Unabhängigkeit gefährdet ist, erstreckt sich das Tätigkeitsverbot nur auf das gerichtliche Auftreten. Dies läßt den Schluß zu, ein Auftreten vor Gericht erfordere ein höheres Maß an Unabhängigkeit als die außergerichtliche Tätigkeit des Rechtsanwaltes — oder erfordert letztere überhaupt keine Unabhängigkeit? —, und dies, obwohl § 1 BRAO von *einer* Unabhängigkeit ausgeht, die das gesamte in § 3 BRAO angesprochene Feld umfaßt. Der Gesetzgeber hat die Gefährdung der Unabhängigkeit klar erkannt, glaubt sie aber für bestimmte Tätigkeitsgebiete hinnehmen zu können.

Die Doppelnatur hat zu erheblichen Unsicherheiten Anlaß gegeben: streitig war, ob der Syndicus, der auf Grund vertraglicher Verpflichtung Verbandsmitgliedern oder Dritten Rechtsauskünfte zu erteilen hatte, zur Rechtsanwaltschaft zuzulassen war. Nachdem der BGH eine solche Möglichkeit für Arbeitgeber- und Arbeitnehmerverbände zunächst zuließ[148], hat er diese Rechtsprechung aufgegeben:

---

[145] *Skouris*, BB 1975, 1232, hält die Abhängigkeit des Syndicus für eine „bloße Behauptung“.

[146] BGHZ 33, 279; BGH EGE IX, 72; *Börtzler*, Ehrengabe für Heusinger (1968), S. 125.

[147] *Börtzler*, Ehrengabe für Heusinger (1968), S. 124, sieht die Abgrenzung darin, daß die abhängige Tätigkeit nicht Anwaltstätigkeit sein kann.

[148] BGHZ 40, 285.

„Der Senat hat ... den nunmehr ausnahmslos geltenden Grundsatz entwickelt, daß niemand als Rechtsanwalt zugelassen werden kann, der in abhängiger Stellung als Angestellter[149] eines den anwaltlichen Standespflichten nicht unterworfenen Geschäftsherrn[150] Dritten Rechtsrat zu erteilen hat[151]."

Im Ergebnis ist dem beizupflichten. Die Konsequenz dieser Lösung erscheint freilich zweifelhaft: die Differenzierung[152], die Rechtsberatung des Dienstherrn deshalb mit der Ausübung des Rechtsanwaltsberufes als vereinbar anzusehen, weil der Syndicusanwalt eigenverantwortlich handele[153], die von Verbandsmitgliedern oder Dritten als unvereinbar, weil der Syndicusanwalt dieser in vertraglicher Abhängigkeit — als Hilfsperson des Auftraggebers — nachkomme[154], muß sich der Frage stellen, ob die Eigenverantwortung in beiden Fällen tatsächlich so unterschiedlich ist, daß sie nur in einem Fall im Interesse der Rechtspflege ein Berufsaufnahmeverbot rechtfertigt.

Die Doppelnatur des Syndicusanwalt läßt sich auch strafrechtlich und strafprozeßrechtlich nur schwer „in den Griff" bekommen: Getreu der Theorie vom Doppelberuf hat das OLG Stuttgart[155] die Anwendbarkeit des § 356 StGB in einem Fall verneint, in dem der frühere Syndicusanwalt nunmehr als „Nur-Rechtsanwalt" einem Mandanten gegen seinen früheren Dienstherrn beistand. Aber läßt sich die Grenze zwischen Syndicus und Anwalt immer so klar ziehen, zumal der BGH[156] zu Recht betont, der Syndicus könne seine Tätigkeit als Rechtsanwalt nicht abstreifen und § 356 StGB auch dem Schutz des Ansehens der Anwaltschaft dient[157]? Auf dieser letzteren Ebene liegt ein Beschluß des LG Koblenz[158], nach dem einem Syndicusanwalt das Zeugnisverweigerungsrecht des § 53 I Ziff. 3 StPO bezüglich Fragen über das Un-

---

[149] BGH, NJW 1975, 1127: gleiches gilt, wenn der Bewerber einen Beratervertrag abgeschlossen hat, ihm aber tatsächlich die Eigenverantwortung fehlt.

[150] Damit wird der in einer Anwaltskanzlei angestellte Rechtsanwalt ausgenommen.

[151] EGE XII, 19; vgl. BGHZ 46, 60; Bayer. EGH EGE XI, 118; einen Fall fehlender Verpflichtung, Rechtsrat zu erteilen, behandelt OVG Münster, NJW 1968, 861.

[152] *Brandi,* Gedenkschrift für Cüppers (1955), S. 55 ff.; *Börtzler,* Ehrengabe für Heusinger (1968), S. 135.

[153] Dies ist eine Zulassungsvoraussetzung, BGHZ 33, 271; 35, 119; EGE IX 73; NJW 1975, 1127.

[154] BGHZ 40, 287; EGE XII, 20; *Brandi,* Gedenkschrift für Cüppers (1955), S. 57; *Börtzler,* Ehrengabe für Heusinger (1968), S. 135.

[155] NJW 1968, 1975; a. A. *Geppert,* NJW 1960, 1043.

[156] Z 33, 279.

[157] BGH, GA 1961, 205; über § 43 Satz 2 BRAO unterliegt auch der *Syndicus*anwalt dem Standesrecht.

[158] Beschluß der 8. großen Strafkammer vom 24. 5. 1971 — Az 35/70 (8).

ternehmen zukommt — eine Auffassung, die mit der Theorie des Doppelberufes schwerlich zu vereinbaren ist.

Diese Darlegungen haben gezeigt, daß Kompromisse zu erheblichen Schwierigkeiten führen können. Das *französische* Recht, dem die Unabhängigkeit des *avocat* immer so heilig war, daß es sie bis zur *loi réforme* nie gesetzlich auszusprechen brauchte[159], läßt sich denn auf einen solchen auch nicht ein: Art. 62 a décret vom 9. juin 1972 spricht eine grundsätzliche Unvereinbarkeit von *„louage de service"* und *avocat* aus[160].

Wenn dennoch die Regelung des § 46 BRAO verteidigt wird, so deswegen, weil in ihr der Kern einer Garantie anwaltlicher Unabhängigkeit steckt, den es zu bewahren gilt[161]. Die gesamte Forderung nach Unabhängigkeit der Rechtspflege steht unter einer Mittel-Zweck-Relation: So gesehen erscheint das gerichtliche Auftreten eines Syndicusanwaltes dem Zweck — sach- und rechtsrichtiger Rechtszustand — gefährlicher als ein außergerichtliches Tätigwerden, dem eine Kontrolle durch unabhängige Rechtspflegeorgane noch folgen kann. Wenn nun *Fuchs*[162] unter Berufung auf *Heins*[163] die völlige Aufhebung des § 46 BRAO deswegen fordert, weil das Verbot des § 46 BRAO „in der Praxis nicht annähernd lückenlos durchgesetzt werden kann" und „der Anwalt, der gewillt ist, das Verbot des § 46 BRAO zu umgehen, seinen Anstellungsvertrag mit dem Dienstherrn in einen anwaltlichen Beratervertrag"[164] abändern kann, so liegt darin nicht nur eine Mißachtung der Idee der Unabhängigkeit, sondern darüber hinaus eine Verkennung des Wesens des § 46 BRAO als — Minimal-Sicherung anwaltlicher Unabhängigkeit. Anwaltliche Unabhängigkeit ist vor allem Ausdruck einer inneren Freiheit. Das Gesetz kann nur Hilfestellung leisten, indem es die Abhängigkeitsquellen aufzeigt und einzudämmen sucht, welche die anwaltliche Unabhängigkeit bedrohen.

§ 46 BRAO weist den Anwalt auf die Gefährdung seiner Unabhängigkeit hin, der er als Syndicusanwalt ausgesetzt ist; wenn es nun Anwälte gibt, die unter Umgehung des § 46 BRAO dessen Warnfunktion — aus welchen Gründen auch immer — „in den Wind schlagen", so drängt sich keinesfalls der Schluß auf, § 46 BRAO sei obsolet. Rich-

---

[159] *Blanc,* S. 55: „Il n'y a jamais besoin d'exprimer quelque chose, qui va de soi."

[160] In Art. 7 I *loi réforme,* der die Unvereinbarkeit von *avocat* und *syndic* normiert, ist mit *syndic* offensichtlich der Konkursverwalter (!) gemeint.

[161] *Skouris,* BB 1975, 1230 ff., hält § 46 BRAO wegen Verstoßes gegen Art. 12 I, 3 I und 2 I GG für verfassungswidrig.

[162] S. 104.

[163] NJW 1955, 282.

[164] *Fuchs,* S. 104; vgl. aber BGH, NJW 1975, 1127.

tigerweise muß man fragen, ob diese Anwälte den Sinn und Inhalt ihres Berufes — wie ihn § 1 BRAO als unabhängiges Organ der Rechtspflege treffend kennzeichnet — überhaupt verstanden haben.

II. Sozietät

Auf gleicher Ebene angesiedelt ist die Frage nach der Unabhängigkeit des bei einem Rechtsanwalt angestellten — arbeitsvertraglich gebundenen — Rechtsanwalts[165]. Dem Problem ist deswegen an Schärfe genommen, weil der Dienstherr selbst Rechtsanwalt ist und das Standesrecht die Bewahrung der Unabhängigkeit übernimmt[166].

Frankreich ist wiederum besorgter um die Unabhängigkeit des mitarbeitenden Rechtsanwaltes — *collaborateur* —; Art. 8 II *loi réforme* i. V. m. Art. 74, 75 décret 9. juin 1972 verlangt einen schriftlichen Vertrag, dessen Inhalt durch interne Regelungen des zuständigen *Barreau* genau fixiert ist. Immer bleibt der *collaborateur* „maître de l'argumentation" (Art. 76 décret 9. juin 1972).

B. Spezielle Unvereinbarkeiten

„Vor wenigen Monaten haben Vorgänge in einem politischen Prozeß die allgemeine Aufmerksamkeit, nicht zum wenigsten die Aufmerksamkeit der deutschen Anwaltschaft, auf eine Frage gelenkt, die zwar nicht zum ersten Mal in der Rechtsprechung über das Strafverfahren auftaucht, bisher aber doch äußerst selten akut geworden ist: ... die Frage nämlich, ob das Strafgericht grundsätzlich einen Verteidiger ... ausschließen kann."

Diese Worte, die aus aktuellem Anlaß gesprochen sein könnten und doch bereits über 40 Jahre alt sind[167], zeigen, daß nicht nur der Geschichtsforschung sich die Frage einer Periodizität stellt. Auch Rechtsprobleme — längst in Vergessenheit geraten — kehren wieder[168]. Es soll und kann nicht Aufgabe dieser Arbeit sein, der interessanten Frage nach den rechtlichen und politischen Hintergründen des Problems „Ausschließung von Rechtsanwälten" nachzugehen. Es muß die

---

165 Auf die vielfältigen Probleme, die eine Anwalts*sozietät* aufwirft, kann nicht eingegangen werden (vgl. *Kornblum*, BB 1973, 218 ff.; *ders.*, AnwBl. 1973, 153 ff.); sie wäre — zumal der Trend dorthin geht — einer gesonderten Betrachtung wert. Es sei lediglich darauf verwiesen, daß Art. 8 *loi réforme* nunmehr 4 Sozietätsformen zur Verfügung stellt: les cabinets groupés, les socieétés de moyens, l'association, les sociétés civiles professionelles (vgl. *Hamelin / Damien*, Nr. 16 ff.). Überblicksartig sei vermerkt, daß die Modalitäten bis ins einzelne gesetzlich geregelt sind — das décret 13 juillet 1972 handelt die société civile professionelle in 87 Art. ab — und daß die Sozietäten einer weitgehenden Aufsicht durch den *Conseil d'Ordre* unterliegen.

166 *Kalsbach*, BRAO nach § 43 Anm. 3 § 21 Richtlinien.

167 *von Scanzoni*, JW 1932, 3583.

168 *Mayer-Maly*, JZ 1971, 1 ff.

Feststellung genügen, daß die mit dem „Gesetz zur Ergänzung des ersten Gesetzes zur Reform des Strafverfahrensrechts“[169] vom 20. Dezember 1974 zu einem — vorläufigen[170] — Abschluß gekommene Entwicklung bereits in den Jahren 1925[171] und 1932[172] einen gewissen Höhepunkt erreicht hatte. Damals wie heute entspann sich — im Anschluß an höchstrichterliche Entscheidungen — zur Frage des Ausschlusses von Verteidigern eine lebhafte Diskussion[173], die der Federstrich des Gesetzgebers von 1974 nicht zur Makulatur werden ließ[174].

Unter der Thematik „Ausschließung“ werden zwei rechtlich verschiedene Fallgestaltungen wegen ihrer faktischen Übereinstimmung zusammengefaßt: die Ausschließung des Rechtsanwaltes als Entziehung der Rechtsanwaltsbefugnis[175] und die Zurückweisung des Rechtsanwaltes aus sitzungspolizeilichen Gründen.

I. Die Ausschließung des Rechtsanwaltes

Das von der h. L. entwickelte System geht im wesentlichen auf die Arbeit von *Gallas* zurück[176]. Die h. L. betrachtet den Ausschluß des Rechtsanwaltes als *Sanktion*[177] auf ein prozeßordnungswidriges Verhalten, das entweder in einem persönlichen Verhältnis des Rechtsanwaltes oder auf der Art und Weise der Führung der Verteidigung beruht[178]. Der Rechtsanwalt, dem ein solches Verhalten zur Last fällt, ist außerstande, seine Aufgaben im konkreten Fall zu erfüllen und daher auszuschließen[179]. *Dahs*[180] hat sich um eine Konkretisierung der Tatbestände

[169] BGBl. I, S. 3686; erstes Gesetz zur Reform des Strafverfahrensrechts vom 9. Dezember 1974, BGBl. I, S. 3393; diese vielfältigen und rasch aufeinanderfolgenden Änderungen machten eine Neubekanntmachung der StPO notwendig, BGBl. I (1975), S. 129.

[170] Vgl. BTDrucks. 7/3649; 7/3729.

[171] Tscheka-Prozeß; er betraf Aspekte der Sitzungspolizei.

[172] Felseneck-Prozeß, KG, JW 1933, 484.

[173] BGH, NJW 1972, 2140; KG, NJW 1972, 2144; BVerfGE 34, 293; *Wuttke*, NJW 1972, 1884; *Seebode*, NJW 1972, 2257; *Schmidt-Leichner*, NJW 1973, 969; *Blei*, JA 1972, 133 und Fortsetzung; *Schumann*, JZ 1973, 314.

[174] Die Diskussion hält weiter an: *Schmidt-Leichner*, NJW 1975, 417; *Karl-Heinz Groß*, NJW 1975, 422; *Zuck*, NJW 1975, 434.

[175] Die Ausschließung wird immer nur unter strafprozessualem Blickwinkel gesehen; sie ist im Grundsatz ein Problem des gesamten Verfahrensrechts.

[176] ZStrW 53 (1934), 256 ff.

[177] BVerfGE 15, 226 (234); 22, 114 (124).

[178] *Eberhard Schmidt*, StPO II Vorbem. § 137 Rdn. 11 ff.; *Dünnebier*, in: Löwe / Rosenberg, § 138 Anm. III 1, 2.

[179] *Pramann*, S. 6; *Seebode*, NJW 1972, 2257; *Wuttke*, NJW 1972, 1887; *Blei*, JA 1972, 133.

[180] NJW 1959, 1162; vgl. auch *Klaus Anschütz*, S. 59 f.; *Karl-Heinz Groß*, ZRP 1974, 28.

bemüht. Er sieht den Rechtsanwalt dann als außerstande an, eine Verteidigung zu führen, wenn er

— Beistand nicht leistet oder leisten kann,

— seine Pflichten als Rechtspflegeorgan verletzt,

— nicht mehr unabhängig ist.

Grundsätzliche Bedenken gegen eine Ausschließung leitet die h. A.[181] aus dem Wahlrecht des Beschuldigten auf einen Rechtsanwalt (§ 137 I StPO), aus dem Grundrecht der Berufsfreiheit (Art. 12 I GG) und aus der Unabhängigkeit des Rechtsanwaltes her (§ 1 BRAO), ohne sie letztlich greifen zu lassen.

1. Charakter

Die Auffassung vom Sanktionscharakter der Ausschließung ist bedingt durch die bisher in der Praxis vorgekommenen Fälle, die — sieht man einmal von den Verfahren ab, in denen es um die Vereinbarkeit von Zeugen- und Verteidigerstellung ging — alle an ein strafbares oder mißbilligtes Verhalten des Verteidigers anknüpfen[182]. Was liegt dann näher, als in der Ausschließung eine Ahndung dieses verteidigungswidrigen Verhaltens zu sehen! Auch die nunmehr getroffene gesetzliche Regelung geht von einem Sanktionscharakter aus und knüpft den Ausschluß an strafbare oder sicherheitsgefährdende Handlungen des Verteidigers. Diese auf Fallgruppen basierende Betrachtung der h. L. und des Gesetzgebers hat zu einer Verkennung des Wesens der Ausschließung geführt:

Der h. L. hätten deswegen schon Bedenken gegenüber einem Ahndungscharakter der Ausschließung kommen müssen, weil bereits „hinreichender Tatverdacht" — das Handeln des Anwalts betreffend — zur Ausschließung führt (vgl. § 138 a I StPO). Einer Ahndung kommt aber nur rein repressiver Charakter zu. Sie knüpft an ein feststehendes Verhalten an. Wenn ein Verteidiger deswegen auszuschließen ist, weil sein Verhalten verteidigungswidrig *ist*[183], so muß die Verteidigungswidrigkeit *feststehen*. Ein bloßer Verdachtsgrad läßt keine Ahndung zu. Mit dem Sanktionscharakter unvereinbar ist daher eine Ausschließung bei lediglich bestehendem Verdacht — mag er auch noch so schwerwiegend sein; denn wenn der hinreichende Verdacht einer Verteidigungswidrigkeit besteht, dann steht gerade nicht fest, daß der

---

181 *Seebode*, NJW 1972, 2257; BVerfGE 34, 293 (302).

182 Zusammenstellung bei *Klaus Anschütz*, S. 9 - 15; anzufügen wären noch BGHSt 15, 326; BGH, NJW 1972, 2140; KG, NJW 1972, 2144; OLG Köln, NJW 1975, 459.

183 *Gallas*, ZStrW 53 (1934), 260; *Klaus Anschütz*, S. 67 Fn. 251; *Pramann*, S. 6.

Verteidiger außerstande *ist*, seine Pflichten zu erfüllen; ein solcher Verteidiger *könnte* höchstens zur Erfüllung seiner Pflichten außerstande sein; an eine solch entfernte Möglichkeit kann aber keine — repressive — Sanktion geknüpft werden.

Auch hier weist eine *Gesamtschau der Rechtspflege den richtigen* Weg: Der Ausschluß eines Rechtsanwaltes — als eines Organs der Rechtspflege — ist grundsätzlich ebenso selbstverständlich wie bei jedem anderen Organ der Rechtspflege; denn die Möglichkeit der Ausschließung von Rechtspflegeorganen ruht auf einem gemeinsamen Prinzip:

— Eine Ausschließung bzw. Ablehnung des *Richters* sehen alle Verfahrensgesetze vor[184]; das gemeinsame Prinzip, das hinter ihnen steht, ist die Sicherung richterlicher Unabhängigkeit und damit die Bewahrung des Rechtsstaates im konkreten Fall[185].

— Schließt man sich der hier vertretenen Forderung nach Unabhängigkeit der *Staatsanwaltschaft* an, kann es nicht zweifelhaft sein, daß der Staatsanwalt, der seine Unabhängigkeit eingebüßt hat, nicht weiter in diesem Verfahren tätig sein kann, weil er eine Voraussetzung seiner Stellung als Organ der Rechtspflege verloren hat und demzufolge seine Tätigkeit nicht mehr in rechtsstaatlich gebotener Weise ausüben kann. Welche Gründe im einzelnen zum Verlust der Unabhängigkeit führen können, ist an Hand des hier für die gesamte Rechtspflege vertretenen Unabhängigkeitstrias Staats-, Partei- und Gesellschaftsunabhängigkeit zu entscheiden[186].

— Auch die anderen Rechtspflegeorgane sind in den gesetzlich aufgeführten Fällen außerstande, ihre Rechtspflegetätigkeit auszuüben, weil ihnen *in casu* die Unabhängigkeit fehlt[187].

Die Ausschließung von Rechtspflegeorganen knüpft an den Verlust ihrer Unabhängigkeit an. Sie geht aber noch weiter; denn sie ist gerade keine Ahndung eines Verhaltens, das zum Verlust der Unabhängigkeit geführt *hat*, sondern — wie ein Blick auf die Ausschließungsgründe

---

[184] §§ 22 - 24 StPO; 41 - 42 ZPO; 54 VwGO; 46 II, 49 ArbGG; 6 FGG; 51 FGO; 60 SGG; 11 LwVG; 18, 19 BVerfGG.

[185] *Hellwig*, System § 36 II 1; *Karl Peters*, § 20 I; *Müller / Sax* (KMR), Vorbem. § 22 Anm. 1; *Schorn*, GA 1963, 257; *Fasching* I, § 19 JN vor Anm. 1.

[186] § 7 NdsAGGVG; *Bruns*, Geburtstagsgabe für Grützner (1970), S. 47; *Koffka*, ZStrW 84 (1972), 671; *Jescheck*, ZStrW 84 (1972), 838; *Kohlhaas*, in: Löwe / Rosenberg, Anm. 4 d vor § 48; *Dünnebier*, in: Löwe / Rosenberg, Anm. 4 vor § 22; OLG Stuttgart, NJW 1974, 1394; §§ 75, 76 ÖStPO; *Kimmel*, S. 25 Fn. 1; *Roeder*, S. 73; §§ 41, 42 StPO Aargau. Die französische Auffassung fußt offensichtlich auf der Anschauung vom Parteiprozeß und läßt einen Ausschluß des *ministère public* nur zu, wenn er *partie jointe* ist, nicht wenn er — wie im Strafprozeß — *partie principale* ist (*Bouzat / Pinatel*, Nr. 1115).

[187] § 10 RPflG; § 16 BNotO i. V. m. § 3 BUrkG; § 155 GVG.

des Richters zeigt — knüpft allein an das objektive Vorliegen gesetzlich näher aufgeführter Verhältnisse an. Ob der Richter *in casu* tatsächlich seine Unabhängigkeit eingebüßt hat, bleibt unerforscht, es genügt der auf Grund des Bestehens dieser Beziehungen sich aufdrängende *Verdacht*[188].

Damit dienen die Ausschließungsgründe dazu, dem Verlust der Unabhängigkeit vorzubeugen: sie wollen verhindern, daß es zu einem Tätigwerden von Rechtspflegeorganen kommt, in deren Verlauf die latent vorhandene Gefahr einer Einbuße der Unabhängigkeit in den tatsächlichen Verlust der Unabhängigkeit zum Schaden einer rechtsstaatlichen Rechtspflege umschlägt. Indem sie ein — weiteres — Tätigwerden verhindern und nicht den Verlust der Unabhängigkeit abwarten, ahnden sie nicht ein Verhalten oder eine Beziehung des Rechtspflegeorgans, sondern *sichern* die bedrohte Unabhängigkeit. Die Ausschließung eines Rechtspflegeorgans stellt daher eine praeventive, gegen das Organ selbst gerichtete *Sicherungsmaßnahme* dar zum Schutz der Unabhängigkeit und damit der rechtsstaatlichen Rechtspflege.

2. Notwendigkeit eines Verteidigerausschlusses

Diese für die Rechtspflege gültigen Aussagen treffen auch den Rechtsanwalt, weil er als Organ der Rechtspflege in diese eingebettet ist. Dabei erweist sich die Unabhängigkeit des Rechtsanwaltes als ein Wesensmerkmal für eine rechtsstaatliche Rechtspflege. Ist diese Unabhängigkeit nicht mehr gewährleistet oder ist sie gefährdet, so ist auch die vom Rechtsstaat geforderte Verteidigung nicht mehr möglich oder doch gefährdet, die Verteidigung nämlich, die in völliger Unabhängigkeit sowohl die Rechte des Beschuldigten wie die Belange der Rechtspflege wahrt[189]: folglich ist ein solcher Anwalt auszuschließen.

Der Unabhängigkeit des Rechtsanwaltes kommt im Rechtsstaat eine so hohe Bedeutung zu, daß sie vorbeugend geschützt werden muß. Dort aber, wo sie bereits verloren ist, springt der Ausschluß als Sicherungsmittel über: Die Unabhängigkeit ist *selbst* nur ein Mittel zur Sicherung einer rechtsstaatlichen Rechtspflege. Fällt dieses Mittel nun weg, sichert der Ausschluß nunmehr unmittelbar das Ziel der Rechtspflege, den Rechtsstaat. Die Ausschließung wirkt damit als Doppelsicherung.

Die Unabhängigkeit des Rechtsanwaltes verhindert also nicht eine Ausschließung, sondern erfordert sie. Grundsätzliche Bedenken gegen einen Ausschluß des Rechtsanwaltes bestehen daher nicht (mehr):

---

[188] BVerfGE 20, 9; BGHSt 1, 34.

[189] *Kalsbach*, JZ 1961, 593.

Der einzelne Rechtssuchende hat zwar ein Recht auf die Wahl eines Rechtsanwaltes, das in Art. 103 I GG wurzelt. Jedoch trägt dieser Grundrechtsanspruch von vorneherein eine rechtsstaatliche Überlagerung und Beschränkung in sich. Art. 103 I GG gewährleistet nur die Wahl eines rechtsstaatlichen Rechtsanwaltes, des Rechtsanwaltes also, der unabhängiges Organ der Rechtspflege ist. Genau so wie der einzelne nur ein Recht auf den gesetzlichen *unabhängigen* Richter hat (Art. 101 I Satz 2 GG)[190], hat er nur ein Recht auf den *unabhängigen* Rechtsanwalt. Ausschließungsgründe greifen daher nicht in verfassungsmäßige Rechte des Rechtssuchenden ein, sondern tragen einer rechtsstaatlich gebotenen Inhaltsbeschränkung Rechnung.

Ein Ausschluß greift in die Berufsfreiheit des Rechtsanwaltes ein. Ein solcher Eingriff setzt aber eine gesetzliche Grundlage voraus (Art. 12 I GG), die durch die vom BVerfG[191] initiierte Gesetzgebung (§§ 138 a StPO ff.) geschaffen wurde[192].

Die Ausschließung sichert nicht die Beistandleistung des Rechtsanwaltes[193]. Es gehört zum Wesen des Rechtsstaates, jedem Beschuldigten zu gestatten, sein rechtliches Gehör durch einen frei gewählten Rechtskundigen ausüben zu lassen. Mit der Anerkennung dieses Wahlrechts endet aber die Pflicht des Rechtsstaates. Es ist nicht mehr seine Aufgabe zu überprüfen, ob der gewählte Rechtsanwalt dem Rechtssuchenden wirksam beisteht. Denn der Rechtsanwalt übt keine staatliche Aufgabe aus, die der Staat an sich selbst erfüllen müßte. Daher kann er auch nicht ihre inhaltliche Erfüllung überwachen. Der Rechtsstaat — wollte er hier eingreifen — würde eine unerträgliche und gefährliche Bevormundung über Rechtssuchende und Rechtsanwalt ausüben. Eine Ausschließung wegen mangelnder Beistandleistung kann es daher nicht geben.

Zusammenfassend läßt sich die These aufstellen: Die Organe der Rechtspflege können dann nicht für die Rechtspflege tätig sein, wenn sie ihre Unabhängigkeit eingebüßt oder in erheblicher Weise gefährdet haben[194].

Die auf *Beling*[195] zurückgehende, teilweise vertretene Auffassung[196], statt einer Ausschließung unter Heranziehung des Grundsatzes der

---

190 BVerfGE 21, 139 (146); *Schorn*, GA 1963, 257.

191 E 34, 293; vgl. auch BVerfGE 15, 226; 16, 214; 22, 114.

192 Materiell handelt es sich um eine Berufsausübungsregel, die durch „vernünftige Erwägungen des Gemeinwohls“ (BVerfGE 7, 377 (405)) gedeckt ist.

193 A. A. *Dahs*, NJW 1959, 1162; *Klaus Anschütz*, S. 59 f.

194 Zu weitgehend war der SPD-Entwurf, BTDrucks. 3/215, der auf eine Verletzung von Berufspflichten abstellte.

195 LZ 1927, 518 ff.

Verhältnismäßigkeit als milderes Mittel gewisse Verteidigerrechte — wie die der §§ 147, 148 StPO — zu entziehen, beruht wiederum auf der verfehlten Anschauung vom Ahndungscharakter der Ausschließung. *Die Ausschließung als Sicherung verlangt dagegen ein „Alles-oder-Nichts-Prinzip":*

— *Einmal* sichert der Entzug gewisser Verteidigerrechte anwaltliche Unabhängigkeit und rechtsstaatliche Verfahrensziele nicht ausreichend; insofern ist dieses Mittel zu schwach.

— *Zum anderen* ist mit dem Entzug gewisser Verteidigerrechte, die gerade auf Grund rechtsstaatlicher Forderungen eingeräumt wurden[197], eine rechtsstaatliche Verteidigung unmöglich oder zumindest erheblich erschwert, eine Folge, die das Sicherungsmittel gerade verhindern soll. Insofern gefährdet eine solche Maßnahme gerade den Zweck, der erreicht werden soll.

Auch geht diese Auffassung in diesem Zusammenhang von einer einseitigen Abwägung aus, weil sie die Problematik nur unter dem Blickwinkel des Art. 12 I GG angeht. Es geht aber nicht nur um eine Relation zwischen einem Zweck-Schutz der Berufsfreiheit — und verschiedenen möglichen Mitteln — Ausschluß oder Entzug von Rechten —, sondern auch um eine Relation zwischen rechtsstaatlich gebotener Unabhängigkeit und grundrechtlich geschützter Berufsfreiheit[198]. Der Verhältnismäßigkeitsgrundsatz hat seinen Niederschlag gerade darin gefunden, daß für einen Ausschluß grundsätzlich mindestens hinreichender Verdacht bestehen muß und eine berufliche Tätigkeit nur im gerichtlichen Verfahren verhindert wird.

3. Ausschlußgründe

Der Verlust oder die Gefährdung der Unabhängigkeit ist ein regelmäßig in der Person des Rechtsanwalts liegender Vorgang; dieser innerpersönliche Vorgang wird sich meist in einem bestimmten äußeren Verhalten manifestieren, das zu Rückschlüssen auf die Unabhängigkeit durchaus berechtigt. An so geartetes Verhalten knüpfen die Ausschlußgründe an.

Die gesetzliche Regelung der §§ 138 a StPO ff. bedarf einer Untersuchung nach zwei Seiten:

— Ist sie umfassend genug, um die Unabhängigkeit zu sichern oder weist sie gefährliche Lücken auf?

---

[196] *Ostler,* JR 1960, 172; *Seebode,* NJW 1972, 2258; *Karl-Heinz Groß,* ZRP 1974, 31; a. A. *Dünnebier,* in: Löwe / Rosenberg, § 138 Anm. 13; *Gallas,* ZStrW 53 (1934), 263; *Klaus Anschütz,* S. 61 Fn. 217; *Pramann,* S. 19 Fn. 5.

[197] *Dahs,* NJW 1965, 84.

[198] Vgl. *Hesse,* Grundzüge § 2 III 2 b cc.

— Sichert sie die Unabhängigkeit oder geht sie über diesen Sicherungszweck hinaus?

a) Generelle oder spezielle Regelung

Der Gesetzgeber hat sich für eine Normierung spezieller Ausschlußgründe entschieden. Ihm ist bereits kurz nach Inkrafttreten der §§ 138 a ff. StPO die Gefahr eines solchen Verfahrens vor Augen geführt worden[199]. Der Hinweis[200] auf die zufriedenstellende spezialgesetzliche Regelung des Richter-Ausschlusses vermag die allen solchen Normierungen innewohnende Gefahr nicht zu beseitigen: Denn hält man die Richterausschlußgründe tatsächlich für abschließend, so ist der Richter, der Beteiligter an der abzuurteilenden Straftat ist, nicht ausgeschlossen[201]; hierin lediglich einen Ablehnungsgrund zu sehen, erscheint theoretisch wie praktisch (§ 25 StPO!) unbefriedigend. Damit ist die Gefahr von Spezialregelungen aufgezeigt; sie weisen regelmäßig Lücken auf[202].

Der Vorteil einer Generalklausel besteht in der größeren Flexibilität gegenüber rasch wechselnden und neu aufbrechenden Verhältnissen; Bedenken gegen eine Generalklausel bestehen deswegen, weil sie einmal gesetzestechnisch schwer zu realisieren ist[203], zumal das BVerfG im konkreten Fall auf Klarheit, Vollständigkeit und Bestimmtheit besonderes Gewicht legt[204], zum anderen, weil sie die Gefahr einer extensiven — der Freiheit der Advokatur gefährlichen — Auslegung in sich birgt. Die Zukunft wird lehren, ob die §§ 138 a ff. StPO den an sie zu stellenden Anforderungen genügen[205].

b) Gesetzlich nicht erfaßte Ausschlußgründe?

aa) Zeugenstellung

Mit der Frage der Vereinbarkeit von Verteidiger- und Zeugenstellung in einem Verfahren waren die Gerichte am häufigsten befaßt. Die Rechtsprechung des RG ging zunächst von einer grundsätzlichen Ver-

---

[199] Es liegen bereits zwei neue Gesetzentwürfe vor, weil die erste Regelung sich als nicht ausreichend erwiesen hat, BTDrucks. 7/3649; 7/3729.

[200] *Schorn*, GA 1963, 257.

[201] *Schorn*, GA 1963, 258; es sei denn, man zieht einen Umkehrschluß aus § 22 Ziff. 1 StPO.

[202] *Eichenberger*, S. 216; *Ernst-Joachim Lampe*, JZ 1974, 697; *Karl-Heinz Groß*, NJW 1975, 423; *Ulsenheimer*, GA 1975, 113.

[203] Vgl. aber den Vorschlag von *Schmidt-Leichner*, NJW 1973, 973.

[204] E 34, 293 (302).

[205] Für eine Generalklausel: *Schmidt-Leichner*, NJW 1973, 973; *Dahs*, NJW 1959, 1167; *Ernst-Joachim Lampe*, JZ 1974, 697; *Karl-Heinz Groß*, ZRP 1974, 31; dagegen: *Baumann*, ZRP 1975, 41; *Lantzke*, JR 1974, 359.

einbarkeit aus[206], bis mit der Entscheidung RGSt 24, 104 ein Umschwung einsetzte. Nur in Ausnahmefällen sollten Verteidiger- und Zeugenstellung noch vereinbar sein[207]. Der BGH[208] ist im Grundsatz auf die frühere Linie des RG zurückgeschwenkt und hat die Zustimmung des BVerfG[209] erhalten. Die gesetzliche Regelung hat nun die gleichzeitige Zeugenstellung des Verteidigers nicht als Ausschlußgrund anerkannt, weil in den wenig denkbaren Konfliktsfällen kein Bedürfnis für einen Ausschlußtatbestand liege[210]. Mangels verfassungsrechtlich erforderlicher gesetzlicher Grundlage kann nunmehr ein Rechtsanwalt, der gleichzeitig Zeuge ist, nicht ausgeschlossen werden[211].

Damit könnte der Gesetzgeber eine für das Ziel rechtsstaatlicher Rechtspflege bedenkliche Lücke offengelassen haben; denn:

— *auch das Rechtspflegeorgan Richter ist ausgeschlossen,* wenn er in der abzuurteilenden Sache als Zeuge auftritt (§ 22 Ziff. 5 StPO; § 41 Ziff. 5 ZPO);

— auch das *Rechtspflegeorgan Staatsanwalt* kann in derselben Sache grundsätzlich nicht Zeuge und Anklagevertreter sein[212];

— die *österreichische* Regelung kennt überhaupt nur einen gesetzlichen Ausschließungsgrund für Rechtsanwälte[213], den der gleichzeitigen Zeugenstellung im Hauptverfahren (§ 41 I ÖStPO).

Dennoch ist der gesetzgeberischen Abstinenz zuzustimmen[214]. Der Ausschluß des Verteidigers, der zugleich Zeuge ist, soll die Beistand-

---

[206] RG, JW 1891, 546 = GA 39 (1891), 312; vgl. *Köhler,* Der Gerichtssaal 53 (1897), 210.

[207] RGSt 24, 297; 54, 175; 55, 219; GA 62 (1916), 154; JW 1937, 2423.

[208] NJW 1953, 1600; NJW 1967, 404.

[209] E 16, 214 (218).

[210] BTDrucks. 7/2989.

[211] BVerfGE 34, 293 (302).

[212] Gegenüber der ausnahmslosen Unvereinbarkeit beim Richter gilt diese Aussage auf Grund der anders gelagerten Rechtspflegetätigkeit nicht uneingeschränkt, BGHSt 14, 265; 21, 90; *Kohlhaas,* in: Löwe / Rosenberg, vor § 48 Anm. 4 d; *Dünnebier,* in: Löwe / Rosenberg, vor § 22 Anm. 4; *Bruns,* Geburtstagsgabe für Grützner (1970), S. 46; § 7 NdsAGGVG hat die Regelung des § 22 Ziff. 5 StPO gerade nicht übernommen.

[213] Im Wege der Auslegung gelangt die österreichische Lehre dahin, daß auch ein Mitangeklagter nicht Verteidiger sein kann, *Lohsing / Braun,* S. 145.

[214] Für eine grundsätzliche Unvereinbarkeit: *Gallas,* ZStrW 53 (1934), 266; *Dahs,* NJW 1955, 1162; *Klaus Anschütz,* S. 66; *Kohlhaas,* in: Löwe / Rosenberg, vor § 48 Anm. 4 e; *Karl Peters,* § 29 IV 4 b aa; *Ostler,* JR 1960, 173, im Falle notwendiger Verteidigung.

Für einen Ausschluß in Konfliktsfällen: *Dünnebier,* in: Löwe / Rosenberg, § 138 Anm. III 4; *Müller / Sax* (KMR), Vorbem. § 137 2 c; *Henkel,* § 35 IV 1 c; *Eberhard Schmidt,* Nachtrag I, Vorbem. vor § 48, 4; *Kleinknecht,* StPO

leistung für den Beschuldigten sichern. Eine solche Funktion kommt der Ausschließung — wie dargelegt — jedoch nicht zu. Über die Effizienz der Beistandleistung zu entscheiden, bleibt Sache des Beschuldigten. Die gleichzeitige Zeugenstellung des Rechtsanwaltes gefährdet nicht seine Unabhängigkeit und damit die Ziele der Rechtspflege[215], die allein durch eine Ausschlußregelung geschützt werden.

bb) Prozeßsabotage

Aus der höchstrichterlichen Rechtsprechung ist — soweit ersichtlich — nur ein Fall von Prozeßsabotage — gemeint ist damit der Versuch des Rechtsanwaltes, die Urteilsfindung zu verhindern —, der sogenannte *Felseneck-Prozeß* bekannt[216]. Der Gesetzgeber hat diesen Ausschlußgrund bewußt nicht aufgenommen, weil der Begriff „Prozeßsabotage" zu schillernd und wegen seiner extensiven Auslegungsmöglichkeiten zu gefährlich war[217]. In der Tat ist es denkbar, daß ein „prozeßsabotierendes" Verhalten des Rechtsanwaltes Ausdruck verlorener oder bedrohter Unabhängigkeit ist und zu einer Gefährdung des rechtsstaatlichen Verfahrens führen kann. Andererseits läßt sich eine klare Grenzlinie zwischen zulässiger Ausübung von Verteidigerrechten und deren Mißbrauch nur schwer ziehen — welches sind z. B. „rechtswidrige Mittel" i. S. d. BR-Entwurfs?[218] —, so daß die Feststellung, es handele sich um eine auf verlorener Unabhängigkeit basierende Prozeßsabotage nicht immer zutreffen wird. Angesichts dieser Lage ist auf einen solchen Ausschlußtatbestand zu Recht verzichtet worden, da er zu einer bedenklichen „Übersicherung" geführt hätte[219].

cc) Parteiverrat

Die h. L. sieht im Parteiverrat einen Ausschlußgrund, weil der Rechtsanwalt seiner Beistandpflicht nicht mehr gerecht wird[220]. Da eine

---

Vorbem. § 48 5 C; *Pramann*, S. 128; *Hagemann*, DRiZ 1932, 261; *Graf zu Dohna*, JW 1932, 3674; *Ostler*, JR 1960, 172; *Dahs*, Handbuch Rdn. 23; *Schorn*, DRiZ 1964, 157.

Gegen einen Ausschluß: *Rudolph*, DRiZ 1973, 260; *Karl-Heinz Groß*, ZRP 1974, 30; *Baumann*, ZRP 1975, 41; *Ulsenheimer*, GA 1975, 116.

[215] Von den Ordnungsvorschriften der §§ 59 StPO, 394 ZPO kann bei einem Organ der Rechtspflege eine Ausnahme gemacht werden, so daß der Verteidiger anwesend bleiben kann; a. A. *Karl Peters*, § 42 V 1.

[216] KG, JW 1933, 484.

[217] Vgl. Begründung zum RegEntw., AnwBl. 1974, 216. Der Gesetzentwurf des BR-BTDrucks. 7/3649 — sieht in einem § 138 b StPO die Prozeßsabotage als Ausschlußgrund vor.

[218] BTDrucks. 7/3649.

[219] *Ostler*, JR 1960, 173; *Karl-Heinz Groß*, ZRP 1974, 31; *Baumann*, ZRP 1975, 41; *Müller / Sax* (KMR), Vorbem. § 137 2 f.; *Pramann*, S. 137.

Für einen Ausschließungsgrund: *Henkel*, § 35 IV 2 a; *Karl Peters*, § 29 IV 4 b cc; *Dünnebier*, in: Löwe / Rosenberg, § 138 Anm. III 9; *Klaus Anschütz*, S. 69; *Ernst-Joachim Lampe*, JZ 1974, 697.

Ausschließung die Beistandleistung aber nicht sichern soll, wäre die gesetzliche Nichtberücksichtigung zu Recht erfolgt.

Parteiverrat ist jedoch dann als Ausschließungsgrund anzusehen — und sein Fehlen als Lücke —, wenn die Erfüllung des Straftatbestandes den Verlust oder eine erhebliche Gefährdung anwaltlicher Unabhängigkeit signalisiert. § 356 StGB setzt — wie dies in § 45 Nr. 2 BRAO deutlicher zum Ausdruck kommt — einen Interessengegensatz der beiden beratenen Parteien voraus. Da nun auch bei bereits erloschenem Mandat die anwaltliche Treuepflicht weiterwirkt, ist die Gefahr, daß der Rechtsanwalt die neue Verteidigung mit Rücksicht auf das frühere Mandat und damit abhängig führt, nicht von der Hand zu weisen. Bei der Qualifizierung des § 356 II StGB — Benachteiligung der eigenen im Einvernehmen mit der Gegenpartei — tritt der Verlust der Unabhängigkeit sogar offen zu Tage. Dieser Rechtsanwalt ist auszuschließen, nicht weil er keinen Beistand mehr leistet, sondern weil er eine abhängige Beistandleistung erbringt oder eine dahingehende erhebliche Befürchtung besteht, eine Lösung, die die Gerichte im speziellen Fall des § 146 StPO bereits praktizieren[221].

Das Fehlen dieses Ausschlußtatbestandes stellt also eine Lücke dar[222]. Diese ist zurückzuführen auf die verfehlte Auffassung vom Sanktionscharakter der Ausschließung; der Rechtsausschuß hat nämlich diesen im RegEntw vorgesehenen Ausschlußtatbestand als „nicht so schwerwiegend prozeßordnungswidrig“[223] fallengelassen.

dd) Syndicusanwalt

Der Syndicusanwalt steht in einem vertraglichen Abhängigkeitsverhältnis zu seinem Dienstherrn. Wegen der damit verbundenen Gefährdung seiner Unabhängigkeit verbietet § 46 BRAO dem Syndicusanwalt ein Auftreten für seinen Dienstherrn vor Gerichten und Schiedsgerichten, knüpft an einen Verstoß aber keine Folgen. Dabei handelt es sich hier um einen geradezu „klassischen“ Ausschließungsgrund, der dem Gesetzgeber offensichtlich wegen seiner Ferne zum Strafrecht nicht bewußt geworden ist.

---

[220] *Dünnebier*, in: Löwe / Rosenberg, § 138 Anm. III 5 b; *Henkel*, § 35 IV 2 b; OLG Oldenburg, GA 1956, 190.

[221] OLG Stuttgart, NJW 1976, 157; OLG Hamburg, NJW 1976, 250; OLG München, NJW 1976, 252.

[222] Für eine Ausschließung: *Pramann*, S. 131; *Karl-Heinz Groß*, ZRP 1974, 31; *Lantzke*, JR 1973, 360; dagegen: *Ernst-Joachim Lampe*, JZ 1974, 698.

[223] BTDrucks. 7/2989.

c) Gesetzlich erfaßte Ausschlußgründe

aa) Gemeinschaftliche Verteidigung (§ 146 StPO)

Die Neufassung des § 146 StPO, in dem man früher einen allgemeinen Grundsatz der Ausschließung zu erkennen glaubte[224], spricht nunmehr ausnahmslos das Verbot der Verteidigung mehrerer Beschuldigter eines Tatkomplexes[225] durch denselben Verteidiger aus. Dieser Verteidiger ist ohne irgendwelche verfahrensrechtlichen Feststellungen von Gesetzes wegen ausgeschlossen[226]. Auch dieser Ausschluß sichert nicht die Beistandsfunktion des Verteidigers[227], sondern die Unabhängigkeit des Rechtsanwaltes.

Der Grundgedanke der Neufassung ist sicher richtig: denn der Rechtsanwalt, der mehrere Beschuldigte eines Tatkomplexes verteidigt, gerät in Gefahr, die eine Verteidigung der anderen unterzuordnen, sie mit Rücksicht auf die Belange der anderen zu führen. Dann verteidigt er aber nicht mehr unabhängig, sondern läßt sich von sachfremden Abhängigkeiten leiten.

Bedenken wurden gegen die Pauschalierung dieser Gefahr erhoben[228]. Die nach Erlaß der Vorschrift aufgetretenen Fälle zeigen, daß den Einwänden eine gewisse Berechtigung nicht abgesprochen werden kann. Es geht dabei im wesentlichen um zwei Komplexe:

— Die Gerichte betrachten die Verteidigung mehrere Beschuldigter durch mehrere Anwälte einer Sozietät für — nach § 146 StPO — unzulässig. Sie stützen sich dabei auf das *formale* Kriterium, daß bei einer Sozietät jedes Mitglied vom Beschuldigten bevollmächtigt wird und somit auch berechtigt ist, bei mehreren Beschuldigten jeden zu verteidigen:

„Die Gefahr einer Interessenkollision wird aber allein dadurch begründet, daß mehrere Rechtsanwälte ermächtigt sind, jeweils mehrere Beschuldigte desselben Strafverfahrens zu verteidigen, ohne daß es darauf ankommt,

---

[224] *Pramann*, S. 112 ff.; BGH, NJW 1972, 2140; kritisch *Seebode*, NJW 1972, 2257.

[225] BVerfG, NJW 1976, 231; andere Gerichte sprechen von einer prozessualen Tat, OLG Düsseldorf, NJW 1975, 2220.

[226] Das kann bei Rechtsmitteleinlegungen zu unbilligen Ergebnissen führen, vgl. BayObLG, NJW 1976, 156 und OLG Karlsruhe, NJW 1976, 250. Hier muß im Interesse des Rechtssuchenden eine vertretbare Lösung gefunden werden: Zulässigkeit der Rechtsmittel*einlegung* durch einen ausgeschlossenen Verteidiger, da dies einen rein formalen Akt darstellt, vgl. auch § 36 II BRAO.

[227] So aber BVerfG, NJW 1975, 1014; NJW 1976, 231; § 146 StPO will aber z. B. auch verhindern, daß der Verteidiger den Beschuldigten *entlastet*, wenn er dabei einen Mitbeschuldigten belastet.

[228] *Zuck*, NJW 1975, 435; *Ulsenheimer*, GA 1975, 115. Das BVerfG, NJW 1975, 1014, hat diese Bedenken jedoch verworfen.

ob sie im Einzelfall schon bestimmte Verteidigerhandlungen tatsächlich vorgenommen haben[229]."

Diese Rechtsprechung[230] dehnt die Ausnahmevorschrift des § 146 StPO in verfassungsrechtlich bedenklicher Weise weit aus. § 146 StPO pauschaliert die Gefahr zum Schutz der Unabhängigkeit des Rechtsanwalts auf der Folgenseite der Norm: weil bei der Verteidigung mehrerer Beschuldigter durch einen Verteidiger die Möglichkeit eines Interessenkonflikts besteht, greift die Folge des § 146 StPO ein, einerlei ob tatsächlich ein solcher Konflikt aufbricht oder nicht. Die Rechtsprechung pauschaliert dagegen bereits auf der Tatbestandsseite des § 146 StPO, offenbar weil sie meint, den Anfängen wehren zu müssen: allein der formale Gesichtspunkt der Bevollmächtigung reicht nach der Rechtsprechung für die Anwendung des § 146 StPO aus.

Dem ist ebenso formal entgegenzuhalten: § 146 StPO spricht von der Verteidigung, nicht von der Wahl zum Verteidiger. Der — auf Grund der Bevollmächtigung der Sozietät über das Einzelmitglied — ebenfalls bevollmächtigte Verteidiger eines anderen Beschuldigten verteidigt gerade nicht; solange er dies aber nicht tut, kann bei ihm schlechterdings auch kein Interessenkonflikt auftreten, eine Gefährdung seiner Unabhängigkeit ist nicht in Sicht. Die Gerichte gehen in der Auslegung der Ausnahmevorschrift des § 146 StPO zu weit, wenn sie den Interessenkonflikt in der Möglichkeit sehen, Verteidigungshandlungen vorzunehmen. Denn erst die tatsächliche Vornahme solcher Handlungen begründet eine Gefahr und rechtfertigt die Anwendung des § 146 StPO.

Ein Vergleich mit der Richterausschließung bestätigt dieses Ergebnis: Die Ausschlußgründe wegen richterlicher (§ 23 StPO) oder nichtrichterlicher (§ 22 Ziff. 4, 5 StPO) Vortätigkeit knüpfen an eine vorausgegangene Tätigkeit des Richters an. Nur der Richter, der als Zeuge vernommen *ist*, nicht der als Zeuge *geladene*[231] — der als Zeuge also vernommen werden *könnte* —, ist ausgeschlossen. Das Gesetz hat die Pauschalierung der Gefährdung richterlicher Unabhängigkeit an ein vorhergehendes Tätigwerden des Richters geknüpft, weil es den Anwendungsbereich der Ausnahmenorm im Hinblick auf Art. 101 I Satz 2 GG eng fassen mußte[232].

Gleiches hat für das Organ der Rechtspflege „Rechtsanwalt" zu gelten. Hier verbietet Art. 103 I GG die von der Rechtsprechung unternommene zu weite Ausdehnung des § 146 StPO.

---

[229] OLG Hamm, NJW 1975, 1239; a. A. LG Düsseldorf, NJW 1975, 1849; AG Essen, NJW 1975, 1239.

[230] Vgl. auch OLG Karlsruhe, NJW 1976, 249.

[231] RGSt 42, 2; RG, GA 59, 126; BGHSt 11, 206.

[232] Vgl. BGHSt 9, 234.

— Der zweite Problemkreis betrifft die Frage des verfahrensrechtlichen Umfanges: Die Rechtsprechung knüpft bei der Frage des Umfanges grundsätzlich[233] an den strafprozessualen Tatbegriff an. Dabei ist es unerheblich, ob der Tatkomplex in äußerlich getrennten Verfahren behandelt wird. Die Gerichte dehnen die Anwendung des § 146 StPO darüber hinaus auf Fälle aus, in denen das Mandat eines Mitbeschuldigten erloschen oder einer der Beschuldigten rechtskräftig abgeurteilt ist.

Bei einem Mandatsende wirkt die Treuepflicht noch nach, so daß die Gefahr besteht, daß der Rechtsanwalt — gebunden durch diese Pflicht — nunmehr die Verteidigung des — neuen — Beschuldigten in Abhängigkeit von der Verteidigung des ursprünglichen Mandanten führt[234]. Der von den Gerichten offengelassene Fall[235], daß der Verteidiger — da § 146 StPO ein Tätigwerden für den zweiten Beschuldigten verbietet — wiederum den ersten Mandanten verteidigt, ist danach zu beurteilen, ob dieser Verteidiger für den zweiten Beschuldigten bereits Verteidigerhandlungen vorgenommen hat. Ist dies nicht der Fall, kann kein Interessenkonflikt aufbrechen; anderenfalls besteht eine solche Gefahr, so daß er auszuschließen ist.

Auch bei einer rechtskräftigen Verurteilung eines Mitbeschuldigten kann ein Interessenkonflikt möglich sein und dem Verteidiger daher die Verteidigung eines anderen Mitbeschuldigten verboten werden, weil die Wiederaufnahme des Verfahrens möglich bleibt[236], wenn auch nicht zu verkennen ist, daß in diesem Fall die Abstraktion der Gefährdung der Unabhängigkeit ihre äußerste Grenze erreicht hat.

bb) Beteiligung (im weitesten Sinne) des Rechtsanwaltes — § 138 a I StPO —

Der Rechtsanwalt, der Mittäter, Anstifter, Gehilfe an der abzuurteilenden Tat ist, kann nicht mehr unabhängig verteidigen, weil er sich an Täter und Tat gekettet hat. Er hat sein Los mit dem des Beschuldigten verknüpft. Dieser so abhängige Anwalt gefährdet die rechtsstaatlichen Ziele des Verfahrens und ist daher auszuschließen. Gleiches gilt für den Rechtsanwalt, der sich einer nachfolgenden Beteiligung — in Form der §§ 257, 258, 259 StGB — schuldig oder hinreichend verdächtig gemacht hat[237].

---

[233] OLG Düsseldorf, NJW 1975, 2220.

[234] OLG München, NJW 1976, 252; a. A. LG Memmingen, NJW 1976, 252.

[235] OLG Hamburg, NJW 1976, 251.

[236] OLG Hamburg, NJW 1976, 250; OLG München, NJW 1976, 252; OLG Stuttgart, NJW 1976, 157.

[237] RG, JW 1926, 2756; *Gallas*, ZStrW 53 (1934), 262; *Klaus Anschütz*, S. 20; *Pramann*, S. 127; *Müller / Sax* (KMR), § 137 Vorbem. 2 d; *Henkel*, § 35 IV 1 a; *Karl Peters*, § 29 IV 4 b bb; *Dünnebier*, in: Löwe / Rosenberg, § 138 Anm. III 3; *Ernst-Joachim Lampe*, 1974, 697; *Ulsenheimer*, GA 1975, 106.

Davon begrifflich zu trennen, wenn auch unter § 138 a I StPO zu subsumieren, ist die durch die Verteidigung selbst begangene Strafvereitelung. Auch dieser Ausschluß ist gerechtfertigt; denn das Verlassen des schmalen Grates[238] zwischen erlaubter Verteidigung und strafbarer Strafvereitelung beweist, daß der Rechtsanwalt nicht mehr unabhängig ist, er sich vielmehr den Interessen des Beschuldigten untergeordnet hat.

cc) Gefahr für die Sicherheit der Bundesrepublik Deutschland — § 138 b StPO —

§ 138 b StPO ist der gesetzgeberische Niederschlag der (Ausnahme-) Entscheidung BGHSt 8, 194. Dieser Ausschlußgrund nimmt insofern eine Sonderstellung ein, als er zwar an die Gefährdung der Unabhängigkeit anknüpft[239] — denn wer eine Gefahr für die Sicherheit der Bundesrepublik darstellt, bei dem besteht die Gefahr, daß er von dritter Seite abhängig ist —, diese sich jedoch weniger auf das konkrete Verfahren als vielmehr allgemein auf die Sicherheit der Bundesrepublik auswirkt. Ein solcher Grund ist systematisch näher bei den generellen Unvereinbarkeiten — Frage der Zulassung bzw. Rücknahme der Zulassung — als bei einem verfahrensbezogenen Ausschluß anzusiedeln. Man wird den Ausschlußgrund des § 138 b StPO deswegen halten können, weil die Abhängigkeit des Rechtsanwaltes sich auch im konkreten Verfahren manifestieren wird und somit eine Gefährdung der rechtsstaatlichen Ziele des Verfahrens zu erwarten ist[240].

dd) Verhalten des Verteidigers gegenüber Inhaftierten — § 138 a II StPO —

Nach § 138 a II StPO ist ein Verteidiger auszuschließen, wenn er dringend verdächtig ist, den Verkehr mit einem inhaftierten Beschuldigten dazu zu mißbrauchen, Straftaten zu begehen oder die Sicherheit einer Vollzugsanstalt erheblich zu gefährden.

Neben der von *Karl-Heinz Groß*[241] gerügten Sachwidrigkeit des § 138 a II StPO, die durch das Abstellen auf die Inhaftierung des Beschuldigten hervorgerufen wird[242], bestehen gegen beide in § 138 a II StPO geregelten Ausschließungsgründe grundsätzliche systematische Bedenken. Mit ihnen hat der Gesetzgeber endgültig den Sicherungscha-

---

[238] *Habscheid*, NJW 1962, 1990.

[239] *Eberhard Schmidt*, NJW 1963, 1756; a. A. *Dünnebier*, in Löwe / Rosenberg, § 138 Anm. III 10.

[240] *Klaus Anschütz*, S. 71 f.

[241] NJW 1975, 425; kritisch auch *Ulsenheimer*, GA 1975, 114.

[242] Die Gesetzentwürfe des Bundesrates — BTDrucks. 7/3649 — und der SPD/F.D.P.-Fraktion — BTDrucks. 7/3729 — tragen diesen Bedenken weitgehend Rechnung.

rakter, den in der Rechtspflege alle Ausschlußtatbestände aufweisen, verlassen. Denn sie sichern weder die Unabhängigkeit des Rechtsanwaltes in einem noch die Ziele eines rechtsstaatlichen Verfahrens.

Wie aus § 138 a II Satz 2 StPO hervorgeht, knüpft die Ausschließung nicht an die Handlungsweise des Verteidigers in einem bestimmten Verfahren an, sondern an die in dieser Verhaltensweise zum Ausdruck gekommenen persönlichen — die abzuurteilende Tat überdauernden — Beziehungen zwischen Verteidiger und Beschuldigtem. Es handelt sich — systematisch gesehen — um einen von § 138 a I StPO verschiedenen Ausschlußgrund — denn dieser knüpft gerade an eine prozessuale Tat an —, der Verwandtschaft mit den Ausschließungsgründen des Richters zeigt. Anlaß richterlichen Ausschlusses auf Grund der in den §§ 22 Ziff. 1 - 5 StPO, 41 Ziff. 1 - 5 ZPO näher bestimmten persönlichen Beziehungen ist aber die Erkenntnis, daß diese Beziehung in *jedem* Verfahren die richterliche Unabhängigkeit und damit das rechtsstaatliche Urteil erheblich gefährdet. Die nach außen feststehende Komponente — Beziehung des Richters — läßt also mit Sicherheit den Rückschluß auf die Gefährdung seiner Unabhängigkeit *in casu* zu.

Dies aber ist bei der Manifestation des Verteidigers in seinem Verhalten nach § 138 a II Satz 1 Ziff. 1 und 2 StPO gerade nicht der Fall:

Einmal kann die Abhängigkeit, die durch ein Verhalten nach § 138 a II Satz 1 Ziff. 1 und 2 StPO äußerlich sichtbar geworden ist, *tatbezogen* sein, also nur auf *diesem* Verfahren beruhen und andere Verfahren, in die der Beschuldigte noch verwickelt ist, gar nicht betreffen; dann aber geht § 138 a II Satz 2 StPO, wonach der Verteidiger auch hinsichtlich der anderen Verfahren ausgeschlossen ist, zu weit.

Zum anderen ist denkbar, daß die Abhängigkeit insofern *täterbezogen* ist, als sie das Verfahren, das zur Inhaftierung des Beschuldigten Anlaß gegeben hat, nicht berührt[243]; dann aber hat die Ausschließung nach § 138 a II Satz 1 Ziff. 1 und 2 StPO keinerlei Fallbezug mehr, sichert also nicht die Unabhängigkeit und Rechtsstaatlichkeit *dieses* Verfahrens, sondern *sanktioniert generell* ein strafbares[244] oder mißbilligtes Verhalten des Rechtsanwaltes: die Ausschließung wird zur Sanktion, ein in der gesamten Rechtspflege einmaliger Vorgang!

Das Organ der Rechtspflege „Rechtsanwalt“ wird im Ergebnis der Disziplinierung durch ein anderes Organ der Rechtspflege — den Richter — unterworfen. Dies widerspricht jedoch der Gleichberechtigung

[243] Beispiele bei *Karl-Heinz Groß*, NJW 1975, 423.

[244] Nach dem Gesetzentwurf des BR — BTDrucks. 7/3649 — soll es für § 138 a II Satz 1 Ziff. 1 StPO genügen, wenn der Rechtsanwalt die Straftaten „vorbereitet oder fördert“.

beider Organe. Als verkappte Disziplinarvorschrift[245] ist § 138 a II StPO in dieser Form abzulehnen. Sie wird dem Verfassungsgebot der Verhältnismäßigkeit nicht gerecht[246].

4. Zuständigkeit

Lebhaft umstritten war die Frage, wer über die Ausschließung zu befinden haben soll. Die Vorschläge reichten von der Zuständigkeit des — erkennenden — Gerichts[247] über das anwaltliche Ehrengericht[248] bis hin zu einer — noch zu schaffenden — Ausschlußkammer beim LG[249].

Das BVerfG[250] hat in seinem Initialurteil die einzuschlagende Bahn vorgezeichnet, indem es die Ausschließung als Materie des Strafverfahrensrechts ansah und von dem Erfordernis einer Entscheidung in angemessener Frist sprach[251]. So kam die Entscheidung des Gesetzgebers, dem Strafgericht die Entscheidung über den Ausschluß zu übertragen, nicht überraschend. Lediglich die Zuständigkeit des OLG bzw. BGH barg ein gewisses Überraschungsmoment in sich[252].

Diese Zuständigkeitsregelung sprengt aus mehreren Gründen den Rahmen der Rechtspflege, in den sie eigentlich einzufügen gewesen wäre. Gleichzeitig macht sie wieder deutlich, daß die Organstellung des Rechtsanwaltes willkürlich zur Begründung gesetzgeberischer Entscheidungen herangezogen wird: Dort, wo es um *die Pflichten* geht, die zu einer Ausschließung des Rechtsanwaltes führen, wird sie be-

---

245 *Karl-Heinz Groß*, NJW 1975, 425, spricht von „Prozeßstrafe".

246 § 138 a II StPO ist auf den Fall zugeschnitten, daß die Abhängigkeit so schwerwiegend ist, daß sie alle Verfahren gegen diesen Beschuldigten betrifft; solange die beiden obigen Möglichkeiten von § 138 a II StPO erfaßt werden, ist die Vorschrift als Ausschlußtatbestand zu weit gefaßt.

247 RGSt 35, 191; BGHSt 15, 331; BVerfGE 34, 293 (306); *Dünnebier*, in: Löwe / Rosenberg, § 138 Anm. III 15; *Henkel*, § 35 IV 3; *Karl Peters*, § 29 IV 4 c; *Pramann*, S. 140; *Müller / Sax* (KMR), Vorbem. 2 g § 137; *Kleinknecht*, StPO Vorbem. 2 zu § 137; *Kern / Roxin*, § 19 D I 4; *Kalsbach*, JZ 1961, 595; *Wuttke*, NJW 1972, 1887; *Holtz*, JR 1973, 365; *Friedrichs*, JR 1974, 182; *Baumann*, ZRP 1975, 42; *Ulsenheimer*, GA 1975, 118; *Lantzke*, JR 1973, 361: nicht das *erkennende Gericht.*

248 *Gallas*, ZStrW 53 (1934), 270, für die Fälle einer Prozeßordnungswidrigkeit, die auf Art und Weise der Führung der Verteidigung beruht; *Ostler*, JR 1960, 173; *von Winterfeld*, NJW 1961, 904; *Adolf Arndt*, NJW 1964, 2147; *Dahs*, Handbuch Rdn. 23; *ders.*, NJW 1959, 1162; *Rudolph*, DRiZ 1973, 259; *Schmidt-Leichner*, NJW 1975, 421.

249 *Wilhelm Sauer*, S. 129; *Seebode*, NJW 1972, 2259: besetzt mit Richtern, Staatsanwälten, Rechtsanwälten.

250 E 34, 293.

251 E 34, 293 (306); damit spielte es deutlich auf die Langsamkeit des ehrengerichtlichen Verfahrens an; vgl. *Wuttke*, NJW 1972, 1887.

252 *Rosenberg*, JZ 1951, 215, hat bereits auf den Vorteil der größeren Distanz bei einer Entscheidung durch das Obergericht hingewiesen.

müht; *hier*, wo es um die Zuständigkeitsregelung geht, vergißt der Gesetzgeber sie.

Diese Zuständigkeitsregelung paßt nicht in das Gefüge der Rechtspflege:

Systematisch gilt in der gesamten Rechtspflege der Grundsatz der Entscheidung durch den Spruchkörper, der mit der Sache befaßt ist[253]. Auch handelt es sich nicht — jedenfalls nicht in erster Linie — um eine Maßnahme des Strafverfahrensrechts, so daß folglich auch nicht die Strafgerichte damit zu befassen sind:

Die Ausschließung steht in keinem inneren Zusammenhang mit dem nachfolgenden Urteil; dies wird durch die Zulassung der Beschwerde im Falle des Ausschlusses (§ 138 d VI StPO) deutlich (§ 305 StPO).

Die Parallele zum Richterausschluß — die wegen der Organstellung des Rechtsanwaltes gezogen werden muß — beweist, daß es sich auch nicht um eine andere *prozessuale* Maßnahme handelt. Beizupflichten ist der h. A. darin, daß der Richterausschluß im einzelnen Verfahren die Unabhängigkeit sichern und damit ein rechtsstaatliches Urteil ermöglichen will. Darüber hinaus besteht jedoch ein enger Zusammenhang zwischen Verfahrens-, Organisations- und Statusgesetz[254]: Eine unabhängige Funktion ist ohne unabhängigen Status nicht denkbar[255]. Erkennt man diesen Zusammenhang, so wird deutlich, daß dem Richterausschluß eine über das einzelne Verfahren hinausgehende Bedeutung zukommt. Er ist eine Maßnahme der Gerichtsverfassung und stellt generell sicher, daß dem verfassungsrechtlichen Anspruch[256] auf den gesetzlichen *unabhängigen* Richter Genüge geschieht. Damit wird deutlich, daß es sich um eine Art Geschäftsverteilung, jedenfalls um eine Maßnahme richterlicher Selbstverwaltung handelt. Daher besteht die Forderung zu Recht, daß dem unabhängigen Richter das Entscheidungsrecht über die Ablehnung verbleiben muß[257].

Nimmt man die gleichberechtigte Organstellung des Rechtsanwaltes ernst, so gilt für ihn im Grundsatz das gleiche: Ein Ausschluß betrifft nicht nur das Verfahren, es trifft auch den Status und sichert das verfassungsmäßige Recht des einzelnen auf einen *unabhängigen* Rechts-

---

[253] §§ 27 StPO; 45 ZPO; 49 ArbGG; 6 FGG i. V. m. 45 ZPO; 54 VwGO; 51 FGO i. V. m. 45 ZPO; 16 II BNotO; 11 LwVG; Ausnahmen: § 10 RPflG; § 1045 ZPO.

[254] *von der Heydte*, Gedächtnisschrift für Walter Jellinek (1955), S. 494.

[255] *Eichenberger*, S. 26 f.

[256] BVerfGE 21, 139 (145); *Maunz*, in: Maunz / Dürig / Herzog, Art. 101 Rdn. 13.

[257] *Fasching* I, S. 209; gesetzestechnisch wäre die Ausschließung auch im GVG oder Statusgesetz zu regeln gewesen; dies zeigt schon die grundsätzliche Übereinstimmung der Ausschlußgründe in den Verfahrensordnungen.

anwalt: Die Ausschließung stellt eine Rechtspflegemaßnahme dar, die wegen der Unabhängigkeit der einzelnen Organe der Rechtspflege der Selbstverwaltung des einzelnen Organs überlassen werden sollte. Nach der Systematik der BRAO (vgl. §§ 73, 89 BRAO) kann diese Aufgabe nur das Ehrengericht übernehmen, wobei man sich darüber klar sein muß, daß es nicht um die Ahndung einer Pflichtverletzung — wie regelmäßig sonst — geht[258].

II. Sitzungspolizeiliche Maßnahmen gegenüber Rechtsanwälten

Jeder Prozeß läuft nach festen Regeln und bestimmten Formen ab. Die Aufrechterhaltung dieser — äußeren — Ordnung obliegt dem Vorsitzenden des Gerichts, nicht als Ausübung des Hausrechts, sondern vielmehr zur Schaffung eines für die Rechtsfindung unentbehrlichen Klimas der Ruhe und Sachlichkeit[259]. Zur Einhaltung dieser Ordnung trifft der Vorsitzende Anordnungen nach § 176 GVG. Dieser formellen Verhandlungsleitung[260] haben sich alle Anwesenden unterzuordnen, weil sie im Interesse der Rechtspflege einen geordneten Verfahrensablauf gewährleistet. Im Falle der Nichtbefolgung von Anordnungen nach § 176 GVG sieht § 177 GVG Sanktionen vor. Der gesetzlichen Regelung ist — *e contrario* — zu entnehmen, daß Rechtsanwälte — und Staatsanwälte[261] — der Sanktionsgewalt des Vorsitzenden bzw. des Gerichts nicht unterstehen[262].

Diese Einengung des Personenkreises des § 177 GVG gegenüber § 176 GVG beruht auf der besonderen Stellung dieser Personen: Es sind unabhängige Organe der Rechtspflege. Als solche unterstehen sie nicht richterlicher Sanktionierung, weil sie dem Richter gleich-, nicht untergeordnet sind. Ein Fehlverhalten dieser Organe wird nur standesrechtlich bzw. disziplinarrechtlich verfolgt[263].

---

[258] Die von *Wilhelm Sauer*, S. 129, und *Seebode*, NJW 1972, 2259, vorgeschlagene Ausschlußkammer hätte den optischen Vorteil, die Einheit der Rechtspflege sichtbar zu machen; dann müßte diese freilich auch über Richter- und Staatsanwaltsablehnung entscheiden.

[259] *Schäfer*, in: Löwe / Rosenberg, § 176 GVG Anm. 1; *Kern / Wolf*, § 26 I 1.

[260] Darunter fällt die sogenannte Sitzungspolizei der §§ 176 ff. GVG, *Müller / Sax* (KMR), § 238, 2; *Henkel*, § 88 II 1.

[261] Ebenfalls der Richterkollege, *Kern / Wolf*, § 26 II 2 b.

[262] § 180 GVG, der eine Ordnungsstrafe gegen Rechtsanwälte wegen Ungebühr vorsah, ist bereits 1921 aufgehoben worden (RGBl. I, S. 230).

[263] *Frankreich* sieht in Art. 25 loi réforme eine schon länger bestehende *ad hoc* Disziplinargewalt des mit der Sache befaßten Gerichts gegenüber *avocats* vor, die bei einer Verletzung der eidlich bekräftigten Pflichten eingreift. Die *österreichische* Regelung dehnt ebenfalls sitzungspolizeiliche Sanktionen auf den Rechtsanwalt — §§ 236 ÖStPO, 200 ÖZPO —, nicht jedoch auf den Staatsanwalt aus, *Roeder*, S. 73; dagegen *Jahoda*, ÖJZ 1968, 646.

Nun hat es in Deutschland — meist spektakuläre — Fälle gegeben, in denen sich Gerichte gegenüber Rechtsanwälten nicht anders als durch sitzungspolizeiliche Maßnahmen zu helfen wußten. So ist im Tscheka-Prozeß vor dem Staatsgerichtshof zum Schutz der Republik im Jahre 1925[264] ein Rechtsanwalt, nachdem ihm zunächst das Wort entzogen worden war, mit Polizeigewalt aus dem Sitzungsssal entfernt worden. In neuerer Zeit haben die sogenannten Robenentscheidungen[265] aufhorchen lassen, in denen Rechtsanwälte, die ohne Robe auftraten, als Prozeßbevollmächtigte und Verteidiger zurückgewiesen wurden.

Als Rechtsgrundlage haben die Gerichte — wenn auch nicht immer deutlich zum Ausdruck bringend — die Vorschriften der §§ 176 ff. GVG herangezogen. Einer Zurückweisung in den Robenfällen wäre von vornherein der Boden entzogen, wenn ein Auftreten vor Gericht ohne Robe[266] keinen Verstoß gegen die äußere Ordnung des Verfahrens darstellen würde, wenn also keine Pflicht zum Robentragen bestünde. Die Gerichte haben indes eine Pflicht — die standesrechtlich besteht (§ 11 Richtlinien) — in vorkonstitutionellem Gewohnheitsrecht gesehen[267]. Ihrer Begründung, daß der Rechtsanwalt damit sichtbar in die Rechtspflege eingebettet werde und die Robe ein Klima der Nüchternheit und Sachlichkeit erzeugen solle, ist nichts hinzuzufügen. Charakteristisch für die deutsche Haltung zu dieser Frage ist überdies, daß stets von einer *Pflicht*, die Robe zu tragen, gesprochen wird (§ 8 Richtlinien), wohingegen es der französische *avocat* sich nicht nehmen läßt, darin ein besonderes *Recht* — *droit annexé* — seines Berufes zu sehen[268].

Die rechtliche Problematik setzt bei der Frage ein, ob das Gericht auf Grund seiner Sitzungsgewalt einen Rechtsanwalt aus dem Sitzungssaal entfernen oder als Prozeßbevollmächtigten zurückweisen kann. *Schäfer*[269] bietet zwei Lösungen an:

— entweder sei § 176 GVG ausdehnend anzuwenden;

— oder die §§ 176 ff. GVG seien unmittelbar heranzuziehen, weil ein Rechtsanwalt ohne Robe — oder im Falle gröblichster Dauerstörungen

— unfähig sei, Rechtsanwalt zu sein. Dies öffnet in der Tat nun das Tor zur Anwendung der §§ 177, 178 GVG, weil der Rechtsanwalt nun-

---

[264] Der Vorfall hat ein lebhaftes Echo ausgelöst: *Kern*, JW 1925, 900; *Drucker*, JW 1925, 901; *Bendix*, JW 1925, 901; *Graf Pestalozza*, JW 1925, 909; *Baumbach*, DJZ 1925, 466; *Mahn*, DRiZ 1925, 424; *Rosenberg*, DRiZ 1925, 427; *Klee*, GA 69, 269; *Mezger*, ZStrW 47 (1927), 169; *Hagemann*, DRiZ 1932, 293; *Graf zu Dohna*, JW 1932, 3674.

[265] BVerfGE 28, 21 mit Anm. *Sälzer*, JZ 1970, 572; KG, NJW 1970, 482; BayVfGH, AnwBl. 1972, 228; *Hohenester*, ZRP 1973, 109 f.; *Rüping*, ZZP 88 (1975), 234.

[266] Der von den Gerichten gebrauchte Begriff „Amtstracht" ist geschichtlich verständlich, der Rechtsanwalt hat jedoch kein Amt inne.

[267] In Frankreich ist das Tragen gesetzlich vorgeschrieben, Art. 3 II *loi réforme*.

[268] *Hamelin / Damien*, Nr. 255; kritisch *Blanc*, S. 41 f.

[269] In: Löwe / Rosenberg, § 176 GVG Anm. 3 c bb.

mehr eine am Verfahren nicht beteiligte Person ist. Dieser Lösung gibt *Schäfer* den Vorzug[270].

Indes sind beide Wege nicht gangbar: Der Rechtsanwalt ist nun einmal *qua* Gesetz ein unabhängiges Organ der Rechtspflege, das gleichberechtigt neben Gericht und Staatsanwaltschaft steht. *Schäfer* verkennt die Bedeutung dieser Organstellung. Dies machen seine weiteren Ausführungen deutlich:

Bei einem groben Fehlverhalten des Rechtsanwaltes — ohne Robe, Zwischenrufe, Überschreien des Vorsitzenden — müsse das Gericht einschreiten:

„auch hier gilt, daß das vorrangige Interesse an rascher Durchführung des Verfahrens es nicht zuläßt, die Hauptverhandlung auszusetzen und abzuwarten, ob ein Ehrengericht den Anwalt zu einer Änderung seines Verhaltens veranlaßt[271]."

Wenn nun einem *Staatsanwalt* ein gleiches Fehlverhalten zur Last fällt, meint *Schäfer*[272]:

„Selbstverständlich wird jedoch der Vorsitzende stets zu beachten haben, daß der Staatsanwalt der Vertreter einer gleichberechtigten Behörde ist; sein Verhalten gegenüber dem Staatsanwalt ist wesentlich eine Sache des richterlichen Taktes. Eine Ausschreitung des Staatsanwaltes würde u. U. eine Vertagung der Verhandlung und eine Anzeige bei seinem Vorgesetzten nötig machen."

Daß auch der Rechtsanwalt neben Richter und Staatsanwalt ein gleichberechtigtes Organ der Rechtspflege ist — wenn auch keine Behörde —, sieht *Schäfer* nicht. Daß auch der Umgang Richter-Rechtsanwalt eine Sache des Taktes sein soll, will *Schäfer* offenbar nicht wahrhaben: konsequent will er denn auch bei Fehlverhalten des Staatsanwaltes eine Vertagung zulassen, bei Fehlverhalten des Rechtsanwaltes wegen vorrangiger Interessen an rascher Verfahrensdurchführung dagegen nicht: hier wird offensichtlich mit zweierlei Maß gemessen[273].

Die Anwendung der §§ 177, 178 GVG auf den Rechtsanwalt stellt eine Gesetzesumgehung dar. Die §§ 177, 178 GVG entziehen den Rechtsanwalt gerade der Disziplinierung durch das Gericht. Dann kann aber eine solche nicht dadurch erreicht werden, daß das Gericht dem Rechtsanwalt die Fähigkeit, *in casu* Rechtsanwalt zu sein, aberkennt und ihn zum Nicht-Beteiligten degradiert.

---

[270] So für das österreichische Recht, *Roeder,* S. 198 Anm. 4: „Mit der Entziehung des Wortes hört der Betroffene ... auf, Verteidiger zu sein."

[271] *Schäfer,* in: Löwe / Rosenberg, § 176 GVG Anm. 3 c bb.

[272] In: Löwe / Rosenberg, § 176 GVG Anm. 5 a.

[273] Vgl. auch RGRspr. 3, 99: keine Wortentziehung gegenüber Staatsanwalt; RGSt 30, 216: Wortentziehung gegenüber Verteidiger.

Die Neuregelung des GVG[274] spricht ebenfalls gegen die Auffassung von *Schäfer*. Danach unterfällt nunmehr der Nicht-Beteiligte der Sanktionsgewalt des Vorsitzenden und nicht des Gerichts. Dieser kompetenzmäßigen Aufspaltung liegt der Gedanke zugrunde, daß Zwangsmaßnahmen gegenüber den an der Verhandlung Beteiligten die gesamte richterliche Tätigkeit beeinflussen können und deshalb auch der gesamte Spruchkörper darüber zu entscheiden hat[275], während dies beim Nicht-Beteiligten nicht zutrifft. Die Zurückweisung eines Prozeßbevollmächtigten oder die Entfernung eines Verteidigers berühren das gesamte Gericht. Dennoch soll — so die Konsequenz der Auffassung von *Schäfer*[276] — der Vorsitzende allein entscheiden.

Auch eine ausdehnende Anwendung des § 176 GVG — unter den der Rechtsanwalt fällt — kann diese Entscheidungen nicht rechtfertigen. Denn eine Zurückweisung eines Rechtsanwaltes stellt — da sie faktisch einem zeitweiligen Berufsverbot entspricht — eine Sanktion und keine Anordnung mehr dar. Eine Sanktion kann das Gericht gegenüber Rechtsanwälten aber gerade nicht verhängen[277].

Die oben angezogenen Entscheidungen sind daher abzulehnen. Es hätte nur der Weg über die Ehrengerichte offengestanden. Dennoch ist den betroffenen Rechtsanwälten anzulasten, daß sie einen Konflikt zwischen Rechtspflegeorganen heraufbeschworen haben, der sowohl am falschen Objekt wie auf dem falschen Rücken — nämlich dem des Rechtssuchenden — ausgetragen wurde.

§ 20 Der Entzug von Verteidigerrechten

A. Das Recht auf Akteneinsicht — § 147 StPO —

Das Recht auf Akteneinsicht[278] im Strafverfahren (§ 147 StPO) zeigt besonders deutlich die Zusammenhänge auf, welche zwischen Art. 103 I

---

[274] BGBl. I, S. 3686 (1974).

[275] *Kern / Wolf*, § 26 II 2 a.

[276] Die Neufassung des GVG ist nach der Kommentierung durch *Schäfer* erfolgt.

[277] Die Fraktionen der SPD/F.D.P. haben einen Gesetzentwurf eingebracht — BTDrucks. 7/3729 —, der in § 114 I Ziff. 4 BRAO als ehrengerichtliche Maßnahme die Verhängung eines auf bestimmte Rechtsgebiete beschränktes ein — fünfjähriges Vertretungsverbot vorsieht. Daneben besteht die Möglichkeit der Verhängung eines zeitlichen Berufsverbotes durch den Strafrichter — §§ 70 StGB, 132 a StPO —; darin drückt sich wohl das Mißtrauen des Gesetzgebers gegenüber einer Berufsgerichtsbarkeit aus: interessant ist immerhin, daß *Österreich*, das den Anwalt der Disziplinargewalt des Gerichts unterstellt, die Verhängung eines zeitlichen Vertretungsverbotes ausschließlich dem Disziplinarrat — und nicht dem staatlichen Gericht — überträgt — §§ 236 III ÖStPO, 200 III ÖZPO; vgl. *M. Schmid*, ZRP 1975, 79 ff.; *Olischläger*, AnwBl. 1973, 330.

GG und dem Rechtsanwalt als unabhängigem Organ der Rechtspflege bestehen. Das Recht auf Akteneinsicht ist eine verfahrensspezifische Ausprägung des Grundsatzes vom rechtlichen Gehör[279]. Es steht daher grundsätzlich dem Rechtssuchenden selbst zu[280]. Wenn nun die strafprozessuale Regelung des § 147 StPO um der Integrität der Akten willen[281] das Einsichtsrecht nur dem Rechtsanwalt als Organ der Rechtspflege[282] zugesteht, so verletzt dies Art. 103 I GG zwar nicht, weil dem Rechtssuchenden rechtliches Gehör nicht *in persona* gewährt werden muß[283], es vielmehr ausreicht, wenn er sein rechtliches Gehör durch eine von ihm gewählte Person ausüben lassen kann. Diese — nur dem Strafprozeß bekannte — personelle Beschränkung ist dann bedenklich, wenn der Rechtssuchende nicht in der Lage ist, sich einen Rechtsanwalt zu wählen. Dann muß er seine Verteidigung ohne Kenntnis der Akten führen, eine ungerechtfertigte Benachteiligung dieses Rechtssuchenden und eine bedenkliche Verkürzung seines rechtlichen Gehörs, zu der das Fehlen eines Armenrechts und einer Verteidigerbestellung hier führt[284].

Das Recht auf Akteneinsicht steht dort, wo der Rechtssuchende sein rechtliches Gehör durch einen Rechtsanwalt ausüben läßt, letzterem „quoad exercitum"[285] zu. Darüber hinaus hat es der Rechtsstaat zu einem *selbständigen Verteidigerrecht* erhoben[286], weil ohne Aktenkenntnis eine rechtsstaatliche Verteidigung nicht möglich ist. Wäre das Akteneinsichtsrecht des Verteidigers *nur* Ausfluß des rechtlichen Gehörs des Rechtssuchenden, bestünden gegen eine Einschränkung keine Bedenken. Denn auch das rechtliche Gehör unterliegt Beschränkungen[287], die eine zeitweilige Versagung der Akteneinsicht rechtfertigen. Ist aber kein rechtliches Gehör zu gewähren, besteht insoweit auch kein Wahlrecht auf einen Rechtsanwalt. Denn mit der Beschränkung

---

[278] Die heutige Fassung beruht auf der sogenannten kleinen Strafprozeßreform vom 19. 12. 1964 (BGBl. I, S. 1067); zu ihr *Dahs,* NJW 1965, 81 ff.

[279] BVerfGE 18, 399 (405).

[280] §§ 299 ZPO; 100 VwGO; 20 BVerfGG; 78 I FGO; 34 FGG; 120 SGG; vgl. auch § 83 WDO und die gleichlaufende österreichische Regelung des § 45 ÖStPO (*Bertel,* S. 55); im Kanton Bern und Aargau haben Verteidiger und Parteien — letztere mit Zustimmung des Gerichts — Akteneinsichtsrecht, im Kanton Schaffhausen nur der Verteidiger, *Stamm,* S. 98.

[281] *Kleinknecht,* StPO § 147 2.

[282] Und den nach § 138 StPO Gleichgestellten.

[283] *Dürig,* in: Maunz / Dürig / Herzog, Art. 103 Abs. I Rdn. 74.

[284] *Werner Schulz,* S. 134.

[285] *Dünnebier,* in: Löwe / Rosenberg, § 147 Anm. 1.

[286] *Gülland,* JW 1932, 1713; *Lüttger,* NJW 1951, 744; *Kern / Roxin,* § 19 E IV; vgl. auch *Tinner,* ZSR 83 (1964) II, 346.

[287] Vgl. nur BVerfGE 9, 89 (98).

beim Rechtsinhaber geht die Beschränkung beim Rechtsausübenden Hand in Hand.

Da das Akteneinsichtsrecht *auch* ein Recht des Rechtsanwaltes — im Interesse rechtsstaatlicher Rechtspflege eingeräumt — ist, kann eine Beschränkung nur in eben diesem Interesse erfolgen.

§ 147 II StPO läßt im Vorverfahren die Möglichkeit einer solchen Beschränkung zu, wenn die Akteneinsicht den Untersuchungszweck gefährden kann. Er beschneidet damit das auch im Vorverfahren grundsätzliche Akteneinsichtsrecht des Verteidigers; denn die Mitwirkung des Beschuldigten und seines Verteidigers im frühen Stadium des Vorverfahrens — §§ 163 a, 141 III StPO — dient nicht nur dazu, die Hauptverhandlung vorzubereiten, sondern in erster Linie das Ermittlungsverfahren einem an rechtsstaatlichen Intentionen ausgerichteten Abschluß zuzuführen[288], der optimal nur im Dialog zwischen mit gleichen Rechten — hier Akteneinsicht — ausgestatteten Organen der Rechtspflege gefunden wird:

Der Wortlaut des Gesetzes spricht für die Möglichkeit der Versagung der Akteneinsicht aus *objektiven* Gründen: Da der Verteidiger berechtigt ist — es zur Führung einer ordnungsgemäßen Verteidigung auch regelmäßig unumgänglich ist —, den Akteninhalt mit seinem Mandanten zu besprechen, kann die Gefahr bestehen, daß der Mandant daraus gewisse Schlüsse zieht und den Untersuchungszweck gefährdet. Die Einsichtnahme des Verteidigers führt somit mittelbar zu einer Gefährdung des Untersuchungszweckes, ohne daß dem Verteidiger ein pflichtwidriges Verhalten vorzuwerfen wäre[289]. § 147 II StPO stellt danach eine Sicherungsnorm dar. Geht man davon aus, dann entspringt daraus ein systematischer Widerspruch zu den Vorschriften, in denen der Gesetzgeber selbst eine Verteidigung in einem frühen Stadium für notwendig erachtet — §§ 117 IV, 138 c III Satz 4, 141 III StPO[290]:

— Dem nach § 117 IV StPO notwendigen Verteidiger käme ein rein dekorativer Charakter zu, erzielte er keine Akteneinsicht[291].

---

[288] *Dünnebier,* in: Löwe / Rosenberg, § 147 Anm. 1.

[289] *Müller / Sax* (KMR) § 147, 2 a (1); *Kleinknecht,* § 147, 5 A; nur ausnahmsweise erkennt *Dahs,* Handbuch Rdn. 177, objektive Gründe als Versagungsmöglichkeit an.

[290] Es ist unbeachtlich, ob der Verteidiger gewählt oder bestellt ist.

[291] Der Sinn des § 117 IV StPO liegt doch gerade darin, daß ein so lange Inhaftierter einen Beistand erhalten soll; eindrucksvoll — in negativer Hinsicht — eine Haftprüfungssache beim OLG Hamm (Az. 2 HEs 86/75), in der AG und Staatsanwaltschaft eine Haftfortdauer nach § 122 StPO für erforderlich hielten, dem Verteidiger die Gründe für diese Erforderlichkeit wegen Versagung der Akteneinsicht — übrigens nur mit der Wiederholung des Gesetzeswortlautes des § 147 II StPO „begründet" — nicht bekannt sind. Wie kann dieser Verteidiger die gesetzlich geforderte — § 117 IV StPO — Beistandleistung erbringen und was soll die — notwendige (§ 122 II StPO) — Anhörung von Beschuldigtem *und* Verteidiger?

— Auch ein nach § 141 III StPO bestellter Verteidiger ist zur Untätigkeit verdammt, erhält er keine Akteneinsicht; denn wie soll z. B. der Beschuldigte nach § 163 a II StPO Beweisanträge von Bedeutung stellen, um sich zu entlasten, wenn er die belastenden Tatsachen nicht kennt?

— Wenn im Ermittlungsstadium das Gericht über § 138 c III Satz 2 StPO in einem Ausschließungsverfahren das Recht des Verteidigers aus § 147 StPO ruhen läßt, *ist* nach § 138 c III Satz 4 StPO zur Wahrnehmung der Rechte aus § 147 StPO ein anderer Verteidiger zu bestellen. Was hat diese notwendige Verteidigung für einen Sinn, wenn dem neuen Verteidiger unter Berufung auf § 147 II StPO die Akteneinsicht versagt wird?

Wenn objektive Gründe — die also nicht in der Person eines Verteidigers liegen — zur Verweigerung des Akteneinsichtsrechts berechtigen, kann die Staatsanwaltschaft über § 147 II StPO die gesetzlichen Bestimmungen über die Notwendigkeit einer Beistandleistung im Vorverfahren faktisch aus den Angeln heben; denn objektive Gründe können jedem Verteidiger gegenüber ins Feld geführt werden. Diese Vorschriften besitzen dann nur noch Papierwert.

Der Rechtsanwalt ist ein unabhängiges Organ der Rechtspflege. Als solches strebt er den rechtsstaatlichen Abschluß des Vorverfahrens ebenso an wie die Staatsanwaltschaft. Es ist deswegen schwer vorstellbar, wie die Gewährung grundlegender Verfahrensrechte an ein unabhängiges Organ der Rechtspflege zu einer Gefährdung des Untersuchungszweckes soll führen können, wenn das Organ sich pflichtmäßig verhält. Der Gesetzeskonflikt — Sicherung des Untersuchungszweckes und ordnungsgemäße Verteidigung — ist dahingehend zu lösen, daß objektive Gründe dort nicht eine Verweigerung der Akteneinsicht rechtfertigen, wo das Gesetz selbst das Erfordernis einer Verteidigung aufgestellt hat, wenn die Versagung zu einer schwerwiegenden Behinderung dieser Verteidigung führt.

Es liegt daher näher anzunehmen, daß § 147 II StPO an eine möglicherweise eintretende Konfliktssituation anknüpfen und einem daraus drohenden Fehlverhalten des Rechtsanwaltes vorbeugen will[292]. Der Rechtsanwalt, der die Akteneinsicht zur Gefährdung der Untersuchung *mißbraucht*, ist nicht mehr unabhängig, weil er sich den einseitigen Interessen seines Mandanten unterordnet. Insofern reiht sich § 147 II StPO in die Kette der Sicherungsmaßnahmen zum Schutze anwaltlicher Unabhängigkeit und des rechtsstaatlichen Zieles des gesamten Verfahrens ein.

---

[292] Diese subjektive Seite betonen: *Lüttger*, NJW 1951, 746; *Kleinknecht*, JZ 1965, 155; *Dahs*, Handbuch Rdn. 177; *Dünnebier*, in: Löwe / Rosenberg, § 147 Anm. 5; *Eberhard Schmidt*, Nachtrag I § 147 Rdn. 12.

Als solche ist sie aber in dieser Form abzulehnen: *einmal*, weil sie weitgehend wirkungslos ist; *zum anderen*, weil sie die Erreichung des zu sichernden Endzieles gerade verhindert.

Zur Sicherung anwaltlicher Unabhängigkeit und rechtsstaatlicher Ziele *kann es nur ein „Alles oder Nichts"-Prinzip* geben: Ein abhängiger Rechtsanwalt gefährdet nicht nur das Vorverfahren, sondern das gesamte Verfahren: er ist deshalb auszuschließen.

Versagt man andererseits einem Verteidiger die Akteneinsicht, so gefährdet diese Maßnahme das rechtsstaatliche Ziel des Ermittlungsverfahrens; denn die Versagung verhindert die auch im Ermittlungsverfahren erforderliche Beteiligung des Beschuldigten und seines Verteidigers.

§ 147 II StPO könnte nur für die Fälle Bedeutung erlangen, in denen die Staatsanwaltschaft an eine drohende Abhängigkeit des Verteidigers glaubt, dieser Glaube jedoch nicht den zu einer Ausschließung erforderlichen Verdachtsgrad erreicht. In diesem Fall auf § 147 II StPO zurückgreifen hieße aber, den Rechtsanwalt unter die Disziplin der Staatsanwaltschaft stellen. Die Staatsanwaltschaft betreibt das Ermittlungsverfahren, sie kann aber nicht einem gleichberechtigten Organ der Rechtspflege, weil sie ihm mißtraut, wesentliche Rechte entziehen[293].

B. Freier Verkehr zwischen Rechtsanwalt und Inhaftiertem — § 148 StPO —

Seit dem StPÄG 1965[294] ist dem Verteidiger der schriftliche und mündliche Verkehr mit dem inhaftierten Beschuldigten ungehindert gestattet. Nunmehr haben Bundesrat und die Fraktionen der SPD/F.D.P. Gesetzesentwürfe eingebracht[295], die eine Überwachung dieses Verkehrs einzuführen gedenken,

> „wenn bestimmte Tatsachen den Verdacht begründen, daß der Verteidiger den Verkehr dazu mißbraucht oder mißbrauchen wird, um eine der in § 100 a bezeichneten Straftaten zu begehen oder vorzubereiten oder deren Begehung zu fördern oder die Sicherheit einer Vollzugsanstalt zu gefährden"[296].

Es berührt den Betrachter der Gesetzgebungsszene schon eigenartig, wenn er sich die seit langem geübte Kritik[297] an der bis 1965 bestehen-

---

[293] *Müller / Sax* (KMR), § 147 2 a (1); *Dahs*, Handbuch Rdn. 177; vgl. auch *Ulsenheimer*, GA 1975, 111. Vgl. Art. 118 III CPP, wonach mindestens 24 Stunden vor einer Vernehmung des Beschuldigten dem Verteidiger ein uneingeschränktes Akteneinsichtsrecht zusteht, *Merle / Vitu*, Nr. 1188.

[294] Gesetz zur Änderung der Strafprozeßordnung und des Gerichtsverfassungsgesetzes — BGBl. I, S. 1067 — vom 19. Dezember 1964.

[295] BTDrucks. 7/3649; 7/3729.

[296] BTDrucks. 7/3649; § 148 II Entw.

[297] Vgl. bereits *Werner Rosenberg*, ZStrW 26 (1906), 390.

den Überwachungsregelung vor Augen hält und die Argumente verfolgt, mit denen sie schließlich zu Fall gebracht wurde, und nun demgegenüber die Begründung sieht, mit der sie wieder eingeführt werden soll: ein überwachter Verkehr sei für eine sachgemäße Verteidigung ungenügend und schädige die rechtzeitige Aufklärung vor Eröffnung des Hauptverfahrens[298], im ungehinderten Verkehr spiegele sich die restlose Anerkennung der Organstellung des Rechtsanwaltes wieder[299], ein überwachter Verkehr diskriminiere den Rechtsanwalt und verhindere eine echte Beistandleistung, weil diese ein Vertrauensverhältnis zwischen Verteidiger und Beschuldigtem voraussetze, ein solches aber gerade eine ungestörte Beratung erfordere[300]. Heute ist der Blickwinkel ein anderer: Belange der Verteidigung haben gegenüber der Durchsetzung des Strafanspruches nicht nur zurückzutreten, sondern gewisse Befugnisse des Verteidigers — zu denen der ungehinderte Verkehr mit dem inhaftierten Beschuldigten zählt — müssen, da sie zu einer Gefährdung der „Sicherheit und Funktionsfähigkeit der Strafrechtspflege"[301] führen können, beschnitten werden. Empirisch begründete der Entwurf des Bundesrates die Notwendigkeit einer Neuregelung mit dem Verhalten „einer geringen Anzahl von Verteidigern"[302]. Damit wird aber zugleich zugegeben, daß sich der ungehinderte Verkehr in den letzten zehn Jahren grundsätzlich bewährt hat.

Beide Entwürfe leiden an dem Grundübel, das bereits bei einem Teil der Ausschlußvorschriften zu beobachten war. Sie betreiben die Beschneidung von Verteidigerrechten weniger zur Sicherung der Unabhängigkeit des Rechtsanwaltes und einer konkreten rechtsstaatlichen Rechtspflege, als vielmehr zu einer generellen Sanktionierung und Disziplinierung anwaltlichen Verhaltens:

— Nach § 148 II Satz 2 BREntw und § 148 IV SPD/F.D.P. Entw erstreckt sich die Überwachung nicht nur auf den verdächtigen Verteidiger, sondern darüber hinaus auf den Personenkreis des § 139 StPO, ohne daß gegen diesen ein Verdacht vorliegen muß. Da dieser die Verteidigung selbständig führt, muß doch ein Anlaß gegeben sein — und zwar in der Person des neuen Verteidigers —, um auch ihn zu überwachen: Schutz der Strafrechtspflege oder Sanktion gegen den Verteidiger?

— Die Begründung stellt fest, daß die Anordnung der Überwachung sich auf Verdachtsgründe stützen kann, die sich aus einem früheren

---

298 *Robert von Hippel,* § 49 VII 1.

299 *Eberhard Schmidt,* Nachtrag I § 148 Rdn. 1.

300 *Dünnebier,* in: Löwe / Rosenberg, § 148 Anm. 1; *Dahs,* Handbuch Rdn. 259; *Dahs* jun., NJW 1975, 1391.

301 Zielsetzung des BREntw, BTDrucks. 7/3649.

302 BTDrucks. 7/3649, Begründung A 2.

Verhalten dieses Verteidigers in anderen Verfahren — und zu ergänzen wäre: mit anderen Beschuldigten — ergeben können[303]. Der Verdacht, der Rechtsanwalt gefährde *hier* die Ziele des Strafverfahrens, keimt losgelöst vom konkreten Fall allein wegen eines früheren Verhaltens dieses Verteidigers auf: Schutz der Strafrechtspflege *in casu* oder Disziplinzierung des Anwalts?

Nur auf Grund dieser verfehlten Ausgangsposition kann überhaupt die Idee entstehen, statt eines Ausschlusses als milderes Mittel dem Rechtsanwalt gewisse Rechte zu entziehen. Ist jemals die Idee geboren worden, *anderen* Organen der Rechtspflege als *milderes* Mittel gewisse Befugnisse *zu entziehen* statt sie auszuschließen?

Wenn beide Entwürfe Sicherheit und Funktionsfähigkeit der Strafrechtspflege schützen wollen, indem sie Befugnisse des Verteidigers beschneiden, die zu einer wahren Beistandleistung unumgänglich sind, so mag der staatliche Strafanspruch leichter durchzusetzen sein. Ein solcher Entwurf muß sich aber die Frage gefallen lassen, ob eine solche Durchsetzung noch auf rechtsstaatlichem Wege erfolgt; denn Ziel rechtsstaatlicher Rechtspflege ist das sach- und rechtsrichtige Urteil. Hierzu bedarf es des unabhängigen Rechtsanwaltes als Beistand des Rechtssuchenden. Ist der Rechtsanwalt nicht mehr unabhängig oder geht ein schwerwiegender Verdacht in die Richtung, so ist der Anwalt auszuschließen, weil eine rechtsstaatliche Beistandleistung und damit ein rechtsstaatliches Urteil zumindest erheblich gefährdet ist.

Auf der anderen Seite ist es ein Unding, einem Rechtsanwalt zur Mitwirkung erforderliche Befugnisse wie Akteneinsicht und ungehinderten Verkehr zu versagen. Damit gefährdet man *erst recht* das Ziel rechtsstaatlicher Rechtspflege. Ein Organ der Rechtspflege auszuschließen, ist eine rechtsstaatlich gebotene, im Rahmen der Rechtspflege lang bekannte Maßnahme. Ein Organ der Rechtspflege zu „amputieren“, ist der Rechtspflege nicht nur fremd. Eine solche Maßnahme schwächt die Stellung des Rechtsanwaltes und damit des Beschuldigten erheblich, ohne die „Krankheit“ auszumerzen; denn der Rechtsanwalt, der unter die §§ 148 der Entwürfe fällt, ist in hohem Grade abhängig und gefährdet das gesamte Verfahren.

Freilich glaubten beide Entwürfe, eine bedrohliche Lücke schließen zu müssen; denn eine Ausschließung setzt zumindest einen dringenden Verdacht — § 138 a II Ziff. 1 StPO — voraus. Daher soll für die Anordnung der Überwachung einfacher Verdacht ausreichen.

Indes ist diese Auffassung nicht zu halten: Die Überwachung wird den Beschuldigten oft zwingen, einen neuen Verteidiger zu wählen, so

---

[303] BREntw, BTDrucks. 7/3649, B 5.

daß ihr eine faktische Ausschlußwirkung zukommt, die entgegen der gesetzlichen Regelung nur einfachen Verdacht erfordert; gewichtige Rechtsgüter kollidieren mit dieser Regelung: die Freiheit der Berufsausübung und die Stellung des Rechtsanwaltes als eines unabhängigen Organs der Rechtspflege. Besonders letztere zwingt zu der Annahme, daß der Rechtsanwalt unabhängig seine Verteidigung führt. Nur ein dringender Verdacht kann diese Annahme erschüttern, nicht bereits jedes Mißtrauen, das ihm entgegengebracht wird[304].

In rechtsvergleichender Sicht gehen beide[305] Entwürfe über das hinaus, was angrenzende Staaten zur Sicherung des Strafanspruches normiert haben:

Nach Mitteilung der Anklageschrift kann sich in *Österreich* der inhaftierte Beschuldigte ohne Beisein einer Gerichtsperson mit seinem Verteidiger besprechen — § 45 II ÖStPO —, während vor diesem Zeitpunkt eine Sprechkontrolle durch eine Gerichtsperson erfolgt[306]. Diese Regelung weist deutlichen Fallbezug auf und sichert *in casu* den Rechtsstaat. Die geplante deutsche Reform läßt diesen Fallbezug vermissen und verrät dadurch ihren Charakter als Sanktion eines mißbilligten Verhaltens des Rechtsanwaltes.

Die *französische* Regelung beruht auf einem anderen Verständnis von der Stellung des Rechtsanwaltes als die geplante deutsche Gesetzgebung:

Art. 116 I CPP: „L'inculpé détenu peut aussitôt après la première comparution communiquer librement avec son conseil."

Art. 278 CPP stellt klar: „L'accusé ne cesse pas de pouvoir communiquer librement avec son conseil."

Auch diese kurze Rechtsvergleichung zeigt also, daß der im StPÄG erzielte Gewinn an Rechtsstaatlichkeit wegen einiger konkreter Vorfälle nicht generell wieder beseitigt werden sollte. Dabei darf jedoch nicht übersehen werden, daß sich im Ausland viele der hier aufgezeigten Probleme deswegen nicht stellen, weil dort die Standesorganisationen — vor allem die französischen *Barreaux* — in einem ganz anderen Maße Mißstände innerhalb der Anwaltschaft selbst ausmerzen[307].

---

[304] Auch bei der Richterablehnung ist davon auszugehen, daß der Richter unabhängig entscheidet; nur ein Grund, der geeignet ist, diese Annahme zu *erschüttern*, führt zum Ausschluß, BGHSt 22, 295.

[305] Der SPD/F.D.P. Entw schränkt gegenüber dem BREntw die Überwachungsmöglichkeit erheblich ein, ohne im *Grundsatz* von ihm abzuweichen.

[306] So auch die polnische Regelung — Art. 84 StPO —, *Gsovski / Sipkow*, S. 81.

[307] Hinzukommt, daß die französischen — und schweizerischen — *avocats* während einer 3 - 5jährigen Zeit als *avocats stagiaires* sich in Aufgaben und Regeln ihres Berufes einleben, auch von ihren späteren Kollegen „begutachtet" werden, während in Deutschland nach bestandenen Staatsexamen jedermann als Anwalt zugelassen wird, ohne daß er unbedingt in seinem Leben jemals von der Existenz von Standesrichtlinien gehört haben muß oder sie gar vorgelebt bekam. Daß man in Frankreich somit viel eher von einem „Stand" sprechen kann, liegt auf der Hand.

§ 21 Ehrengerichtsbarkeit

Das Ehrengericht — Gericht i. S. d. Art. 92 GG[308] — überwacht das Standesverhalten des Rechtsanwaltes und sichert seine Unabhängigkeit von seinem Berufsstand. Auf eine Besonderheit des ehrengerichtlichen Verfahrens wird besonders hingewiesen, weil sie eine Sonderstellung — sowohl im inländischen wie gegenüber dem ausländischen Recht — einnimmt: Es ist dies der strafprozessuale Charakter des Verfahrens — § 116 Satz 2 BRAO —, und dabei insbesondere das Anklagemonopol[309] der Staatsanwaltschaft — §§ 121, 120, 144, 147 BRAO —.

Es berührt auf den ersten Blick bereits merkwürdig, daß ein Berufsstand die Möglichkeit der Verfahrensleitung vor *seinem* Berufsgericht ausschließlich einem anderen Berufsstand überläßt[310]. Betrachtet man demgegenüber ausländische Regelungen, so wird man in diesem „Gefühl" bestärkt:

In Österreich überwacht der Disziplinarrat — ausschließlich mit Rechtsanwälten besetzt und mit Behördencharakter[311] — das standesrechtliche Verhalten des Anwalts. Er schreitet von Amts wegen ein — § 23 I DSt —, besitzt einen Kammeranwalt — § 24 DSt —. Die Staatsanwaltschaft wird erst im Rechtsmittelzug eingeschaltet: nach § 47 I Ziff. 3 DSt steht dem Oberstaatsanwalt — neben dem Beschuldigten und dem Kammeranwalt — das Rechtsmittel der Berufung zur Obersten Berufungs- und Disziplinarkommission für Rechtsanwälte und Rechtsanwaltsanwärter — besetzt mit Richtern und Rechtsanwälten (§ 55 a DSt) — zu.

In Frankreich ahndet der *Conseil d'ordre* — als *Conseil de discipline* ein echtes Gericht[312] — das Fehlverhalten des *avocat*. Er wird tätig „soit d'office, soit à la demande du procureur général, soit à l'initiative du bâtonnier" (Art. 22 *loi réforme*). Das Hauptgewicht kommt der Verfahrenseinleitung durch den *Bâtonnier* zu[313] — vgl. Art. 113, 114 décret 9. juin 1972 —. Das Verfahren selbst ist ein Verfahren *sui generis* mit einem *„caractère familial"*[314].

---

[308] BVerfGE 26, 186 (195): jedenfalls die Ehrengerichtshöfe.

[309] Auch nicht durchbrochen durch die Möglichkeit einer „Selbstanklage" des Anwalts — § 123 BRAO —.

[310] Vgl. BayArchitG Art. 31 Ziff. 2: der Vorstand der Architektenkammer kann ein Verfahren einleiten; BayKammerG Art. 44 I Ziff. 1: die zuständige Berufsvertretung kann ein Verfahren einleiten.

[311] *Heller / Jahoda / Schuppich*, DSt § 2 Anm. 2.

[312] *Blanc*, S. 85.

[313] *Blanc*, S. 86.

[314] *Hamelin / Damien*, Nr. 369.

Auch in der Bundesrepublik sollte *de lege ferenda* den Rechtsanwaltskammern das Recht zur Verfahrenseinleitung eingeräumt werden.

§ 22 Die Ausstrahlungswirkung des § 1 BRAO auf Beiordnung und Pflichtverteidigung

Das Spannungsfeld, das den Beruf des Rechtsanwaltes charakterisiert und das die §§ 1 und 2 BRAO ausdrücken, durchzieht das gesamte Verfahrensrecht. Aus der Fülle der daraus erwachsenden Probleme seien im folgenden die Beiordnung des Rechtsanwaltes zum Parteivertreter und die Bestellung des Rechtsanwaltes zum Pflichtverteidiger herausgegriffen. Dabei wird die Untersuchung Gewicht darauf legen, ob die Stellung des Rechtsanwaltes als unabhängiges Organ der Rechtspflege erkannt und verwirklicht wurde.

A. Darstellung beider Institute

I. Die Fälle der Beiordnung

1. Die Beiordnung auf Grund Armenrechtsgewährung[315]

a) Sinn und Zweck des Armenrechts

Die Auffassung von der sozialen Notwendigkeit[316] des Zivilprozesses in einem sozialen Rechtsstaat führt zu der Erkenntnis, daß das Verfahren sozialen Ideen gegenüber aufgeschlossen sein muß, will es seine soziale Funktion erfüllen. Rechtsverteidigung und Rechtsvertretung sollen und dürfen nicht „Privileg der Reichen"[317] sein, in einem sozialen Rechtsstaat muß der Arme gleich dem Begüterten Rechtspflege in Anspruch nehmen können. Zu dieser Gleichstellung will das Armenrecht verhelfen: es ist öffentliche Fürsorge für die arme Partei, eine Art gerichtliche Sozialhilfe[318].

Als Teil des Armenrechts ist die Beiordnung eines Rechtsanwaltes Ausdruck eines sozial- und rechtsstaatlichen Verfahrens. Die Beiordnung eines Rechtsanwaltes weist aber auch noch eine andere Seite auf; sie ist Erfüllung des Verfassungsgebotes der Gewährung rechtlichen Gehörs — Art. 103 I GG —:

---

[315] §§ 115 I Ziff. 3, 116 b I Satz 1 ZPO für den Anwaltsprozeß; §§ 116 I, 116 b I Satz 2 ZPO für den Parteiprozeß; §§ 11 a ArbGG; 166 VwGO; 14 FGG; 142 FGO.

[316] Vgl. *Habscheid*, ZZP 86 (1973), 23 ff.

[317] *Rosenberg / Schwab*, § 90 I 1; BVerfGE 9, 124 (130); *Tschischgale*, Rpfleger 1964, 301.

[318] *Bettermann*, JZ 1962, 675.

— im Anwaltsprozeß ist die arme Partei ohne Rechtsanwalt mundtot,

— aber auch im Parteiprozeß ist der Rechtssuchende häufig nicht in der Lage, die rechtliche Seite eines Falles zu erfassen und als Subjekt des Verfahrens an dessen Lösung mitzuwirken[319]. Gerade dies will Art. 103 I GG aber sicherstellen; daher bedarf und erhält die arme Partei einen rechtskundigen Beistand.

b) Rechtliche Ausgestaltung

Die Auswirkung einer Beiordnung auf den Rechtsanwalt liegt klar zu Tage: der Rechtsanwalt ist zur Übernahme der Vertretung verpflichtet — § 48 I BRAO —. Über die dogmatische Begründung dieses Ergebnisses sind die Auffassungen jedoch geteilt.

Eine Auffassung sieht in der Auswahl durch den Vorsitzenden des Gerichts den das Mandat begründenden Akt[320], in der Beiordnung die Auferlegung einer öffentlichen Last[321].

Die andere Auffassung sieht in der Beiordnung die Begründung eines Kontrahierungszwanges auf Seiten des Rechtsanwaltes; diese Auffassung ist nun wiederum gespalten: das OLG Nürnberg[322] legt dem Beiordnungsbeschluß Vertragsangebotscharakter auf Abschluß eines öffentlich-rechtlichen Vertrages Staat - Rechtsanwalt zugunsten der armen Partei bei, das der Anwalt auf Grund des Kontrahierungszwanges annehmen müsse; die h. A.[323] sieht in der Beiordnung die Begründung eines Kontrahierungszwanges auf Abschluß eines Vertrages mit der armen Partei[324].

---

319 OLG Düsseldorf, NJW 1975, 937.

320 *Kalsbach*, BRAO § 48 Anm. 1.

321 Vgl. *Wolff / Bachof*, § 42 II.

322 MDR 1961, 508; unklar OLG Nürnberg, BayJMBl. 1954, 163, wo es von bürgerlich-rechtlichem Dienstverhältnis und öffentlich-rechtlicher Vertretungsmacht spricht; die insofern unklare Aussage von *Baumbach / Lauterbach / Albers / Hartmann*, § 115 5 D, es liege zwischen Rechtsanwalt und armer Partei ein öffentlich-rechtliches Verhältnis vor — so noch die 31. Aufl. (1973) — ist nunmehr aufgegeben.

323 RGZ 115, 62; 89, 45; 94, 345; BGHZ 27, 166; 30, 226; OLG Koblenz, NJW 1951, 409; OLG München, AnwBl. 1956, 143; *Rosenberg / Schwab*, § 90 III 1 e; *Zöller / Mühlbauer*, § 115 1 e; *Pohle*, in: Stein / Jonas, § 115 V 2; *Breslauer*, S. 23; *Schott*, S. 109; *Pott*, S. 8, 16; *Brangsch*, NJW 1961, 111; *Riedel / Sußbauer*, Vorbem. § 121 Anm. 13; *Bergerfurth*, S. 61; vgl. *Nipperdey*, Kontrahierungszwang und diktierter Vertrag, Jena 1920.

324 Diese Theorien lassen sich noch um die *österreichische* Variante bereichern: dort besteht zwischen Anwalt und armer Partei ein öffentlich-rechtliches Verhältnis — wie aus § 64 Ziff. 3 ÖZPO hervorgeht; begründet wird dieses Verhältnis durch die auf Grund richterlicher Beigebung erfolgten Bestellung durch den Ausschuß der RAK (§ 45 ÖRAO); auch in *Frankreich* obliegt die Auswahl des *avocat* dem zuständigen *Bâtonnier;* die

Diese Verschiedenheit der Auffassungen besitzt nicht rein akademischen Charakter; die h. A. sah sich wegen des haftungsfreien Zeitraumes[325] zwischen Beiordnung und Bevollmächtigung, die durch die arme Partei erfolgt, genötigt, im Beiordnungsbeschluß die Begründung von Fürsorge-, Belehrungs- und Betreuungspflichten des Rechtsanwaltes gegenüber der armen Partei zu konstruieren, eine Auffassung, die in § 44 BRAO einen gewissen Rückhalt erfährt[326].

c) Stellungnahme

Die Auffassung, die in der richterlichen Beiordnung die Auferlegung einer öffentlichen Last sieht, überzeugt nicht, sie geht am Sinne des Armenrechts vorüber: Sie führt dazu, daß der armen Partei durch die Beiordnung ein Rechtsanwalt aufoktroyiert wird[327]. Dies widerspricht aber der gewonnenen Erkenntnis, daß die Beiordnung des Rechtsanwaltes die Ausübung des rechtlichen Gehörs gewährleisten soll. Das rechtliche Gehör steht der armen Partei zu, es ist *ihr* verfassungsmäßiges Recht. Sie muß daher bestimmen können, wer für sie dieses Recht ausüben soll.

Ein weiterer Gedankengang kommt hinzu: Das Armenrecht soll der armen Partei die gleichen Chancen einräumen wie der reichen, es will beide im Verfahren gleichstellen. Dann ist aber nicht einzusehen, warum die rechtliche Ausgestaltung der Anwaltswahl je nach der wirtschaftlichen Position des Rechtssuchenden verschieden ausfallen soll. Daher besteht die Forderung zu Recht, daß auch die arme Partei mit ihrem Anwalt einen Vertrag abschließen und ihn bevollmächtigen muß.

Aber auch bei der Annahme eines Vertrages zugunsten der armen Partei bleibt die Position der armen schwächer als die einer reichen, weil der Berechtigte i. S. d. § 328 BGB keine echte Gläubigerstellung innehat[328]. Allein die h. A. vermeidet eine unbillige rechtliche Benachteiligung der armen Partei.

Nicht zu folgen ist ihr insoweit, als sie im Beiordnungsbeschluß die Begründung eines Kontrahierungszwanges sieht. Die h. A. verkennt insoweit die gleichberechtigte Stellung zwischen Rechtsanwalt und

---

schweizerische Lösung entspricht — *grosso modo* — der deutschen, *Guldener*, S. 381 Fn. 27 b.

325 RG, JW 1936, 2799; *Pohle*, in: Stein / Jonas, § 115 V 2.

326 Die Anwendung der Grundsätze der *culpa in contrahendo* liegt näher als die von der h. A. (vgl. RGZ 94, 347; 115, 63; *Mühl*, in: Soergel / Siebert, § 677 Rdn. 10) herangezogene Geschäftsführung ohne Auftrag.

327 BGHZ 60, 258.

328 *Schmidt*, in: Soergel / Siebert, § 328 Rdn. 4.

Gericht. Beide sind unabhängige Organe der Rechtspflege, der Rechtsanwalt ist kein Befehlsempfänger des Gerichts[329]. Auch die oft ins Feld geführte Monopolstellung des Rechtsanwaltes[330] — auf dem Gebiet des Bürgerlichen Rechts zur Begründung eines Kontrahierungszwanges grundsätzlich herangezogen[331] — vermag die Kontrahierungspflicht des Anwalts nicht ausreichend zu erklären; denn in den Fällen der §§ 116 I, 668, 679 III, 686 II ZPO, 11 a ArbGG, 166 VwGO, 14 FGG besteht keine Monopolstellung, weil dort kein Anwaltszwang herrscht.

Die Verpflichtung des Rechtsanwaltes zur Übernahme der Vertretung liegt nicht in der richterlichen Beiordnung, *sondern in der Stellung des Rechtsanwaltes als Organ der Rechtspflege.* Sie ist daher zu Recht in der BRAO normiert[332]. Der Rechtsanwalt ist in die Rechtspflege eingebettet, ihren Zielen verpflichtet: ein Ziel rechts- und sozialstaatlicher Rechtspflege ist die Gewährung gleichen Rechtsschutzes für alle. Daran haben auch die Rechtsanwälte — dem sozialen Rechtsstaat ebenso verpflichtet wie wesentliches Element[333] — mitzuwirken. Als Organen der Rechtspflege ist es ihnen zuzumuten — als Auflage für den freien Beruf —, zu herabgesetzten Gebühren tätig zu werden.

2. Die übrigen Fälle der Beiordnung

Die rechtliche Ausgestaltung bietet aus hiesiger Sicht in den Fällen der §§ 78 a, 668 ZPO keine Besonderheit, so daß das unter 1 dargelegte seine volle Gültigkeit auch hier hat.

Anders jedoch in den Fällen der §§ 679, 686 ZPO, wo für den Fall der Aufhebungsklage dem Entmündigten, will sein gesetzlicher Vertreter die Klage nicht erheben, ein Rechtsanwalt beigeordnet wird: Hier geht die h. A.[334] davon aus, daß der beigeordnete Rechtsanwalt keiner Vollmacht bedürfe, weil er gesetzlicher Vertreter werde.

Diese Ansicht ist freilich nicht zwingend:

— Schon vom Wortlaut her rechtfertigt sich kaum eine unterschiedliche Behandlung gegenüber § 668 ZPO.

---

[329] So aber *Breslauer,* S. 23; gegen die h. A. spricht außerdem, daß Hochschullehrer nicht beigeordnet werden können, weil sie nicht verpflichtet werden können (BVerwG, DÖV 1966, 432); dies könnten sie aber, wenn die Verpflichtung in der Beiordnung selbst liegen würde — wie es die h. A. annimmt.

[330] Vgl. nur OLG Hamm, Rpfleger 1966, 158.

[331] *Esser,* Schuldrecht I, S. 84.

[332] OLG Hamm, Rpfleger 1966, 158 und BGHZ 60, 258 sprechen von einer Berufspflicht; a. A. *Esser,* Schuldrecht I, S. 85 — ohne Begründung.

[333] *Weidner,* JZ 1959, 626.

[334] Vgl. nur *Baumbach / Lauterbach / Albers / Hartmann,* § 679 1 C m. w. N.

— In beiden Fällen ist der Kläger entmündigt, im Falle der §§ 679, 686 ZPO noch, im Falle des § 668 ZPO schon — § 661 ZPO —; er sollte daher auch in beiden Fällen prozeßfähig sein[335].

Aus der hier verfolgten Sicht liegt der entscheidende Einwand in der Frage, warum der Rechtsanwalt eine gesetzliche Vertretung annehmen muß — § 48 I Ziff. 3 BRAO —. Seine Stellung als Organ der Rechtspflege kann nicht der Grund sein, weil der Rechtsanwalt gerade nicht als Prozeßbevollmächtigter und damit als Rechtspflegeorgan angesprochen wird. Die Bestellung nach den §§ 679 III, 686 II ZPO weist eine nahe Verwandtschaft zu der Bestellung nach § 57 ZPO auf. Dort jedoch kann der Bestellte ablehnen. Eine Pflicht zur Annahme läßt sich auch nicht aus dem BGB ableiten, weil dessen Vorschriften hier nicht anwendbar sind[336].

Eine Annahmepflicht läßt sich nur dann begründen, wenn man sie auf die Stellung des Rechtsanwaltes *als Organ der Rechtspflege zurückführt.* Es liegt daher näher, auch in den §§ 679, 686 ZPO eine Beiordnung zum Prozeßbevollmächtigten zu erblicken und diese Fälle rechtlich den übrigen Beiordnungsfällen gleichzustellen[337].

3. Außergerichtliche Rechtsberatung sozial Schwacher

Eine allein auf das Gerichtsverfahren beschränkte Sozialhilfe wäre unzureichend, dehnte man sie nicht auf den außergerichtlichen Bereich aus. Die Rechtsanwälte haben ihre soziale Verpflichtung als Organe der Rechtspflege erkannt und einen Diskussionsentwurf[338] vorgelegt, der — *grosso modo* — eine Vorverlegung des Armenrechts auf den außergerichtlichen Bereich vorsieht. Demgegenüber steht als Modell die öffentlich-rechtliche Beratungsstelle, besetzt mit Richtern, Staatsanwälten und Verwaltungsjuristen[339].

Entscheidend für die Frage[340], welchem Modell — systematisch gesehen — der Vorzug einzuräumen ist, ist die Auffassung von der

---

335 A. A. RGZ 35, 357.

336 *Pohle*, in: Stein / Jonas, § 57 V.

337 *Rosenberg / Schwab*, § 171 III 2; *Thomas / Putzo*, § 679 Anm. 2 a.

338 AnwBl. 1974, 254 ff.

339 Daneben stehen zur Diskussion eine Ausweitung der Arbeit der Rechtsantragsstellen sowie die Schaffung von Bürgerberatungsstellen, in denen vorwiegend Anwälte tätig sein sollen.

340 Zu den bisher gewonnenen praktischen Erkenntnissen, die übrigens für die „Anwaltslösung“ sprechen, *Herbst*, ZRP 1975, 219. Die aus amerikanischer Sicht erzielten Ergebnisse von *Knoppke-Wetzel*, JZ 1976, 145 ff., scheinen mir für deutsche Verhältnisse nicht aussagekräftig, weil die Struktur des amerikanischen Anwaltswesens sich von der deutschen doch sehr unterscheidet.

Rechtsnatur der Rechtsberatung überhaupt: Ist sie staatliche oder öffentliche Aufgabe[341]?

Wer sich für die Öffentliche Rechtsberatungsstelle — die richtiger staatliche heißen sollte — ausspricht, muß sich darüber im klaren sein, daß damit diese Art von Rechtsberatung, um die es hier geht, zu einer staatlichen Aufgabe wird, eben weil der Staat sie an sich gezogen hat — eine Verbindung, wie sie das deutsche Recht generell nur im Preußen des 18. Jahrhunderts eingegangen ist.

Der Staat drängt — verfolgt er allein[342] die staatliche Lösung weiter — private Initiative und Aktivität zurück, obwohl der gesamte Sachzusammenhang mehr für eine öffentliche denn für eine staatliche Aufgabe spricht, zumal die Erfüllung dieser öffentlichen Aufgabe durch die „Anwaltslösung" gewährleistet erscheint. Wenn auch aus verfassungsrechtlicher Sicht keine durchgreifenden Bedenken[343] gegen die staatliche Lösung erhoben werden können, so wird mit ihr doch ein Organ der Rechtspflege ausgebootet, das auf Grund des Wesens seiner Tätigkeit vor allen anderen Rechtspflegeorganen geradezu prädestiniert erscheinen muß, die außergerichtliche Rechtsberatung sozial Schwacher mitzuerfüllen. Letztlich zeigt diese Diskussion — deren Lösung eine politische Entscheidung sein wird — die Schwierigkeiten und auch Unsicherheiten auf, die das Fehlen einer Staatsaufgabenlehre mit sich bringt.

II. Pflichtverteidigung

Der Gesetzgeber hat einen Katalog von Fällen aufgestellt, in denen er die Mitwirkung eines Verteidigers als notwendig ansieht[344]. Wählt bei Vorliegen eines dieser Fälle der Beschuldigte — aus welchen Gründen auch immer — keinen Verteidiger, so wird ihm ein solcher bestellt — §§ 141 ff. StPO.

1. Wesen der Pflichtverteidigung

Der BGH[345] hat in prägnanter Kürze den Unterschied zwischen Armenrecht und Pflichtverteidigung herausgearbeitet.

---

[341] *Schoreit*, Rechtsberatung unentgeltlich; *ders.*, ZRP 1975, 62 ff. und *Baumgärtel*, ZRP 1975, 65 ff., geben einen Überblick über das Für und Wider der einzelnen Modelle.

[342] Die angelaufenen Erprobungsversuche *aller* Modelle sind daher zu begrüßen.

[343] Es sei auf die Stichworte „in dubio pro libertate" und „Subsidiaritätsprinzip" lediglich hingewiesen; Grundrechte, die allein einer Vermehrung der Staatsaufgaben entgegengesetzt werden können, greifen hier nicht schützend ein.

[344] §§ 81 I, 117 IV, 118 a II, 140, 350 III, 364 a, b StPO; 68 JGG.

Im Zivilverfahren

„ist es der Fürsorgegedanke, daß die arme Partei bei der gerichtlichen Wahrnehmung ihrer wirtschaftlichen Belange denselben rechtlichen Schutz genießen soll wie die vermögende Gegenpartei";

im Strafverfahren dagegen

„steht ... die Bestellung eines Pflichtverteidigers ... unter dem Leitgedanken, ohne Rücksicht darauf, ob der Beschuldigte einen Verteidiger haben will und bezahlen kann oder nicht, im staatlichen Interesse einen geordneten Ablauf des Verfahrens sicherzustellen".

Der bedeutendste Unterschied gegenüber der Beiordnung besteht darin, daß im Strafprozeß eine Verteidigerbestellung auch *gegen* den Willen des Beschuldigten erfolgen kann, daß also zwischen Rechtsanwalt und Beschuldigtem kein privatrechtliches Verhältnis zustandekommen muß. Den Grund, warum im Strafverfahren der Rechtssuchende derart „bevormundet" wird, sieht die h. A. im Wesen des Strafverfahrens, bei dem es nicht wie im Zivilprozeß um die Durchsetzung privater Rechte gehe, sondern um die Durchsetzung des staatlichen Strafanspruches. Die Fälle der notwendigen Verteidigung postulieren einen Anwaltszwang, der der Sicherung des rechtsstaatlichen Verfahrens dient — und damit zugleich die Bedeutung des Rechtsanwaltes für dieses Verfahren unterstreicht. Kommt der Beschuldigte dieser Pflicht nicht nach, so hilft der Staat — und die Rechtsanwaltschaft — durch die Bestellung eines Anwalts. Lehnt der Beschuldigte diesen ab, kann sich der Staat — anders als im Zivilprozeß — damit nicht zufrieden geben, weil es nicht um verzichtbare Rechte des Beschuldigten, sondern um die rechtsstaatliche Durchführung des Verfahrens geht[346].

2. Rechtliche Ausgestaltung

Trotz dieser wohl einhelligen Auffassung vom Wesen des Instituts der Pflichtverteidigung ist die rechtliche Ausgestaltung alles andere als klar erfaßt: Klarheit besteht lediglich darüber, daß in der Bestellung zum Pflichtverteidiger die Begründung der Verteidigerstellung liegt[347]. Ansonsten bietet sich eine Vielfalt von Anschauungen, ausgehend von einem Auftrag des Staates[348] bis hin zu der Annahme eines richterlichen Verwaltungsaktes[349] bzw. eines öffentlich-rechtlichen Aktes[350].

---

[345] BGHSt 3, 398; ihm folgend *Eberhard Schmidt*, StPO § 141 Rdn. 13.

[346] *Dünnebier*, in: Löwe / Rosenberg, § 140 Anm. I 1.

[347] *Dünnebier*, in: Löwe / Rosenberg, § 141 Anm. 10; *Hartmut Schmidt*, S. 140.

[348] *Oppe*, NJW 1967, 2043.

[349] *Friedlaender*, Exkurs zu § 39 Anm. 11; BVerfG, NJW 1975, 1016.

[350] *Dahs*, Handbuch Rdn. 81.

In gleichem Maße schillern die Rechtsbeziehungen des Pflichtverteidigers:

— *einmal* steht er in einem öffentlich-rechtlichen Pflichtenverhältnis[351],

— *oder* es beruft ihn das Vertrauen des Vorsitzenden in sein Amt[352],

— *oder* es besteht ein Rechtsverhältnis zwischen Anwalt und Beschuldigtem[353].

3. Stellungnahme

Es kann festgestellt werden, daß die rechtliche Erfassung des Institutes „Pflichtverteidigung" nicht befriedigend gelungen ist. Geht man das Institut Pflichtverteidigung einmal von der betroffenen Person, dem Rechtsanwalt, aus an, so zeigen sich viel *Berührungspunkte mit der Beiordnung im Zivilverfahren.*

Bereits der Ausgangspunkt einer Trennungslinie zwischen Beiordnung und Pflichtverteidigung, ausgehend vom Wesen ihrer Verfahrensarten, ist fraglich:

Auch die Beiordnung dient einem geordneten Verfahrensablauf wie umgekehrt die Pflichtverteidigung Ausdruck sozialer Fürsorge[354] sein kann, wenn nämlich die Verteidigerwahl aus finanziellen Gründen unterbleibt. Während es im Zivilprozeß nicht allein um die Durchsetzung subjektiver Rechte geht, sondern auch um die Bewahrung der Rechtsordnung[355], schützt das Strafverfahren nicht ausschließlich die Belange der Allgemeinheit, sondern auch die des Einzelnen[356].

Beide Institute enthalten Berufsausübungsregelungen, die an Art. 12 GG zu messen sind[357].

Überhaupt vereint sich das Bild beider Rechtseinrichtungen in der *Tätigkeit des Rechtsanwaltes: Er muß in beiden Fällen* und zwar zu einer in der Regel herabgesetzten Gebühr *tätig werden.*

Eine Parallele zur Beiordnung ist auch aus folgenden Gründen berechtigt: Auch im Strafverfahren ist der Rechtsanwalt unabhängiges Organ der Rechtspflege und nicht Befehlsempfänger des Gerichts. Die Bestellung zum Pflichtverteidiger ist daher kein richterlicher Verwal-

---

351 *Karl Peters,* § 29 III 5.

352 *Hartmut Schmidt,* S. 214.

353 *Dahs,* Handbuch Rdn. 81.

354 BVerfGE 9, 36 (38).

355 *Pohle,* in: Stein / Jonas, Einl. C I; *Rosenberg / Schwab,* § 1 III 2.

356 *Karl Peters,* § 3 II 1; damit sollen nicht die Unterschiede zwischen Straf- und Zivilverfahren gänzlich geleugnet, sondern nur darauf hingewiesen werden, daß es auch Gemeinsamkeiten gibt.

357 BVerfG, NJW 1971, 187; *Maunz,* in: Maunz / Dürig / Herzog, Art. 12 Rdn. 123.

tungsakt, der den Rechtsanwalt zu einem Tun verpflichtet. Überdies wäre dann die in § 49 BRAO ausgesprochene Verpflichtung überflüssig.

Die Pflicht zur Annahme der Verteidigung liegt in der Stellung des Anwalts als Organ der Rechtspflege begründet; denn es ist ureigenste Aufgabe der Rechtspflege, für ihre Funktionsfähigkeit zu sorgen und einem Rechtssuchenden beizustehen, der nicht in der Lage ist, einen Rechtsanwalt zu finden. Die Übernahme einer Pflichtverteidigung ist Berufspflicht des Rechtsanwaltes und nicht Folge einer richterlichen Anordnung. Das richterliche Handeln erschöpft sich in der Prüfung der Voraussetzungen, ob eine notwendige Verteidigung vorliegt und in der Auswahl des Verteidigers. Durch die korrespondierenden Handlungen von Vorsitzendem — Bestellung und Auswahl — und Rechtsanwalt — Annahme kraft Berufspflicht — kommt — ähnlich einer Vormundsbestellung[358] — ein gesetzliches Schuldverhältnis zwischen Rechtsanwalt und Beschuldigtem zustande, das Rechtsgrundlage für die beiderseitigen Beziehungen ist[359].

B. Pflichtanwalt oder Zwangsanwalt?

Neuralgischster Punkt dieser die Abschlußfreiheit einschränkenden Fälle war und ist das Auswahl- und Abberufungsverfahren.

I. Wahlrecht oder Annahmezwang des Rechtssuchenden

Die h. A. geht davon aus, daß den Wünschen des Rechtssuchenden auf einen bestimmten Anwalt bei Beiordnung und Bestellung weitgehend Rechnung getragen wird, ein Rechtsanspruch auf Bestellung eines bestimmten Rechtsanwaltes jedoch nicht besteht[360].

Das Grundgesetz gewährt ein Recht auf einen Rechtsanwalt um des Grundsatzes des rechtlichen Gehörs willen. Da dieses ein verfassungsmäßiges Recht des einzelnen ist, kann es nur Sache des einzelnen sein, darüber zu entscheiden, wer für ihn rechtliches Gehör ausüben soll. Das Grundgesetz gewährt daher auch ein Wahlrecht[361].

Will nun das Armenrecht die arme Partei der reichen gleichstellen[362], die Pflichtverteidigung dem Beschuldigten im Interesse seines Gehörs

---

[358] BVerfGE 10, 302 (311); *Germer*, in: Soergel / Siebert, § 1789 Rdn. 1; § 1785 Rdn. 1: Übernahmepflicht als „Einwilligung zur Übernahme des Amtes".

[359] *Riedel / Sußbauer*, § 100 Rdn. 7.

[360] BVerfGE 9, 36 (38); NJW 1975, 1016; BGHZ 60, 258; KG, JR 1957, 469; *Rosenberg / Schwab*, § 90 III 1 d; *Baumbach / Lauterbach / Albers / Hartmann*, § 116 b, 1; *Pohle*, in: Stein / Jonas, § 116 b II 2; *Henkel*, § 35 II 3; *Karl Peters*, § 29 IV 2 a; *Dahs*, Handbuch Rdn. 82; *Hartmut Schmidt*, S. 205 ff.

[361] Vgl. § 8 C I.

zu einem Verteidiger verhelfen, so ist dieses Wahlrecht im *Grundsatz* auch im Armenrechtsverfahren und bei der Pflichtverteidigung anzuerkennen. Auf der anderen Seite berührt eine uneingeschränkte Anerkennung eines solchen Wahlrechts verfassungsmäßig garantierte Rechte des Rechtsanwaltes; denn nicht wie sonst kann der Rechtsanwalt das Mandat ablehnen, Beiordnung und Bestellung greifen in seine Berufsfreiheit ein. In der Praxis könnte ein solches uneingeschränktes Wahlrecht zu einer Überbeanspruchung einzelner Anwälte führen — eine Folge, die mit dem Grundgedanken von Armenrecht und Pflichtverteidigung als Fürsorgeleistung des gesamten Anwaltsstandes nicht zu vereinbaren ist. Es gilt daher einen Ausgleich zu finden zwischen einem grundsätzlich anzuerkennendem Wahlrecht des Rechtssuchenden und dem Schutz der Berufsfreiheit des Rechtsanwaltes vor übermäßigen Eingriffen.

1. Zivilverfahren

Die Ausgestaltung der Beiordnung wird — wie mir scheint — dieser Forderung gerecht. Bei ihr bleibt es dem Rechtssuchenden überlassen, den für ihn bereitstehenden Rechtsanwalt auch tatsächlich zu wählen. Da die Praxis den Wünschen der Rechtssuchenden bereitwillig Rechnung trägt[363], wird die Bevollmächtigung des bereitstehenden die Regel sein. Dieses Wahlrecht käme allerdings dann einem faktischen Zwang gleich, wenn das Gericht — bevollmächtigt die Partei den bereitstehenden Rechtsanwalt nicht oder entzieht sie ihm im Verlaufe des Verfahrens die Vollmacht — die Partei grundsätzlich als säumig behandeln würde. Dem ist jedoch nicht so: Die Rechtsprechung erkennt einen Anspruch auf Beiordnung eines anderen Anwaltes an, wenn das Verhalten auf Gründen beruht, die auch eine begüterte Partei zu einer Trennung von ihrem Wahlanwalt bewogen hätten[364]. Selbst wenn das Vertrauensverhältnis zum Rechtsanwalt durch eigenes schuldhaftes Verhalten der Partei gestört ist[365], ist die Beiordnung eines anderen Rechtsanwaltes noch möglich. Im übrigen besteht breiter Raum für die Überprüfung der Auswahl des Rechtsanwaltes im Beschwerdeweg (§§ 116 b III Satz 1, 116 b III Satz 2 i. V. m. § 48 II BRAO)[366].

---

[362] Zu diesem aus Gleichheitssatz und Sozialstaatsprinzip abgeleitetem Gebot, BVerfGE 22, 83 (86).

[363] RGZ 35, 369; BGHZ 60, 258; OLG Braunschweig, JZ 1951, 142 mit Anm. *Cüppers;* OLG Celle, NJW 1954, 721; *Rosenberg / Schwab,* § 90 III 1 d; *Baumbach / Lauterbach / Albers / Hartmann,* § 116 b 1; *Zöller / Mühlbauer,* § 116 b Allgemeines; *Pohle,* in: Stein / Jonas, § 116 b II 2.

[364] OLG Braunschweig, NJW 1962, 256; OLG Nürnberg, MDR 1961, 508; *Bergerfurth,* S. 63.

[365] OLG Celle, MDR 1960, 846.

[366] KG, JW 1930, 658; OLG Hamm, MDR 1971, 139; OLG Schleswig, NJW 1961, 131; *Brangsch,* NJW 1961, 111; zu den Ablehnungsgründen des § 48 II

2. Strafverfahren

Auch im Strafprozeß trifft der Vorsitzende die Auswahl des Pflichtverteidigers in der Regel nach den Wünschen des Beschuldigten[367]. Im Strafprozeß besteht darüber hinaus aber die Möglichkeit, *auch gegen den Willen* des Beschuldigten diesem einen Verteidiger beizuordnen[368].

Diese Maßnahme löst die Verknüpfung: rechtliches Gehör - Rechtsanwalt. Der Anwalt erhält seine Stellung als Beistand unabhängig vom Willen des Beschuldigten; er erhält seine Legitimation und seinen Auftrag nicht von einem Mandanten, sondern vom Staat[369]. Diese Loslösung birgt eine Gefahr: Sie liegt darin, daß sich mit dem Status auch die Aufgabe von der Person des Rechtssuchenden freimacht. So nimmt es nicht Wunder, wenn im notwendigen Verteidiger nicht mehr der Beistand des Beschuldigten, sondern des Gerichts[370], in ihm ein „Vertreter des Gemeininteresses"[371], ein Kontrollorgan gesellschaftlichen Selbstschutzes[372], seine Funktion als „staatliche Funktion der Wahrheitsermittlung"[373] gesehen wird.

Auf der anderen Seite ist die notwendige Verteidigung Ausdruck rechtsstaatlicher Machtbegrenzung, die sich der Staat selbst auferlegt; das Anklageprinzip und die Prinzipien der Wahrheitserforschung und Justizförmigkeit des Verfahrens „rufen" nach einem rechtskundigen Beistand für den Beschuldigten, der die Unschuldsvermutung ins Feld führt. Das Ziel des Strafverfahrens, die Bewahrung der rechtsstaatlichen Rechtsordnung, verlangt, daß es nicht der oftmals mangelnden Einsichtsfähigkeit, nicht der „Willkür, Dummheit und Verdrossenheit"[374] eines Angeklagten überlassen werden kann, ob einem rechtskundigen Ankläger eine ebensolche Verteidigung entgegengesetzt wird. Das Wahlrecht des Beschuldigten wird zu einer Wahlpflicht und kann nicht preisgegeben werden. Dieses Umschlagen von einem Recht zu einer Pflicht widerspricht nicht Art. 103 I GG:

Grundsätzlich ist Art. 103 I GG Genüge getan, wenn die *Möglichkeit* der Ausübung des rechtlichen Gehörs besteht. Das heißt, auf die Aus-

---

BRAO, *Günther*, AnwBl. 1970, 65; zur Ablehnung aus finanziellen Erwägungen, OLG Hamm, Rpfleger 1966, 158; OLG Oldenburg, AnwBl. 1972, 192; OLG Bremen, AnwBl. 1972, 230.

[367] *Müller / Sax* (KMR), § 142 Anm. 2; *Henkel*, § 35 II 2; *Dahs*, Handbuch Rdn. 82.

[368] BVerfG, NJW 1975, 1016.

[369] *Pfenninger*, S. 152; *Burkart*, S. 57.

[370] *von Holtzendorff* I, S. 405.

[371] *Pfenninger*, S. 152.

[372] *Burkart*, S. 57.

[373] *Gerland*, S. 151.

[374] *Pfenninger*, S. 150.

übung des rechtlichen Gehörs kann an sich verzichtet werden. Es gibt aber Fälle, in denen die Ausübung des rechtlichen Gehörs — sei es im überwiegend öffentlichen Interesse, sei es zum eigenen Schutz des Rechtssuchenden — zu einer gesetzlichen[375] oder doch faktischen[376] *Pflicht* wird. Kommt die Partei dieser Pflicht nicht nach, so wird ihre Erfüllung entweder erzwungen oder Folgen an dieses Verhalten geknüpft.

Gleiches gilt für die notwendige Verteidigung. Kommt der Rechtssuchende seiner Wahlpflicht nicht nach, so zeigt er, daß er die Bedeutung des rechtlichen Gehörs und der Verteidigung nicht erkennt oder nicht erkennen will. Der Gesetzgeber kann ihn als „unmündig" betrachten und ihm als Fürsorgemaßnahme auch gegen seinen Willen einen Verteidiger aufzwingen. Hier geht es an, im Interesse des Rechtsstaates und des eigenen, vom Rechtssuchenden offenbar selbst nicht erkannten oder anerkannten Interesses die Begründung der Beistandstellung des Rechtsanwaltes vom Willen des Beschuldigten zu lösen.

Überall dort aber, wo der Rechtssuchende sich nur *gegen die Person* des Verteidigers wendet, kann ihm seine Mündigkeit nicht mehr abgesprochen werden. Da es auch im Strafprozeß um hohe Güter des Einzelnen geht, ist immer noch der mündige Bürger selbst zu deren Bewahrung am besten berufen. Ihm ist die Entscheidung zu überlassen, *wen* er für geeignet hält, sein rechtliches Gehör auszuüben. Dieser Rechtssuchende beweist, daß er keines Schutzes in Gestalt eines aufgezwungenen Verteidigers bedarf[377], seinem Wunsch auf einen bestimmten Rechtsanwalt ist daher Rechnung zu tragen, wenn nicht ein solches Begehren auf Seiten des Anwalts zu einer übermäßigen Belastung führt oder dieser Anwalt nicht tätig werden kann, weil er auszuschließen ist.

II. Auswahlrecht des Vorsitzenden

Die bisherigen Feststellungen tragen die Forderung, die Auswahl des beizuordnenden oder zu bestellenden Rechtsanwaltes statt vom Vorsitzenden des erkennenden Gerichts von der Rechtsanwaltskammer treffen zu lassen[378]. Der Rechtsanwalt ist nicht Befehlsempfänger des Gerichts[379], die Befolgung der richterlichen Beiordnung/Bestellung be-

---

[375] §§ 671 i. V. m. 654 ZPO.

[376] Alle Fälle der Parteivernehmung; vgl. auch *Lantzke*, JR 1974, 435.

[377] Einen anderen Standpunkt nimmt OLG Stuttgart, NJW 1970, 1466 ein, das die Bestellung eines gewünschten auswärtigen Pflichtverteidigers ablehnt, weil es im Interesse des inhaftierten Beschuldigten liege, einen am Ort befindlichen Verteidiger zu erhalten; hier wird dem Beschuldigten einfach ein Interesse unterstellt, er offenbar als unfähig angesehen, dieses zu erkennen und es daher vom Gericht wahrgenommen.

[378] Österreich: § 45 I ÖRAO; vgl. auch *Kosik*, JbOstR XI/1 (1970), 114.

ruht allein auf der Stellung des Rechtsanwaltes in der Rechtspflege. Das Gericht stellt lediglich fest, *ob* die Voraussetzungen der Beiordnung/Bestellung vorliegen. In der — auf Berufspflicht begründeten — Befolgung dieses richterlichen Aktes leistet die Rechtsanwaltschaft ihren Anteil am Sozial- und Rechtsstaat. Ihren Organen sollte *de lege ferenda* daher auch die Auswahl des Anwaltes — grundsätzlich dem Wunsche des Rechtssuchenden folgend — übertragen werden. Allein diese Kompetenzverteilung macht deutlich, daß die Anwaltschaft in eigener Regie einen — nicht unerheblichen — Beitrag zur Erfüllung des Rechtsstaatsgebots beisteuert.

Die Übertragung der Auswahl auf die Rechtsanwaltskammer hätte Vorteile:

— *Einmal* ist ein Organ der Anwaltschaft besser in der Lage, von vorneherein die Belastung eines Anwaltes mit Armenrechtssachen und Pflichtverteidigungen zu berücksichtigen und Ablehnungsgründe der §§ 48 II, 49 II BRAO zu erkennen.

— *Zum anderen* wird bei dieser Kompetenzverteilung die Unabhängigkeit des Anwalts besser gewahrt. Denn bei dem Rechtsanwalt, der auf Pflichtverteidigungen „angewiesen" ist, besteht die Gefahr, daß er dem ihn auswählenden Vorsitzenden des erkennenden Gerichts nicht mit der notwendigen Unabhängigkeit gegenübertritt, weil er befürchten muß, bei Divergenzen nicht mehr bestellt zu werden.

III. Abberufung[380] *von Pflichtverteidigern*

Das BVerfG[381] sieht in § 141 StPO die Rechtsgrundlage für eine Abberufung von Pflichtverteidigern — vom Spezialfall des § 143 StPO abgesehen —, weil es in der Abberufung den *actus contrarius* zur Bestellung sieht. Bei Vorliegen eines wichtigen Grundes, der den Zweck der Pflichtverteidigung — dem Beschuldigten einen geeigneten Beistand und einen ordnungsgemäßen Verfahrensablauf zu sichern — ernsthaft gefährdet, kann demnach ein Pflichtverteidiger auch gegen den Willen des Beschuldigten abberufen werden. Nach Ansicht des BVerfG verstößt diese Auffassung nicht gegen die in der Entscheidung 34, 293 (299, 303) aufgestellte Forderung, daß ein Ausschluß eines Verteidigers nur auf Grund eines Gesetzes oder vorkonstitutionellen Gewohnheitsrechtes zulässig ist, weil

---

[379] BGH, GA 1968, 85.

[380] Die Fälle, in denen die Bestellung zurückgenommen wird, weil kein Fall notwendiger Verteidigung vorliegt, sind unproblematisch; daher wird im folgenden unter Abberufung nur das Auswechseln von Pflichtverteidigern behandelt.

[381] NJW 1975, 1015.

„dieser Grundsatz den Rechtsanwalt vor staatlichen Eingriffen in seine freie Berufsausübung schützen soll, nicht aber die Funktion haben kann, dem Beschuldigten eine Rechtsposition zu erhalten, die er erst durch den öffentlich-rechtlichen Akt der Bestellung des Pflichtverteidigers erlangt hat“[382].

Problemlos ist diese Auffassung des BVerfG freilich nicht:

1. Das BVerfG trennt nicht scharf zwischen Bestellung und Auswahl — §§ 141, 142 StPO —; das Auswechseln eines Pflichtverteidigers ist eine Rücknahme der Wahl und daher *actus contrarius* zu § 142 StPO.

2. Auch die Pflichtverteidigung ist Teil — sogar ein sozial- und rechtsstaatlich bedeutender Teil — anwaltlicher Berufsausübung[383] und daher durch Art. 12 GG geschützt.

3. Bedenklich ist die Aussage, ein Pflichtverteidiger, bei dem ein Ausschlußtatbestand[384] gegeben ist, könne ohne ein Verfahren nach § 138 c ff. StPO ausgewechselt werden. Damit erkennt das BVerfG in der bedeutenden Frage des Ausschlusses Verteidiger verschiedener Qualität an — Wahl- und Pflichtverteidiger — und dies, obwohl das Gesetz allgemein von „dem Verteidiger“ spricht und ansonsten immer ausdrücklich festlegt, wenn es nur den Wahl- oder nur den Pflichtverteidiger ansprechen will[385]. Diese Auffassung des BVerfG bringt den Pflichtverteidiger in noch größere Abhängigkeit vom Vorsitzenden des Gerichts. Sie ist auch prozeßökonomisch fragwürdig: Wenn nämlich der ausgewechselte Pflichtverteidiger sich nunmehr als Verteidiger wählen läßt, ist ein Ausschlußverfahren nach §§ 138 a ff. StPO durchzuführen.

Das Institut der Pflichtverteidigung soll dem Beschuldigten zu einem geeigneten Beistand verhelfen. Es ist bereits deshalb kein Grund ersichtlich, diesen Verteidiger anders als einen gewählten zu behandeln. Daraus folgt:

Mit dem Willen des Beschuldigten ist ein Pflichtverteidiger auszuwechseln, wenn Gründe vorliegen, die auch bei einer Wahlverteidigung einen verständigen Beschuldigten zur Entziehung des Mandats bewogen hätten.

Gegen den Willen des Beschuldigten ist ein Pflichtverteidiger auszuwechseln, wenn

---

[382] BVerfG, NJW 1975, 1016.

[383] BVerfGE 22, 380 (384); *Maunz,* in: Maunz / Dürig / Herzog, Art. 12 Rdn. 122 f.

[384] Für den Fall der Pflichtverteidigung *neben* der Wahlverteidigung — dazu *Dünnebier,* in: Löwe / Rosenberg, § 141 Anm. 1 — genügt nach Ansicht des BVerfG bereits einfacher Tatverdacht; für die übrigen Fälle vom BVerfG offengelassen (NJW 1975, 1017).

[385] Vgl. §§ 137 I Satz 2, 145 III, 145 a I StPO.

— Gründe vorliegen, die einen Rechtsanwalt zur Niederlegung eines Wahlmandats veranlaßt hätten[386],

— wichtige Gründe i. S. d. § 49 II BRAO vorliegen,

— Ausschlußgründe gegeben sind. Diese sind jedoch im Verfahren über §§ 138 a ff. StPO festzustellen.

IV. Kostenprobleme

Die Sozial- und Rechtshilfe erbringt zu einem nicht unerheblichen Teil die Rechtsanwaltschaft. Sieht man diese Verpflichtung auch als *nobile officium* an, so sorgte doch eine immer größer werdende Diskrepanz zwischen Gebühren und Kostendeckung für erhebliche Unruhe innerhalb der deutschen Rechtsanwaltschaft und führte zu „Streiks" ganzer Rechtsanwaltskammern[387].

Auch in unseren Nachbarländern geriet — von Kostenproblemen ausgehend — Bewegung in Armenrecht und Pflichtverteidigung: aus der ursprünglichen Rechtswohltat für die arme Partei wird eine nationale und soziale Verpflichtung:

Frankreich hat mit Gesetz Nr. 72-11 vom 3. Januar 1972 die *aide judiciaire* neu geregelt[388]: Als „Tendenzwende" ist darin anzusehen, daß im Gegensatz zur früheren grundsätzlich unentgeltlichen Beistandleistung durch den *avocat*[389] dieser nunmehr eine Vergütung erhält[390].

Mit der jüngsten gesetzgeberischen Lösung wartet *Österreich* auf; initiiert durch eine Entscheidung des ÖVfGH[391] hat der Gesetzgeber ein Verfahrenshilfegesetz erlassen[392]: Für alle Armenrechtsvertretungen und Pflichtverteidigungen leistet der österreichische Staat an die Österreichische Rechtsanwaltskammer eine jährliche Abschlagszahlung von derzeit 32 Millionen Schilling (§ 47 II ÖRAO). Dieser Betrag wird anteilsmäßig nach Mitgliederstärke auf die einzelnen Rechtsanwaltskammern umgelegt (§ 48 I ÖRAO). Die Rechtsanwaltskammer verrechnet diesen Betrag — gleichmäßig auf ihre Mitglieder verteilt — mit dem Beitrag des einzelnen Rechtsanwaltes zur Alters-, Berufsunfähigkeits- und Hinterbliebenenversorgung (§ 16 III ÖRAO), die die Rechts-

---

[386] OLG Hamm, MDR 1967, 856; *Karl Peters*, JR 1968, 472; a. A. KG, JR 1968, 471; OLG Frankfurt, NJW 1971, 1851.

[387] Beschluß der BRAK, AnwBl. 1971, 304; RAK Hamm, AnwBl. 1971, 69; RAK München, AnwBl. 1971, 162; RAK Koblenz, AnwBl. 1971, 162.

[388] Vgl. dazu *Habscheid*, ZfRV 1976, Heft 1 (Manuskript hat vorgelegen).

[389] *Joly*, Rdn. 258.

[390] *Blanc*, S. 60.

[391] ÖJZ 1973, 412; ÖBGBl. 1973, Nr. 42, 43.

[392] Vom 8. 11. 1973, ÖBGBl. Nr. 569, 579.

anwaltskammern nach § 49 ÖRAO zu schaffen haben. Die Konsequenz dieser Regelung wird sein, daß zwar eine gleichmäßige soziale Belastung der Rechtsanwälte erreicht wird, weil die Auswahl des einzelnen Anwalts nach einem Listenprinzip erfolgt (§ 46 I ÖRAO), daß aber ein Mitsprache- oder gar Wahlrecht des Rechtssuchenden weitgehend ausgeschaltet wird.

De lege ferenda verdient jedoch der *Grundgedanke* dieser Regelung auch in der Bundesrepublik Deutschland Beachtung: Einmal könnte sie einen wichtigen Schritt in Richtung auf eine Altersversorgung — und damit wirtschaftliche Unabhängigkeit — darstellen. Außerdem schwächt sie die in der Gebührenregelung des Armenrechts — volle Kostenerstattung bei Obsiegen, Armenrecht bei Unterliegen — versteckt liegende *Erfolgshonorierung* wesentlich ab.

Schluß

§ 23 Zum Ergebnis der Arbeit

Die gesetzliche Verankerung der Organstellung des Rechtsanwaltes in der Rechtspflege war ein wichtiger Schritt des Gesetzgebers. Richtig verstanden und befreit vom geschichtlichen Ballast insbesondere der nationalsozialistischen Ära, weist § 1 BRAO dem Rechtsanwalt im Rechtsstaat die richtige Stellung zu.

Die Rechtsprechung hat die Organstellung weitgehend als reinen *Pflichtenkodex* aufgefaßt, die sie unbestreitbar *auch* ist. Gerade darum war es Anliegen dieser Arbeit, auch auf *Rechte* hinzuweisen, die mit einer unabhängigen Organstellung innerhalb der Rechtspflege verbunden sein müssen.

Einer Betonung *dieser* Seite der Organstellung hielt die Überprüfung gesetzlicher Bestimmungen nicht immer Stand: Der Rechtsanwalt ist in der Gesetzgebung nicht allenthalben als unabhängiges Organ der Rechtspflege anerkannt.

Die Rechtsposition des § 1 BRAO muß aber auch aus verfassungsrechtlichen Gründen voll ausgeschöpft werden; denn der Rechtsanwalt ist ein Mitgarant des Rechtsstaates. Er kann diese Funktion aber nur dann wirksam erfüllen, wenn er in voller Unabhängigkeit seinen Aufgaben nachkommt.

Die vorliegende Arbeit wollte dazu einen Beitrag leisten. Dabei hat sich insbesondere gezeigt, daß eine gegenüber der *lex scripta* weitergehende Unabhängigkeit des Rechtsanwaltes erforderlich ist: Ausschließung und Entziehung von Verteidigerrechten greifen in ihrer derzeitigen oder geplanten Ausgestaltung zu sehr in die Unabhängigkeit des Rechtsanwaltes ein; die Regelung der Pflichtverteidigung sollte der Armenrechtsbeiordnung angenähert werden. Dies ist meines Erachtens nur über eine verstärkte Einschaltung der Rechtsanwaltskammern und der Ehrengerichte als berufenen Repräsentations- und Überwachungsorganen der Anwaltschaft innerhalb der Rechtspflege zu erreichen.

Diese Chance der Bewährung sollte der Rechtsanwaltschaft eingeräumt werden.

Literaturverzeichnis

Abegg, Julius Friedrich: Lehrbuch des gemeinen Kriminalprozesses, Königsberg 1833.

Abel, Gunther: Die Bedeutung der Lehre von den Einrichtungsgarantien für die Auslegung des Bonner Grundgesetzes, Schriften zum öffentlichen Recht Band 15, Berlin 1964.

Abraham, Hans Fritz: Vom Beruf des Juristen als Ausdruck seiner Persönlichkeit, Festschrift für Albert Pinner, Berlin und Leipzig 1932, S. 7 ff.

Alexander, Rudolf: Die Stellung des Verteidigers, ZStrW 51 (1931), 54 ff.

Alsberg, Max: Anmerkung zu RG, JW 1926, 2756, JW 1926, 2756 f.

Anschütz, Gerhard: Die Verfassung des Deutschen Reiches vom 11. August 1919, 14. Auflage, Berlin 1933.

Anschütz, Klaus: Die Entziehung der Verteidigungsbefugnis, Diss. Heidelberg 1959.

Arndt, Adolf: Das Bild des Richters, Schriftenreihe der Juristischen Studiengesellschaft Karlsruhe Heft 27, Karlsruhe 1957.

— Das rechtliche Gehör, NJW 1959, 6 ff.

— Die Verfassungsbeschwerde wegen Verletzung des rechtlichen Gehörs, NJW 1959, 1297 ff.

— Der Berliner Konflikt zwischen Justiz und Verwaltung, DRiZ 1961, 373 ff.

— Rechtsprechende Gewalt und Strafkompetenz, Festgabe für Carlo Schmid, Tübingen 1962, S. 5 ff.

— Umwelt und Recht, NJW 1964, 2146 f.

— Anmerkung zu BGH, NJW 1967, 891, NJW 1967, 1331 f.

— Die Friedensaufgabe des Richters, NJW 1967, 1585 ff.

Arndt, Herbert: Bundesnotarordnung vom 24. Februar 1961, Köln 1974.

Arnold, Egon und Klaus *Meyer-Stolte:* Rechtspflegergesetz 1970, 2. Auflage, Bielefeld 1971.

Bachof, Otto: Art. 19 Abs. 4 des Grundgesetzes und das Bundesverfassungsgericht, DRZ 1950, 245 ff.

— Begriff und Wesen des sozialen Rechtsstaates, VVDStRL 12 (1954), 37 ff.

— Freiheit des Berufs, in Bettermann / Nipperdey / Scheuner, Die Grundrechte Band III Halband 1, Berlin 1958, S. 155 ff.

— Grundgesetz und Richtermacht, Tübingen 1959.

Bader, Karl S.: Die Wiederherstellung rechtsstaatlicher Garantien im deutschen Strafprozeß nach 1945, Festschrift für H. F. Pfenninger, Zürich 1956, S. 1 ff.

— Strafverteidigung vor deutschen Gerichten im Dritten Reich, JZ 1972, 6 ff.

Badura, Peter: Das Verwaltungsmonopol, Berlin 1963.

Bähr, Otto: Der Rechtsstaat, Neudruck der Ausgabe 1864, Aalen 1961.

Bäumlin, Richard: Die rechtsstaatliche Demokratie, Zürich 1954.

Baring, Arnulf Martin: Der Vertreter des öffentlichen Interesses im deutschen Verwaltungsprozeß, VerwArch. 50 (1959), 105 ff.

Baumann, Jürgen: Strafprozeßreform in Raten, ZRP 1975, 38 ff.

Baumbach: Sitzungspolizei und Rechtsanwalt, DJZ 1925, 466 ff.

Baumbach, Adolf, Wolfgang *Lauterbach*, Jan *Albers* und Peter *Hartmann:* Zivilprozeßordnung, 33. Auflage, München 1975.

Baumgärtel, Gottfried: Ist die Einführung einer „Erschwernisgebühr" für Rechtsanwälte rechtspolitisch vertretbar?, ZRP 1974, 228 ff.

— Ist die Rechtsberatung Minderbemittelter eine Aufgabe staatlicher Behörden?, ZRP 1975, 65 ff.

— Kostenexplosion im Bereich des Rechtsschutzes?, BB 1975, 678 f.

— Chancengleichheit vor Gericht durch Pflichtrechtsschutzversicherung oder Prozeßhilfe?, JZ 1975, 425 ff.

Baur, Fritz: Der Anspruch auf rechtliches Gehör, AcP 153 (1954), 393 ff.

— Richtermacht und Formalismus im Verfahrensrecht, in summum ius summa iniuria, Tübingen 1963, S. 97 ff.

— Armenrecht und Rechtsschutzversicherung, JZ 1972, 75 ff.

Bayer, Hieron.: Vorträge über den gemeinen ordentlichen Civilprozeß, 3. Auflage, München 1832.

Becher: Der Rechtsanwalt als Organ der Rechtspflege, Die Dritte Gewalt 1958 Nr. 3, S. 1 ff.

Becker, Hans-Joachim: Zum Grundrecht der freien Berufswahl, NJW 1955, 1737 ff.

von Beling, Ernst: Zulässigkeit der gerichtlichen Ausschließung des Wahlverteidigers wegen Verdachts der Begünstigung?, LZ 1927, 518 ff.

Bender, Rolf: Funktionswandel der Gerichte?, ZRP 1974, 235 ff.

Bendix, Ludwig: Die sitzungspolizeilichen Befugnisse des Vorsitzenden gegenüber dem Verteidiger, JW 1925, 901 ff.

— Zulässigkeit der gerichtlichen Ausschließung des Wahlverteidigers wegen Verdachts der Begünstigung?, LZ 1927, 511 ff.

Berendes, Konrad: Die Staatsaufsicht über den Rundfunk, Schriften zum öffentlichen Recht Band 226, Berlin 1973.

Bergerfurth, Bruno: Das Armenrecht, München 1971.

Berneker, Erich: Die juristischen Berufe in Vergangenheit und Gegenwart, Mainz 1948.

Bernhardt, Wolfgang: Wahrheitspflicht und Geständnis im Zivilprozeß, JZ 1963, 245 ff.

Bertel, Christian: Grundriß des österreichischen Strafprozeßrechts, Wien 1975.

von Bethmann-Hollweg, M. A.: Der Civilprozeß des gemeinen Rechts in geschichtlicher Entwicklung, Band IV, Erster Band, Bonn 1868.

Bettermann, Karl August: Rechtsstaat ohne unabhängige Richter?, NJW 1947/48, 217 ff.

— Verwaltungsakt und Richterspruch, Gedächtnisschrift für Walter Jellinek, München 1955, S. 361 ff.

— Die Unabhängigkeit der Gerichte und der gesetzliche Richter, in Bettermann / Nipperdey / Scheuner, Die Grundrechte Band III Halbband 2, Berlin 1959, S. 523 ff.

— Der Schutz der Grundrechte in der ordentlichen Gerichtsbarkeit, in Bettermann / Nipperdey / Scheuner, Die Grundrechte Band III Halbband 2, Berlin 1959, S. 779 ff.

— Anmerkung zu BayVfGH, JZ 1962, 673, JZ 1962, 675 ff.

— Rechtsprechung, rechtsprechende Gewalt, in Evangelisches Staatslexikon, Stuttgart, Berlin 1966, Sp. 1711 ff.

— Das Gerichtsverfassungsrecht in der Rechtsprechung des Bundesverfassungsgerichts, AöR 92 (1967), 496 ff.

Beyerle, Franz, Wolfgang *Kunkel* und Hans *Thieme*: Quellen zur Neueren Privatrechtsgeschichte Deutschlands Band I.
1. Halbband: Ältere Stadtrechtsreformationen, Weimar 1936;
2. Halbband: Landrechte des 16. Jahrhunderts, Weimar 1938.

Blanc, Emmanuel: La nouvelle profession d'avocat, Paris 1972.

Blanke, Kurt: Der Beruf des Anwalts in unserer Zeit, AnwBl. 1954, 134 ff.

Blei, Hermann: Die Ausschließung des Strafverteidigers, JA 1972, 505 ff. (133).

Blomeyer, Arwed: Zivilprozeßrecht Erkenntnisverfahren, Berlin Göttingen Heidelberg 1963.

Blomeyer, Jürgen: Die Stellung der Staatsanwaltschaft, GA 1970, 161 ff.

Böckenförde, Ernst-Wolfgang: Entstehung und Wandel des Rechtsstaatsbegriffs, Festschrift für Arnold Arndt, Frankfurt 1969, S. 53 ff.

— Grundrechtstheorie und Grundrechtsinterpretation, NJW 1974, 1529 ff.

Boehmer, Gustav: Erbrecht, in Nipperdey, Die Grundrechte und Grundpflichten der Reichsverfassung Band III, Berlin 1930, S. 250 ff.

Börtzler, Fritz: Der Syndicusanwalt, Ehrengabe für Bruno Heusinger, München 1968, S. 119 ff.

Bötticher, Eduard: Inwieweit sichern die Art. 102 ff. der Reichsverfassung die Unabhängigkeit des Richters und den Rechtsweg?, ZZP 51 (1926), 201 ff.

— Die Gleichheit vor dem Richter, 2. Auflage, Hamburg 1961.

— Besprechung von Bettermann / Nipperdey / Scheuner, Die Grundrechte Band III Halbband 2, ZZP 74 (1961), 316 ff.

Bokelmann, Erika: „Rechtswegsperre“ durch Prozeßkosten, ZRP 1973, 164 ff.

Boldt, Gerhard: Die Zulassung der Rechtsanwälte zu den Arbeitsgerichten, NJW 1953, 561 ff.

de Boor, Hans Otto: Zur Reform des Zivilprozesses, Leipzig 1938.

— Rechtsstreit einschließlich Zwangsvollstreckung, Berlin 1940.

Bouzat, Pierre und Jean *Pinatel*: Traité de droit pénal et de criminologie Tome II, 2. édition, Paris 1970.

Brandi, Ernst: Von der Freiheit der Advokatur, Gedenkschrift für Josef Cüppers, Essen 1955, S. 13 ff.

Brangsch, Heinz: Aufhebung der Beiordnung und „Fürsorgepflicht" des Armenanwalts, NJW 1961, 110 ff.

— Tätigkeitsbericht 1965/66, AnwBl. 1966, 246 ff.

Brangsch, Heinz, Volker *Sachau* und Kurt *Mayer*: Lokalisation — ja oder nein, AnwBl. 1974, 8 ff.

Breslauer, S.: Die rechtliche Stellung des Armenanwalts im Civilprozesse, Leipzig 1894.

Brüggemann, Dieter: Die rechtsprechende Gewalt, Berlin 1962.

Brühlmeier, Beat: Aargauische Strafprozeßordnung, Textausgabe mit Erläuterungen, Aarau 1960.

Bruns, Hans-Jürgen: Ablehnung eines Staatsanwaltes aus den Gründen des § 24 StPO, insbesondere wegen Besorgnis der Befangenheit?, Geburtstagsgabe für Heinrich Grützner, Hamburg 1970, S. 42 ff.

Bucher, Ewald: Weisungsgebundenheit der Staatsanwaltschaft, JZ 1975, 105 ff.

Bundesrechtsanwaltskammer: Tatsachen zur Reform der Zivilgerichtsbarkeit Band I - II, Tübingen 1974.

Burger, Friedrich: Artikel 33 Grundgesetz und die sogenannten staatlich gebundenen Berufe, Diss. Marburg 1967.

Burkart, Bernhard: Die amtliche Verteidigung nach schweizerischem Strafprozeßrecht, Diss. Zürich 1972.

Burmeister, Joachim: Vom staatsbegrenzenden Grundrechtsverständnis zum Grundrechtsschutz für Staatsfunktionen, Frankfurt 1971.

Calamandrei, Piero: Elogio dei giudici, scritto da un avvocato, Florenz 1955, deutsche Übersetzung München 1956.

Carsten, Ernst: Die Geschichte der Staatsanwaltschaft in Deutschland bis zur Gegenwart, Breslau 1932.

Cohn, Ernst J.: Anmerkung zu BGH, NJW 1966, 296, NJW 1966, 772 ff.

Coing, Helmut: Die Rezeption des römischen Rechts in Frankfurt am Main, Frankfurt am Main 1962.

— Grundzüge der Rechtsphilosophie, 2. Auflage, Berlin 1969.

— Epochen der Rechtsgeschichte in Deutschland, 2. Auflage, München 1971.

Cüppers, Josef: Anmerkung zu OLG Braunschweig, JZ 1951, 142, JZ 1951, 143 f.

Dahlmanns, Gerhard J.: Neudrucke zivilprozessualer Kodifikationen und Entwürfe des 19. Jahrhunderts, Materialien zur Entwicklungsgeschichte der ZPO,
Band I: Bürgerliche Prozeßordnungen für das Königreich Hannover von 1847 und 1850, Aalen 1971;
Band II: Bundesstaaten Entwurf einer ZPO von 1866 und Preußischer Justizministerial-Entwurf von 1871, Aalen 1971.

Dahs, Hans: Die Stellung des Richters im Bonner Grundgesetz, NJW 1949, 688 ff.

Dahs, Hans: Der Anwalt im Strafprozeß, AnwBl. 1959, 171 ff.

— Stellung und Grundaufgaben des Strafverteidigers, NJW 1959, 1158 ff.

— Die kleine Strafprozeßreform, NJW 1965, 81 ff.

— Handbuch des Strafverteidigers, 3. Auflage, Köln 1971.

Dahs, Hans jun.: Das rechtliche Gehör im Strafprozeß, München Berlin 1965.

— Ausschließung und Überwachung des Strafverteidigers — Bilanz und Vorschau, NJW 1975, 1385 ff.

Dennewitz, Bodo: Die institutionelle Garantie, Diss. Jena 1932.

Dietz, Rolf und Arthur *Nikisch*: Arbeitsgerichtsgesetz, München Berlin 1954.

Döhring, Erich: Geschichte der deutschen Rechtspflege seit 1500, Berlin 1953.

Dölle, Hans: Der Beitrag der Rechtsvergleichung zum Deutschen Recht, Festschrift zum hundertjährigen Bestehen des Deutschen Juristentages 1860 - 1960, Band II, Karlsruhe 1960, S. 19 ff.

Doerr, Friedrich: Begriff und Grenzen der richterlichen Unabhängigkeit, RheinZ III (1911), 425 ff.

Dohna, Graf zu: Gerichtliche Zwangsmaßnahmen gegenüber Verteidigern, JW 1932, 3673 ff.

Dreier, Ralf: Organlehre, in Evangelisches Staatslexikon, Stuttgart Berlin 1966, Sp. 1424 ff.

Drucker: Die sitzungspolizeilichen Befugnisse des Vorsitzenden gegenüber dem Verteidiger, JW 1925, 901.

Dürig, Günter: Der Grundrechtssatz von der Menschenwürde, AöR 81 (1956), 117 ff.

Dütz, Wilhelm: Rechtsstaatlicher Gerichtsschutz im Privatrecht, Bad Homburg Berlin Zürich 1970.

Ebermayer: Verteidigung und Begünstigung, DJZ 1927, 134 ff.

Ehmke, Horst: Verfassungsänderung und Verfassungsdurchbrechung, AöR 79 (1953/54), 385 ff.

— „Staat“ und „Gesellschaft“ als verfassungstheoretisches Problem, Festgabe für Rudolf Smend, Tübingen 1962, S. 23 ff.

Eichenberger, Kurt: Die richterliche Unabhängigkeit als staatsrechtliches Problem, Bern 1960.

Ellwein, Thomas: Zur Entwicklung der öffentlichen Aufgaben, DÖV 1972, 13 ff.

Emmerich, Volker: Die Fiskalgeltung der Grundrechte, namentlich bei erwerbswirtschaftlicher Betätigung der öffentlichen Hand, JuS 1970, 332 ff.

Endemann, W.: Von dem alten Reichskammergericht, ZZP XVIII (1893), 165 ff.

Engisch, Karl: Die Einheit der Rechtsordnung, Heidelberg 1935.

Ermacora, Felix: Allgemeine Staatslehre Band II, Berlin 1970.

Esser, Josef: Schuldrecht Band I, 4. Auflage, Karlsruhe 1970.

Ewers, Hans: Rechtsanwälte vor Arbeitsgerichten, AnwBl. 1954, 22 ff.

Eyermann, Erich: Justizreform in der Verwaltungsgerichtsbarkeit, NJW 1973, 1031 ff.

Eyermann, Erich und Ludwig *Fröhler:* Verwaltungsgerichtsordnung, 6. Auflage, München 1974.

Fasching, Hans W.: Kommentar zu den Zivilprozeßgesetzen Band I - IV und Nachtrag, Wien 1959 - 1974.

Fechner, Erich: Kostenrisiko und Rechtswegsperre — Steht der Rechtsweg offen?, JZ 1969, 349 ff.

Feuerbach, Anselm, Ritter von: Betrachtungen über die Oeffentlichkeit und Mündlichkeit der Gerechtigkeitspflege Band I, Gießen 1821.

Fischbach, Oskar Georg: Bundesbeamtengesetz, 3. Auflage, Köln Berlin Bonn München 1964.

Fischer, Walther: Die Freiheit der Advokatur, MDR 1948, 467 ff.

Fleischmann, Eugen: Die freien Berufe im Rechtsstaat, Schriften zum öffentlichen Recht, Band 127, Berlin 1970.

Forsthoff, Ernst: Begriff und Wesen des sozialen Rechtsstaates, VVDStRL 12 (1954), 8 ff.

Freisinger Rechtsbuch: bearbeitet von Hans-Kurt Claußen, Weimar 1941.

Friedenau, Theo: Rechtsstaat in zweierlei Sicht, Berlin 1957.

Friedlaender, Adolf und Max *Friedlaender:* Kommentar zur Rechtsanwaltsordnung vom 1. Juli 1878, 1. Auflage, München 1908, 3. Auflage, München Berlin Leipzig 1930.

Friedrichs, Karl A.: Gewohnheitsrechtliche Grundlagen und gesetzliche Regelung des Verteidigerausschlusses im Anschluß an die Entscheidung des Bundesverfassungsgerichts vom 14. Februar 1973, JR 1974, 177 ff.

Friesenhahn, Ernst: Über Begriff und Arten der Rechtsprechung unter besonderer Berücksichtigung der Staatsgerichtsbarkeit nach dem Grundgesetz und den westdeutschen Landesverfassungen, Festschrift für Richard Thoma, Tübingen 1950, S. 21 ff.

Fuchs, Norbert H.: Der Syndicusanwalt im Arbeitsgerichtsprozeß, Diss. Würzburg 1969.

Gallas, Wilhelm: Grenzen zulässiger Verteidigung im Strafprozeß, ZStrW 53 (1934), 256 ff.

Gaul, Hans Friedhelm: Zur Frage nach dem Zweck des Zivilprozesses, AcP 168 (1968), 27 ff.

Gehlen, Arnold: Mensch und Institutionen, Anthropologische Forschung, Reinbeck bei Hamburg 1963, S. 69 ff.

Geiger, Willi: Voraussetzungen der richterlichen Unabhängigkeit in Deutschland, Ehrengabe für Bruno Heusinger, München 1968, S. 53 ff.

Geppert, Otto: Der Täterkreis beim strafrechtlichen Parteiverrat, NJW 1969, 1043 ff.

Gerland, Heinrich: Der deutsche Strafprozeß, Mannheim Berlin Leipzig 1927.

Gerner, Erich: Historisch-soziologische Entwicklungstendenzen im attischen Recht, ZRG 67 (1950), 1 ff.

von Gierke, Otto: Die Grundbegriffe des Staatsrechts und die neuesten Staatsrechtstheorien, Tübingen 1915.

Goldschmidt, James: Gesetzesdämmerung, JW 1924, 245 ff.

Groß, Karl-Heinz: Die gesetzliche Regelung des Verteidiger-Ausschlusses, ZRP 1974, 25 ff.

— Der erweiterte Verteidigerausschluß nach § 138 a II StPO — eine Fehlentscheidung des Gesetzgebers, NJW 1975, 422 ff.

Groß, Otto: Die Staatsanwaltschaft bei den bayerischen Verwaltungsgerichten, BayVBl. 1959, 71 ff.

Groß, Rolf: Zur institutionellen Sicherung der Pressefreiheit und zu den Schranken der allgemeinen Gesetze, DVBl. 1966, 562 ff.

Grunsky, Wolfgang: Grundlagen des Verfahrensrechts, 2. Auflage, Bielefeld 1974.

— Die Entscheidungsbegründung im deutschen zivilgerichtlichen Verfahren, in Die Entscheidungsbegründung in europäischen Verfahrensrechten und im Verfahren vor internationalen Gerichten, herausgegeben von Rainer Sprung unter Mitwirkung von Bernhard König, Wien New York 1974, S. 63 ff.

Gsovski, Vladimir und Ivan *Sipkow:* Überblick über das Recht der Verteidigung in den Ostblockstaaten, Studien des Instituts für Ostrecht/München Band 6, Berlin 1958, S. 79 ff.

Gülland: Recht des Verteidigers auf Akteneinsicht, Ausweis des Wahlverteidigers, Rechtsschutz für das Akteneinsichtsrecht, JW 1932, 1712 ff.

Günther, Helmut: Ablehnungsgründe für Armenanwälte und Pflichtverteidiger, AnwBl. 1970, 65 ff.

Guldener, Max: Schweizerisches Zivilprozeßrecht, 2. Auflage, Zürich 1958.

Habscheid, Walther J.: Der Anspruch auf Rechtspflege, ZZP 67 (1954), 188 ff.

— Grundfragen der Freiwilligen Gerichtsbarkeit, Rpfleger 1957, 164 ff.

— Schiedsgerichtsbarkeit und Staatsaufsicht, KTS 1959, 113 ff.

— Das Problem der Unabhängigkeit der Schiedsgerichte, NJW 1962, 5 ff.

— Die Unabhängigkeit des Rechtsanwalts, NJW 1962, 1985 ff.

— Die Vertretungsbefugnis des Notars in Angelegenheiten der vorsorgenden Rechtspflege (§ 24 BNotO), NJW 1964, 1502 ff.

— Anmerkung zu BGH, ZZP 79 (1966), 451, ZZP 79 (1966), 452 ff.

— Introduction à la procédure judiciaire, les systemes de procédure civile, Barcelone 1968.

— Über das Verhältnis Richter und Recht, Beiträge zum Richterrecht Heft 5, Paderborn 1968, S. 7 ff.

— Der Rechtspfleger in der Gerichtsorganisation, Rpfleger 1968, 237 ff.

— Richtermacht oder Parteifreiheit, ZZP 81 (1968), 175 ff.

— Zum Verfahren nach Art. 19 IV, 2 GG vor den ordentlichen Gerichten, Festschrift für Eduard Bötticher, Berlin 1969, S. 159 ff.

— Freiwillige Gerichtsbarkeit, 5. Auflage, München 1971.

Habscheid, Walther J.: Die Aufgabe der Gerichte im sozialen Rechtsstaat, Festskrift till Per Olof Ekelöf, Stockholm 1972, S. 283 ff.

— La participation du Ministère Public au procès civil-droit allemand et droit suisse —, ΑΝΑΜΝΗΣΤΙΚΟΣ ΤΟΜΟΣ ΕΜΜΑΝΟΥΗΛ ΜΙΧΕΛΑΚΗ, Athen 1972, S. 395 ff.

— Aktuelle Fragen des Prozeßrechts, ZZP 86 (1973), 20 ff.

— Le rôle du Ministère Public dans le procès civil — droit allemand (République Fédérale d'Allemagne), Materialien zum ausländischen und inländischen Privatrecht 21, Tübingen 1974, S. 176 ff.

— Der Rechtspfleger als Organ der Rechtspflege, RpflBl. 1974, 39 ff.

— Bemerkungen zur französischen Zivilprozeßreform im Vergleich zum deutschen und österreichischen Zivilprozeßrecht, erscheint ZfRV (Wien) 1976, Heft 1 (Manuskript hat vorgelegen).

Haeberle, Peter: Unmittelbare staatliche Parteifinanzierung unter dem Grundgesetz — BVerfGE 20, 56, JuS 1967, 64 ff.

— Öffentliches Interesse als juristisches Problem, Bad Homburg 1970.

Hagemann: Ausschließung des Verteidigers, DRiZ 1932, 260 ff.

— Entfernung des Verteidigers aus dem Sitzungssaal, DRiZ 1932, 293 ff.

Hamann, Andreas: Rechtliches Gehör, AnwBl. 1958, 141 ff.

— Bundesrechtsanwaltsordnung und Grundgesetz, NJW 1958, 811 ff.

Hamann, Andreas und Helmut *Lenz:* Das Grundgesetz für die Bundesrepublik Deutschland vom 23. Mai 1949, 2. Auflage, Neuwied 1970.

Hamel, Walter: Die Bedeutung der Grundrechte im sozialen Rechtsstaat, Berlin 1957.

Hamelin, Jacques und André *Damien:* Nouvel abrégé des règles de la profession d'avocat, 2. édition, Paris 1973.

Hanssen: Die Stellung des Rechtsanwalts als Organ einer starken nationalsozialistischen Rechtspflege, DR 1944, 353 ff.

Harbich, Heribert: Über die Waffengleichheit im Strafprozeß, ÖRZ 1970, 1 ff.; 26 ff.; 47 ff.

Heine, Wolfgang: Vom Wesen der Verteidigung, Die Justiz 1925/26, 42 ff.

Heins, Valentin: Betrachtungen zum Entwurf einer Bundesrechtsanwaltsordnung, NJW 1955, 281 ff.

— Der neue Entwurf zur Bundes-Rechtsanwalts-Ordnung, NJW 1958, 201 ff.

Heller, Viktor, Ernst *Jahoda* und Walter *Schuppich:* Rechtsanwaltsordnung, Wien 1974.

Hellwig, Konrad: System des deutschen Zivilprozeßrechts Teil 1 und 2, Leipzig 1912, Neudruck Aalen 1968.

Henkel, Heinrich: Strafverfahrensrecht, 2. Auflage, Stuttgart Berlin Köln Mainz 1968.

Henn: Zum ministeriellen Weisungsrecht gegenüber der Staatsanwaltschaft, DRiZ 1972, 152 f.

Herzog, Roman: Berufsfreiheit, in Evangelisches Staatslexikon, Stuttgart Berlin 1966, Sp. 155 ff.

Herzog, Roman: Allgemeine Staatslehre, Frankfurt 1971.

Hesse, Konrad: Der Rechtsstaat im Verfassungssystem des Grundgesetzes, Festgabe für Rudolf Smend, Tübingen 1962, S. 71 ff.

— Grundzüge des Verfassungsrechts der Bundesrepublik Deutschland, 7. Auflage, Karlsruhe 1974.

Heydt, Volker: Zum Eigentumsschutz der Anwaltspraxis gegenüber Wettbewerbsverschärfungen, NJW 1974, 1229 f.

von der Heydte, Friedrich August Freiherr: Richterfunktion und „Richtergesetz", Gedächtnisschrift für Walter Jellinek, München 1955, S. 493 ff.

von Hippel, Ernst: Allgemeine Staatslehre, 2. Auflage, Berlin Frankfurt am Main 1967.

von Hippel, Robert: Der Deutsche Strafprozeß, Marburg 1941.

Höpler, Erwein: Über Unabhängigkeit, Festschrift der österreichischen Richterzeitung zum österreichischen Richtertag 1927, Wien 1927, S. 15 ff.

Hoffmann, Heinrich: Die Verstaatlichung von Berufen, DVBl. 1964, 457 ff.

Hohenester, Hermann: Verfassungsrechtsprechung in Schwarz, ZRP 1973, 109 f.

Holtz, Günter: Eine gesetzliche Regelung der Ausschließung des Verteidigers?, JR 1973, 362 ff.

von Holtzendorf, Franz: Handbuch des deutschen Strafprozeßrechts, Berlin 1879.

Horber, Ernst: Die Rechtsstellung des Verteidigers im Strafprozeß, Stuttgart Leipzig 1933.

Huber, Ernst Rudolf: Nationalstaat und Verfassungsstaat, Stuttgart 1965.

Huber, Hans: Aufgabe und Bedeutung des freien Anwaltsstandes im Rechtsstaat, SJZ 53 (1957), 265 ff.

Huffmann, Helga: Geschichte der rheinischen Rechtsanwaltschaft, Köln 1969.

Husmann, J. H.: Das Recht des Anwalts auf freie Meinungsäußerung, Würzburg 1970.

Ipsen, Hans Peter: Gesetzliche Indienstnahme Privater für Verwaltungsaufgaben, Festgabe für Erich Kaufmann, Stuttgart Köln 1950, S. 141 ff.

— Gesetzliche Bevorratungsverpflichtung Privater, AöR 90 (1965), 393 ff.

— Mitbestimmung im Rundfunk, Beiträge zum Rundfunkrecht Heft 14, Frankfurt 1972.

Jagusch, Heinrich: Über das rechtliche Gehör im Strafverfahren, NJW 1959, 265 ff.

— Weitere Fragen zum rechtlichen Gehör im Strafverfahren, NJW 1962, 1645 ff.

Jahoda, Ernst: 100 Jahre Rechtsanwaltsordnung, JBl. 90 (1968), 281 ff.

— Die dreifache Freiheit der Advokatur, ÖJZ 1968, 645 ff.

Jahrreiss, Hermann: Mensch und Staat, Köln Berlin 1957.

Jellinek, Georg: System der subjektiven öffentlichen Rechte, 1. Auflage, Freiburg 1892.

Jellinek, Walter: Verwaltungsrecht, 1. Auflage, Berlin 1928.

Jescheck, Hans-Heinrich: Besprechung der Geburtstagsgabe für Heinrich Grützner, ZStrW 84 (1972), 834 ff.

Joly, André: Procédure civile et voies d'exécution Tome I et II, Paris 1969.

Jullien, André: Juges et avocats des Tribunaux de l'église, Rome 1970.

Kägi, Werner: Zur Entwicklung des schweizerischen Rechtsstaates seit 1848, ZSR 71 (1952), 173 ff.

Kalsbach, Werner: Standesrecht des Rechtsanwalts, Köln 1956.

— Les Barreaux dans le monde I, Die Rechtsanwaltschaft in der Welt I, Paris 1959.

— Bundesrechtsanwaltsordnung, Köln 1960.

— Zur Frage der Ausschließung des Verteidigers im Strafprozeß, JZ 1961, 593 ff.

Kaser, Max: Das römische Privatrecht,
Band I: Das altrömische, das vorklassische und klassische Recht, 2. Auflage, München 1971
Band II: Die nachklassischen Entwicklungen, München 1959.

— Das römische Zivilprozeßrecht, München 1966.

— Grundlinien des römischen Zivilprozesses zur Zeit Ciceros, in Radke, Cicero, ein Mensch seiner Zeit. Berlin 1968, S. 21 ff.

Kennedy, George: The Rhetorie of advocacy in Grece and Rome, AJP Volume LXXXIX, Baltimore 1968, S. 419 ff.

Kenneweg, Wolfgang: Darstellung und kritische Würdigung der Rechtsprechung zum Grundsatz des rechtlichen Gehörs unter besonderer Berücksichtigung verfassungsrechtlicher Gesichtspunkte, Diss. Münster 1969.

Kern, Eduard: Die sitzungspolizeilichen Befugnisse des Vorsitzenden gegenüber dem Verteidiger, JW 1925, 900 f.

Kern, Eduard und Claus *Roxin:* Strafverfahrensrecht, 13. Auflage, München 1975.

Kern, Eduard und Manfred *Wolf:* Gerichtsverfassungsrecht, 5. Auflage, München 1975.

Kietz, Herbert und Manfred *Mühlmann:* Die Erziehungsaufgaben im Zivilprozeß und die Rolle der gerichtlichen Entscheidungen, Berlin 1962.

Kill, Franz: Die Weisungsgebundenheit des Staatsanwalts im französischen und deutschen Strafverfahren, DRiZ 1963, 391 ff.

Kimmel, Josef: Lehrbuch des österreichischen Strafprozesses, Wien 1961.

Kissel, Otto Rudolf: Der dreistufige Aufbau in der ordentlichen Gerichtsbarkeit, Frankfurt 1972.

Klee, K.: Sitzungspolizei und Verteidigung, GA 69, 269 ff.

Klein, Adolf: Die rheinische Justiz und der rechtsstaatliche Gedanke in Deutschland, Festschrift zum einhundertfünfzigjährigen Bestehen des OLG Köln, Köln 1969, S. 113 ff.

Klein, Friedrich: Institutionelle Garantien und Rechtsinstitutsgarantien, Breslau 1934.

Klein, Friedrich: Bonner Grundgesetz und Rechtsstaat, ZStaatsw. 106 (1950), 390 ff.

Klein, Hans H.: Zum Begriff der öffentlichen Aufgabe, DÖV 1965, 755 ff.

Kleinfeller, Georg: Lehrbuch des Deutschen Zivilprozeßrechts, 2. Auflage, Berlin 1910.

Kleinknecht, Theodor: Gesetz zur Änderung der Strafprozeßordnung und des Gerichtsverfassungsgesetzes (StPÄG), JZ 1965, 153 ff.

— Strafprozeßordnung, 31. Auflage, München 1974.

Kleinrahm, Kurt: Justizreform und Grundgesetz, Rpfleger 1952, 2 ff.

Knapp, Wolfgang: Der Verteidiger — ein Organ der Rechtspflege?, Köln Berlin Bonn München 1974.

Köhler, August: Die Lehre von der Vertheidigung nach der Reichsstrafproceßordnung, Der Gerichtssaal 53 (1897), 161 ff.

Körner, Eberhard: Lokalisierung der Rechtsanwälte — noch zeitgemäß?, ZRP 1971, 126 ff.

Koffka, Else: Literaturbericht Strafprozeßrecht, ZStrW 84 (1972), 666 ff.

Kohlhaas, Max: Stellung der Staatsanwaltschaft als Teil der rechtsprechenden Gewalt, Neuwied 1963.

Kolb, Hans-Ulrich: Das rechtliche Gehör als verfassungsmäßiges Recht, Diss. München 1963.

Kornblum, Udo: Die Haftung assoziierter Rechtsanwälte, BB 1973, 218 ff.

— Probleme der Haftung assoziierter Rechtsanwälte, AnwBl. 1973, 153 ff.

Kosik, Karel: Der Rechtsanwalt im tschechoslowakischen Strafprozeß, JbOstR XI 1 (1970).

Krämer, Achim: Der Rechtsanwalt — ein „staatlich gebundener Vertrauensberuf“?, NJW 1975, 849 ff.

Krautzberger, Michael: Die Erfüllung öffentlicher Aufgaben durch Private, Schriften zum öffentlichen Recht Band 150, Berlin 1971.

von Kreittmayr, Wiguläus Aloysius Freiherr: Anmerckungen über den Codicem juris Bavarici judiciarii, München 1754.

Krüger, Herbert: Allgemeine Staatslehre, 2. Auflage, Stuttgart Berlin Köln Mainz 1966.

Küchenhoff, Günther: Die Freiheit der Zulassung zur kassenärztlichen Tätigkeit, RdA 1960, 202 ff.

Kunkel, Wolfgang: Herkunft und soziale Stellung der römischen Juristen, 2. Auflage, Graz Wien Köln 1967.

— Römische Rechtsgeschichte, 6. Auflage, Köln Wien 1972.

Kunkel, Wolfgang, Gustav Klemens *Schmelzeisen* und Hans *Thieme*: Quellen zur Neueren Privatrechtsgeschichte Deutschlands, Band II Halbband 1: Polizei- und Landesordnungen, Köln Graz 1968.

Laband, Paul: Das Staatsrecht des Deutschen Reiches, 3. Auflage, Tübingen Leipzig 1902; 5. Auflage, Tübingen 1911.

Lampe, Ernst-Joachim: Der Ausschluß des Verteidigers im Entwurf des Zweiten Gesetzes zur Reform des Strafverfahrensrechts, JZ 1974, 696 ff.

Lampe, Joachim: Ermittlungszuständigkeit von Richter und Staatsanwalt nach dem 1. StVRG, NJW 1975, 195 ff.

Lantzke, Ursula: Eine gesetzliche Regelung der Ausschließung des Verteidigers?, JR 1973, 357 ff.

— Anmerkung zu KG, JR 1974, 433, JR 1974, 434 f.

Larenz, Karl: Deutsche Rechtserneuerung und Rechtsphilosophie, Recht und Staat in Geschichte und Gegenwart 109, Tübingen 1934.

— Schuldrecht Band I, 10. Auflage, München 1970.

— Methodenlehre der Rechtswissenschaft, 3. Auflage, Berlin Heidelberg New York 1975.

Latte, Kurt: Rezension von George M. Calhoun, The growth of criminal law in ancient Greece, ZRG 49 (1929), 495 ff.

— Beiträge zum griechischen Strafrecht I, Hermes, Zeitschrift für klassische Philologie 66 (1931), 30 ff.

Leibholz, Gerhard: Das Wesen der Repräsentation, Berlin Leipzig 1929.

— Demokratie und Rechtsstaat, Hannover 1961.

Leisner, Walter: Die verfassungsrechtliche Berufsfreiheit — BVerfGE 7, 377 (Apothekenurteil), JuS 1962, 463 ff.

— Werbefernsehen und Öffentliches Recht, Schriften zum öffentlichen Recht Band 56, Berlin 1967.

— Öffentliches Amt und Berufsfreiheit, AöR 93 (1968), 161 ff.

— Verfassungsrechtlicher Eigentumsschutz der Anwaltspraxis, NJW 1974, 478 ff.

Lent, Friedrich: Zur Unterscheidung von Lasten und Pflichten der Parteien im Zivilprozeß, ZZP 67 (1954), 344 ff.

Lent, Friedrich und Othmar *Jauernig*: Zivilprozeßrecht, 17. Auflage, München 1974.

Lenz, Helmut: Zulassung der Rechtsanwälte vor den Arbeitsgerichten?, BB 1953, 387.

— Rundfunkorganisation und öffentliche Meinungsbildungsfreiheit, JZ 1963, 338 ff.

Lerche, Peter: Zum „Anspruch auf rechtliches Gehör", ZZP 78 (1965), 1 ff.

— Rundfunkmonopol, Beiträge zum Rundfunkrecht, Frankfurt Berlin 1970.

Lieb, Wolfgang: Kabelfernsehen und Rundfunkgesetze, Schriften zum öffentlichen Recht Band 249, Berlin 1974.

Liebscher, Viktor: Die XI. Gesetzgebungsperiode des Nationalrats und die Justizreform, JBl. 1966, 398 ff.

Lipsius, Justus Hermann: Das Attische Recht und Rechtsverfahren Band II 2. Hälfte, Leipzig 1912.

von Liszt, Franz: Lehrbuch des Deutschen Strafrechts, 16. und 17. Auflage, Berlin 1908.

Löwe / Rosenberg: Die Strafprozeßordnung und das Gerichtsverfassungsgesetz, 22. Auflage, Berlin New York 1971 - 1974.

Lohsing, Ernst und Rudolf *Braun*: Österreichisches Anwaltsrecht, 2. Auflage, Wien 1950.

Lüttger, Hans: Das Recht des Verteidigers auf Akteneinsicht, NJW 1951, 744 ff.

Lukanow, Jürgen: Der Mißbrauch der Verteidigerstellung im englischen und deutschen Strafprozeß, Bonn 1953.

Mahn: Zur Stellung des Verteidigers, DRiZ 1925, 424 ff.

Maihofer, Werner: Rechtsstaat und menschliche Würde, Frankfurt 1968.

Mang, Johann, Theodor *Maunz,* Franz *Mayer* und Klaus *Obermayer:* Staats- und Verwaltungsrecht in Bayern, 4. Auflage, München 1975.

von Mangoldt, Hermann und Friedrich *Klein:* Das Bonner Grundgesetz, 2. Auflage, Berlin Frankfurt 1966 - 1974.

Marcic, René: Vom Gesetzesstaat zum Richterstaat, Wien 1957.

Marquordt, Gerhard: Das Rechtspflegergesetz 1969, Rpfleger 1970, 1 ff.

Martens, Wolfgang: Öffentlich als Rechtsbegriff, Bad Homburg Berlin Zürich 1969.

Masson, Christoph: Die Staatsanwaltschaft bei den bayerischen Verwaltungsgerichten, BayVBl. 1967, 183 ff.

Maunz, Theodor: Deutsches Staatsrecht, 20. Auflage, München 1975.

Maunz, Theodor, Günter *Dürig* und Roman *Herzog:* Grundgesetz Band I und II, 3. Auflage, München 1973.

Maurach, Reinhart: Die richterliche Unabhängigkeit in der UdSSR, Studien des Instituts für Ostrecht/München Band 2, Berlin, S. 5 ff.

— Deutsches Strafrecht AT, 4. Auflage, Karlsruhe 1971.

Maurer, Georg Ludwig: Geschichte des altgermanischen und namentlich altbairischen oeffentlich-muendlichen Gerichtsverfahrens, Nachdruck der Ausgabe 1824, Osnabrück 1965.

Mayer-Maly, Theo: Die Wiederkehr von Rechtsfiguren, JZ 1971, 1 ff.

Menger, Christian-Friedrich: Der Begriff des sozialen Rechtsstaates im Bonner Grundgesetz, Recht und Staat in Geschichte und Gegenwart 173, Tübingen 1953.

Menzel, Eberhard: Das Ende der institutionellen Garantien, AöR 67 (1937), 32 ff.

Merle, Roger und André *Vitu:* Traité de droit criminel Tome II, 2. édition, Paris 1973.

Meyer-Laurin, Harald: Gesetz und Billigkeit im attischen Prozeß, Weimar 1965.

Mezger: Literaturübersicht Strafprozeßrecht, ZStrW 47 (1927), 159 ff.

Mitteis, Heinrich und Heinz *Lieberich:* Deutsche Rechtsgeschichte, 13. Auflage, München 1974.

Mommsen, Theodor: Römisches Staatsrecht 3. Band 1. Teil, 4. Auflage, Nachdruck Graz Tübingen 1952.

Müller, Hermann und Walter *Sax:* Kommentar zur Strafprozeßordnung und zum Gerichtsverfassungs- und Ordnungswidrigkeitengesetz, 6. Auflage, Darmstadt 1966.

Müller, Lothar: Die Freiheit der Advokatur. Ihre geschichtliche Entwicklung in Deutschland während der Neuzeit und ihre rechtliche Bedeutung in der Bundesrepublik Deutschland, Diss. Würzburg 1972.

Müller, Otto F.: Die Standesorganisationen der Staatsanwälte, Festschrift Hundert Jahre österreichische Strafprozeßordnung 1873 - 1973, Wien New York 1973, S. 133 ff.

Münzel, Karl: Freiwillige Gerichtsbarkeit und Zivilprozeß in der neueren Entwicklung, ZZP 66 (1953), 334 ff.

Nathan, Hans (und ein Autorenkollektiv): Das Zivilprozeßrecht der Deutschen Demokratischen Republik Band I und II, Berlin 1957 und 1958.

Natter, E.: Der Wiederaufbau der Rechtsanwaltschaft, DRZ 1946/47, 46 ff.

Neis, Kurt: Zur Funktion der Vertreter des öffentlichen Interesses bei den Verwaltungsgerichten, DÖV 1972, 626 ff.

Neuhauser, Walter: Patronus und Orator, Innsbruck 1958.

Niese, Werner: Beurkundung als Rechtspflegeakt, ZZP 73 (1960), 1 ff.

Nikisch, Arthur: Zivilprozeßrecht, 2. Auflage, Tübingen 1952.

Nipperdey, Hans Carl: Die Würde des Menschen, in Neumann / Nipperdey / Scheuner, Die Grundrechte Band II, Berlin 1954, S. 1 ff.

Noack, Erwin: Kommentar zur Reichs-Rechtsanwaltsordnung in der Fassung vom 21. 2. 1936, Leipzig 1937.

Nörr, Knut-Wolfgang: Reihenfolgeprinzip, Terminsequenz und „Schriftlichkeit", Bemerkungen zum römisch-kanonischen Zivilprozeß, ZZP 85 (1972),

Olischläger, Eilhard: Zeitliches Berufsverbot, AnwBl. 1973, 321 ff.

Oppe, Wilfried: Die Honorarvereinbarung des Pflichtverteidigers, NJW 1967, 2042 ff.

Ossenbühl, Fritz, Verwaltungsvorschriften und Grundgesetz, Bad Homburg Berlin Zürich 1968.

— Die Erfüllung von Verwaltungsaufgaben durch Private, VVDStRL 29 (1971), 137 ff.

Ostler, Fritz: Der Anwalt im Rechtsstaat, Studien des Instituts für Ostrecht/ München Band 6, Berlin 1958, S. 5 ff.

— Die Entziehung der Verteidigungsbefugnis durch den Strafrichter, JR 1960, 170 ff.

— Der deutsche Rechtsanwalt, Schriftenreihe der Juristischen Studiengesellschaft Karlsruhe Heft 56/57, Karlsruhe 1963.

— Die deutschen Rechtsanwälte 1871 - 1971, Essen 1971.

Pallin, Franz: Die Grenzen des Weisungsrechts gegenüber den Staatsanwälten und die Kontrolle der Ausübung dieses Rechts, ÖRZ 1966, 187 ff.

Paoli, Ugo Enrico: Zum attischen Strafrecht und Strafprozeßrecht, ZRG 76 (1959), 97 ff.

Pawlowski, Hans-Martin: Zur Funktion der Prozeßkosten, JZ 1975, 197 ff.

Pentz, Adolf: Einwirkungen des Grundgesetzes auf das Zivilprozeßverfahren, DRiZ 1966, 400 ff.

von Pestalozza, Anton Graf: Die sitzungspolizeilichen Befugnisse des Vorsitzenden gegenüber dem Verteidiger, JW 1925, 909.

Peters, Hans: Öffentliche und staatliche Aufgaben, Festschrift für Hans Carl Nipperdey Band II, München und Berlin 1965, S. 877 ff.

Peters, Karl: Strafprozess, 2. Auflage, Karlsruhe 1966.

— Anmerkung zu KG, JR 1968, 471, JR 1968, 472 f.

Pfenninger, Hans Felix: Probleme des schweizerischen Strafprozeßrechtes, Zürich 1966.

Picker, Henry: Hitlers Tischgespräche im Führerhauptquartier 1941 - 1942, 1. Auflage, Bonn 1951.

Planck, Julius Wilhelm: Das deutsche Gerichtsverfahren im Mittelalter Band I und II, Braunschweig 1879.

— Lehrbuch des Deutschen Civilprozessrechts Band I, Nördlingen 1887.

Pollmann, Hans: Repräsentation und Organschaft, Schriften zum öffentlichen Recht Band 89, Berlin 1969.

Pott, Hans: Die Rechtsnatur der staatlichen Gebührenerstattung an den Armenanwalt unter Berücksichtigung des Quotenarmenrechts, Berlin 1933.

Pramann, Hedda: Die Ausschließung des Verteidigers im Strafverfahren, Diss. Hamburg 1969.

Quack, Karlheinz: Sinn und Grenzen anwaltlicher Unabhängigkeit heute, NJW 1975, 1337 ff.

Quaritsch, Helmut: Institutionelle Garantie, in Evangelisches Staatslexikon, Stuttgart Berlin 1966, Sp. 800 ff.

Radbruch, Gustav: Rechtsphilosophie, 8. Auflage, Stuttgart 1973 (herausgegeben von Erik Wolf und Hans-Peter Schneider).

Radbruch, Gustav und Konrad *Zweigert:* Einführung in die Rechtswissenschaft, 11. Auflage, Stuttgart 1964.

Rasehorn, Theo: Ein Rezensent auf dem Prüfstand, JZ 1970, 735.

— Reform der Juristenausbildung als Anfang einer Rechtsreform, NJW 1970, 1166 ff.

Redeker, Konrad: Bürger und Anwalt im Spannungsfeld von Sozialstaat und Rechtsstaat, AnwBl. 1973, 225 ff. = NJW 1973, 1153 ff.

Redeker, Konrad und Hans-Joachim *von Oertzen:* Verwaltungsgerichtsordnung, 5. Auflage, Stuttgart Berlin Köln Mainz 1975.

Renaud, Achilles: Lehrbuch des Gemeinen deutschen Civilprozeßrechts mit Rücksicht auf die neuern Civilprozeßgesetzgebungen, 2. Auflage, Leipzig Heidelberg 1873.

Reuß, Hermann: Anmerkung zu BVerwG, NJW 1955, 1532, NJW 1955, 1532 f.

Riedel, Fritz und Heinrich *Sußbauer:* Bundesgebührenordnung für Rechtsanwälte, 3. Auflage, München 1973.

Rinck, Gerd: Wirtschaftsrecht, 2. Auflage Köln Berlin Bonn München 1969.

Rings, W.: Verwaltungsmonopole und Art. 12 Abs. 1 Grundgesetz, NJW 1957, 657 f.

Rittner, Fritz: Unternehmen und freier Beruf als Rechtsbegriffe, Recht und Staat in Geschichte und Gegenwart Heft 261/262, Tübingen 1962.

Roeder, Hermann: Funktion und Grenzen der formellen Verteidigung im Anklageprozeß, ÖJZ 1959, 231 ff.

Roeder, Hermann: Lehrbuch des österreichischen Strafverfahrensrechtes, Wien 1963.

Röhl, Hellmut: Das rechtliche Gehör, NJW 1953, 1531 ff.

— Anmerkung zu BayVfGH, NJW 1959, 285, NJW 1959, 285 f.

— Das rechtliche Gehör, NJW 1964, 273 ff.

Römer, Gustav: Notariatsverfassung und Grundgesetz, München Berlin 1963.

Rohlfing, Theodor und Hans-Dietrich *Rewolle:* Arbeitsgerichtsgesetz, Frankfurt 1974.

Rosenberg, Leo: Ablehnung eines Richters wegen Besorgnis der Befangenheit, JZ 1951, 214 f.

Rosenberg, Leo und Karl Heinz *Schwab:* Zivilprozeßrecht, 11. Auflage, München 1974.

Rosenberg, Werner: Die Reform der Untersuchungshaft, ZStrW 26 (1906), 339 ff.

— Sitzungspolizei, Staatsanwalt und Verteidiger, DRiZ 1925, 427 ff.

Rudolph, Martin: Gesetzliche Regelung der Ausschließung des Verteidigers?, DRiZ 1973, 257 ff.

Rüping, Hinrich: Der Schutz der Gerichtsverhandlung — „Ungebühr" oder „betriebliche Ordnungsgewalt"?, ZZP 88 (1975), 212 ff.

Rupp, Hans Heinrich: Privateigentum an Staatsfunktionen?, Recht und Staat in Geschichte und Gegenwart 278, Tübingen 1963.

— Das Grundrecht der Berufsfreiheit, NJW 1965, 993 ff.

— Das Grundrecht der Berufsfreiheit in der Rechtsprechung des Bundesverfassungsgerichts, AöR 92 (1967), 212 ff.

— Popularklage im Umweltschutzrecht?, ZRP 1972, 32 ff.

— Die Bindung des Richters an das Gesetz, NJW 1973, 1769 ff.

Sachsenspiegel Landrecht: Herausgegeben von Karl August Eckhardt, Göttingen Berlin Frankfurt 1955.

Sälzer, Gerd: Der „Hüter des Gewohnheitsrechts", JZ 1970, 572 ff.

Sarstedt, Werner: Gebundene Staatsanwaltschaft?, NJW 1964, 1752 ff.

Sauer, Gisbert: Berufsbeschränkungen für Rechtsanwälte, NJW 1970, 230 ff.

Sauer, Wilhelm: Allgemeine Prozessrechtslehre, Berlin Detmold Köln München 1951.

von Scanzoni, G.: Kann das Gericht den Verteidiger ausschließen?, JW 1932, 3583 ff.

Schelsky, Helmut: Systemüberwindung, Demokratisierung und Gewaltenteilung, 2. Auflage, München 1973.

Scheuner, Ulrich: Die Selbständigkeit und Einheit der Rechtspflege, DÖV 1953, 517 ff.

— Die institutionellen Garantien des Grundgesetzes, Recht - Staat - Wirtschaft Band IV, Düsseldorf 1953, S. 88 ff.

— Das Grundrecht der Berufsfreiheit, DVBl. 1958, 845 ff.

— Die neuere Entwicklung des Rechtsstaats in Deutschland, Festschrift zum hundertjährigen Bestehen des Deutschen Juristentages 1860 - 1960, Band II, Karlsruhe 1960, S. 229 ff.

Scheuner, Ulrich: Pressefreiheit, VVDStRL 22 (1965), 1 ff.

— Voraussetzungen und Form der Errichtung öffentlicher Körperschaften (außerhalb des Kommunalrechts), Gedächtnisschrift für Hans Peters, Berlin Heidelberg New York 1967, S. 797 ff.

Schlegelberger, Franz: Die Unabhängigkeit der Rechtspfleger, Rpfleger 1957, 135 f.

Schmid, A.: Die Staatsanwaltschaft im bündnerischen Recht, Diss. Zürich 1967.

Schmid, Michael J.: Kein Berufsverbot für Rechtsanwälte durch den Strafrichter?, ZRP 1975, 79 ff.

Schmidt, Eberhard: Justitia Fundamentum Regnorum, Heidelberg 1947.

— Strafprozeßordnung, Göttingen 1957 - 1967.

— Die Sache der Justiz, Göttingen 1961.

— Probleme der richterlichen Verantwortung, DRiZ 1963, 376 ff.

— Zur Problematik der Entziehung der Verteidigungsbefugnis, NJW 1963, 1753 ff.

— Strafprozeßrecht und Rechtsstaat, Göttingen 1970.

— Zur Entwicklung des Inquisitionsprozesses in Baiern, ZStrW 85 (1973), 857 ff.

Schmidt, Hartmut: Die Pflichtverteidigung, Diss. München 1967.

Schmidt, Richard: Lehrbuch des Deutschen Zivilprozessrechts, 2. Auflage, Leipzig 1906.

Schmidt-Leichner, Erich: Der Ausschluß des Verteidigers, NJW 1973, 969 ff.

— Strafverfahrensrecht 1975 — Fortschritt oder Rückschritt?, NJW 1975, 417 ff.

Schmidt-Räntsch, Gunther: Deutsches Richtergesetz, 2. Auflage, München 1973.

Schmitt, Carl: Verfassungslehre, München Leipzig 1928.

— Freiheitsrechte und institutionelle Garantien der Reichsverfassung, Berlin 1931.

Schneidt, Jos. M.: Thesaurus iuris Franconici, Würzburg 1788.

Schneider, Franz: Presse- und Meinungsfreiheit nach dem Grundgesetz, München 1962.

Schneider, Herbert: Der Rechtsanwalt und das Deutsche Recht, DR 1936, 375 ff.

Schönke, Adolf und Kurt *Kuchinke*: Zivilprozessrecht, 9. Auflage, Karlsruhe 1969.

Scholtissek, Herbert: Die Berufsfreiheit und der Regelungsvorbehalt des Art. 12 Abs. 1 GG, Festgabe für Günther Küchenhoff, Göttingen 1967, S. 203 ff.

Schoreit, Armin: Rechtsberatung unentgeltlich, Karlsruhe 1974.

— Rechtsberatung Minderbemittelter durch öffentliche Rechtsauskunftsstellen oder durch Armenanwälte?, ZRP 1975, 62 ff.

Schorn, Hubert: Die Stellung des Rechtspflegers und seine Unabhängigkeit nach dem Rechtspflegergesetz, Rpfleger 1957, 267 ff.

— Die Ausschließung eines Richters im Strafprozeß in Rechtsprechung und Schrifttum, GA 1963, 257 ff.

— Die Ausschließung eines Rechtsanwalts als Strafverteidiger, DRiZ 1964, 155 ff.

Schott, Richard: Das Armenrecht der deutschen Civilprozeßordnung, Jena 1900.

Schulz, Fritz: Geschichte der römischen Rechtswissenschaft, Weimar 1961.

Schulz, Werner: Die geschichtliche Entwicklung des Akteneinsichtsrechts im Strafprozess, Diss. Marburg 1971.

Schulz-Hardt, Joachim: Über die Notwendigkeit eines allgemeinen Vertreters des öffentlichen Interesses in der deutschen Verwaltungsgerichtsbarkeit, DVBl. 1972, 557 ff.

Schumann, Ekkehard: Anmerkung zu BVerfG, JZ 1973, 311, JZ 1973, 314 ff.

Schuppich, Walter: Anklage und Verteidigung, Festschrift Hundert Jahre österreichische Strafprozeßordnung 1873 - 1973, Wien 1973, S. 197 ff.

Schwabenspiegel: Schwäbisches Land- und Lehen-Rechtsbuch nach einer Handschrift vom Jahr 1287, herausgegeben von F. L. A. Freiherrn von Lassberg, Tübingen 1840.

Schwerdtner, Peter: Das Rechtsverhältnis zwischen Verleger und Redakteur, BB 1971, 833 ff.

von Schwerin, Claudius Freiherr: Die Anwaltschaft im deutschen Recht, in Julius Magnus, Die Rechtsanwaltschaft, Leipzig 1929, S. 458 ff.

Seebode, Manfred: Die gerichtliche Zurückweisung eines Strafverteidigers, NJW 1972, 2257 ff.

Seibert, Claus: Die Kunst der Verteidigung, JR 1951, 337 ff.

Seiler, Robert: Legalitätsprinzip und Weisungsrecht im Strafprozeß, JBl. 1965, 1 ff.

Sellert, Wolfgang: Prozeßgrundsätze und Stilus Curiae am Reichshofrat im Vergleich mit den gesetzlichen Grundlagen des reichskammergerichtlichen Verfahrens, Aalen 1973.

Seybold, Karl und Erich *Hornig:* Bundesnotarordnung vom 24. 2. 1961, 4. Auflage, Berlin Frankfurt am Main 1962.

Seydel, Helmut: Die Freiheit des Anwalts, JW 1936, 1817 ff.

Simon, Dieter: Untersuchungen zum justinianischen Zivilprozess, München 1969.

Skouris, Wassilios: Die Diskriminierung des Syndicusanwalts (§ 46 BRAO) aus verfassungsrechtlicher Sicht, BB 1975, 1230 ff.

Smend, Rudolf: Das Reichskammergericht, Weimar 1911.

Soergel, Hs. Th. und Wolfgang *Siebert:* Bürgerliches Gesetzbuch Band 2 und 3, 10. Auflage, Stuttgart 1967 und 1968.

von Stackelberg, Curt F. Freiherr: Der Anwalt im Strafprozeß, AnwBl. 1959, 190 ff.

Stadtrecht von München: bearbeitet von Franz Auer, Neudruck der Ausgabe 1840, Aalen 1969.

Stamm, Hans: Der Beschuldigte und sein Verteidiger im schaffhauserischen Recht, Diss. Bern 1940.

Stammler, Dieter: Die Presse als soziale und verfassungsrechtliche Institution, Schriften zum öffentlichen Recht Band 145, Berlin 1971.

Stein, Erwin: Die verfassungsrechtlichen Grenzen der Rechtsfortbildung durch die Rechtsprechung, NJW 1964, 1745 ff.

Stein, Friedrich und Martin *Jonas:* Kommentar zur Zivilprozeßordnung, 19. Auflage, Tübingen 1972.

Stein, Friedrich und Josef *Juncker:* Grundriß des Zivilprozeßrechts und des Konkursrechts, 3. Auflage, Tübingen 1928.

Stein, L.: Geschichte des französischen Strafrechts und des Processes, Basel 1846.

Steiner, Udo: Öffentliche Verwaltung durch Private, DÖV 1970, 526 ff.

Steinwenter, Artur: Rhetorik und römischer Zivilprozeß, ZRG 65 (1947), 69 ff.

Stern, Klaus und Herbert *Bethge:* Die Rechtsstellung des Intendanten der öffentlich-rechtlichen Rundfunkanstalten, München 1972.

Strauß, Walter: Das Rechtspflegergesetz, Rpfleger 1957, 33 ff.

Stürner, Rolf: Der Notar — unabhängiges Organ der Rechtspflege, JZ 1974, 154 ff.

Sturm, Fritz: Zur ursprünglichen Funktion der actio Publiciana, RIDA 9 (1962), 357 ff.

Thieme, Werner: Berufsfreiheit und Verwaltungsmonopole, JZ 1961, 280 ff.

— Mängel im Verhältnis von Bürger und Staat, Köln Berlin Bonn München 1970.

Thoma, Richard: Die Funktionen der Staatsgewalt, Grundbegriffe und Grundsätze, in Handbuch des Deutschen Staatsrechts Band II, Tübingen 1932, S. 108 ff.

Thomas, Heinz und Hans *Putzo:* Zivilprozeßordnung, 7. Auflage, München 1974.

Tiegelkamp: Kurt: Geschichte und Stellung der Verhandlungsmaxime im deutschen Zivilprozeß seit dem jüngsten Reichsabschied, Diss. Köln 1940.

Tinner, Rolf: Das rechtliche Gehör, ZSR 83 (1964) II, 295 ff.

Triepel, Heinrich: Staatsdienst und staatlich gebundener Beruf, Festschrift für Karl Binding zum 4. Juni 1911, Band 2, Neudruck der Ausgabe Leipzig 1911, Aalen 1974, S. 1 ff.

Troje, Hans Erich: Europa und griechisches Recht, Frankfurt 1971.

Tschischgale, M.: Die rechtliche Stellung des Armenanwalts und der Staatskasse im Kostennachzahlungsverfahren, Rpfleger 1964, 301 ff.

Ule, Carl Hermann: Verfassungsrecht und Verwaltungsprozeßrecht, DVBl. 1959, 537 ff.

— Öffentlicher Dienst, in Bettermann / Nipperdey, Die Grundrechte Band IV Halbband 2, Berlin 1962, S. 537 ff.

Ule, Carl Hermann: Verwaltungsprozessrecht, 5. Auflage, München 1971.

Ulsenheimer, Klaus: Zur Regelung des Verteidigerausschlusses in §§ 138 a - d, 146 n. F. StPO, GA 1975, 103 ff.

Verfassungsausschuß der Ministerpräsidenten-Konferenz der westlichen Besatzungszonen: Bericht über den Verfassungskonvent auf Herrenchiemsee vom 10. - 23. 8. 1948, München 1948.

Vincent, Jean: Précis de procédure civile, 17. édition, Paris 1974.

Volkmann, Hans: Zur Rechtsprechung im Prinzipat des Augustus, 2. Auflage, München 1969.

Wach, Adolf: Handbuch des Deutschen Civilprozessrechts, Leipzig 1885.

— Vorträge über die Reichs-Civilprocessordnung, Bonn 1896.

Wagner, Albrecht: Die Umgestaltung der Gerichtsverfassung und des Verfahrens- und Richterrechts im nationalsozialistischen Staat, in Die deutsche Justiz und der Nationalsozialismus Teil I, Stuttgart 1968, S. 189 ff.

Wagner, Walter: Der objektive Staatsanwalt — Idee und Wirklichkeit, JZ 1974, 212 ff.

Waldhorn, Georg: Das Verhältnis von Strafverteidigung und Begünstigung, Diss. Würzburg 1967.

Walter, Robert: Die Bedeutung der richterlichen Unabhängigkeit, ÖRZ 1965, 174 ff.

Weber, Karl: Zum Inkrafttreten der Bundesrechtsanwaltsordnung, AnwBl. 1959, 233 ff.

Weidner, Viktor: Ist der Ausschluß der Armenanwaltsbeiordnung in den unteren Instanzen der Sozialgerichtsbarkeit verfassungsmäßig?, JZ 1959, 622 ff.

Weinkauff, Hermann: Die deutsche Justiz und der Nationalsozialismus, Ein Überblick, in Die deutsche Justiz und der Nationalsozialismus Teil I, Stuttgart 1968, S. 17 ff.

Weissauer, Walther und Franz M. *Poellinger:* Ist eine Regelung der ärztlichen Berufspflichten durch Berufsordnungen der Ärztekammern mit Art. 12 Abs. 1 GG vereinbar?, Köln Berlin 1961.

Weißler, Adolf: Geschichte der Rechtsanwaltschaft, Leipzig 1905.

Wenger, Leopold: Einige Bemerkungen zur historischen Behandlung des römischen und justinianischen Zivilprozeßrechts, Atti del Congresso internazionale de deritto Romano, Roma, Volume secundo, Pavia 1935, S. 195 ff.

Werner: Anmerkung zu OVG Berlin, DVBl. 1955, 561, DVBl. 1955, 562 ff.

Wertenbruch, Wilhelm: Gewaltenteilung und Rechtspfleger, Rpfleger 1962, 77 ff.

Wesener, Günter: Besprechung von Franco Casavola, lex Cincia, Contributo alla storia delle origini donazione Romana, ZRG 78 (1961), 485 ff.

Wieacker, Franz: Vom römischen Juristen, ZStaatsw. 99 (1939), 440 ff.

— Cicero als Advokat, Berlin 1965.

von Winterfeld, Achim: Das Verfassungsprinzip des rechtlichen Gehörs, NJW 1961, 849 ff.

von Winterfeld, Achim: Die Ausschließung von Verteidigern, NJW 1961, 902 ff.

Wintrich, J. M.: Die Bedeutung der „Menschenwürde" für die Anwendung des Rechts, BayVBl. 1957, 137 ff.

Witt, Wilhelm: Die Rechtsstellung des Staatsanwalts in Frankreich, Diss. Hamburg 1939.

Wolf, Erik: Griechisches Rechtsdenken Band III Halbband 2, Frankfurt am Main 1970.

Wolf, Manfred: Rechtliches Gehör und die Beteiligung Dritter am Rechtsstreit, JZ 1971, 405 ff.

Wolff, Hans Julius: Rechtskunde und Rechtswissenschaft bei den Griechen, Beiträge zur Rechtsgeschichte Altgriechenlands und des hellenistisch-römischen Ägypten, Weimar 1961, S. 243 ff.

— Rechtsexperten in der griechischen Antike, Festschrift für den 45. Deutschen Juristentag, Karlsruhe 1964, S. 1 ff.

— Griechisches Recht, in Lexikon der alten Welt, Zürich Stuttgart 1965, 2516 ff.

— Demosthenes als Advokat, Berlin 1968.

Wolff, Hans J.: Rechtsgrundsätze und verfassungsgestaltende Grundentscheidungen als Rechtsquellen, Gedächtnisschrift für Walter Jellinek, München 1955, S. 33 ff.

— Verwaltungsrecht Band II, 2. Auflage, München Berlin 1967.

Wolff, Hans J. und Otto *Bachof:* Verwaltungsrecht Band I, 9. Auflage, München 1974.

Wolff, Martin: Reichsverfassung und Eigentum, Festgabe für Wilhelm Kahl, Tübingen 1923, S. 1 ff.

Wuttke, Horst: Ausschließung des Strafverteidigers, NJW 1972, 1884 ff.

Zasius (Zäsy), Ulrich: Neue Stadtrechte und Statuten der Stadt Freiburg im Breisgau, Faksimiledruck der Ausgabe 1520, Aalen 1964.

Zeuner, Albrecht: Der Anspruch auf rechtliches Gehör, Festschrift für Hans Carl Nipperdey, Band I, München Berlin 1965, S. 1013 ff.

— Rechtliches Gehör, materielles Recht und Urteilswirkungen, Schriftenreihe der Juristischen Studiengesellschaft Karlsruhe Heft 117, Karlsruhe 1974.

Zöller, Richard: Zivilprozeßordnung, 11. Auflage, München 1974.

Zorn, Philipp: Das Staatsrecht des Deutschen Reiches Band I, 2. Auflage, Berlin 1895.

Zuck, Rüdiger: Einige verfassungsrechtliche Bemerkungen zum Grundsatz „ein Verteidiger — ein Beschuldigter" (§ 146 StPO n. F.), NJW 1975, 434 f.

Zumpt, A. W.: Der Criminalprozess der Römischen Republik, Leipzig 1871.

Zwickauer Rechtsbuch: bearbeitet von Gunther Ulrich, Weimar 1941.

Kolibri 360 GmbH
Ferdinand-Jühlke-Straße 7
99095 Erfurt, Deutschland
produktsicherheit@kolibri360.de

Druck:
CPI Druckdienstleistungen GmbH
im Auftrag der
Kolibri 360 GmbH
Ferdinand-Jühlke-Str. 7
99095 Erfurt